„Ich näherte mich den Gebirgen“
Mit Fürsten und Dichtern durch die Alpen

Karl Stankiewitz

„Ich näherte mich den Gebirgen“

Mit Fürsten und Dichtern durch die Alpen

Karl Stankiewitz

Von Thomas
zum 2.5.2010

Volk Verlag München

Bildnachweis Umschlag
Archiv Karl Stankiewitz (3), Fondazione Hermann Hesse Montagnola, Fotolia (2), Interfoto, Schneebergbahn, Shutterstock, Wittelsbacher Hausarchiv

Die Deutsche Bibliothek verzeichnet diese Publikation in der Deutschen Nationalbibliografie; detaillierte bibliografische Daten sind im Internet über http://dnb.ddb.de abrufbar.

Streitfeldstraße 19 • 81673 München
Tel. 089/42 07 96 98 0 • Fax 089/42 07 96 98 6
www.volkverlag.de

Druck: Auer GmbH, Donauwörth

ISBN 978-3-937200-58-3

Inhalt

Österreich

Italien

Ein Gebirge aus vielen Blickwinkeln

Weshalb gingen Petrarca, Kaiserin Sisi, Mark Twain und Friedrich Nietzsche in die Alpen? Was faszinierte sie an den Bergen? Karl Stankiewitz begibt sich mit diesen und vielen anderen Persönlichkeiten der letzten zweitausend Jahre auf eine kulturhistorische Alpenreise und spürt dieser Frage nach.

Vielleicht schon immer nahmen die Menschen die Alpenregion als etwas Besonderes wahr. Der schwierige Zugang, die tiefen Schluchten und hohen Gipfel, die anderen klimatischen Bedingungen und die durch die topografischen Besonderheiten eigens entwickelten Bewirtschaftungsformen heben sich von der „Normalität" der Ebene so stark ab, dass gerade für die Flachländer die „normalen" Regeln nur in Grenzen zu gelten scheinen und die „andere" Natur zahlreiche Gefahren in sich birgt. So sind die Berge mitten im einschätzbaren und „zivilisierten" Europa ein Ort des Scheiterns und des Schreckens (Hannibals Verluste beim Marsch über die Alpen und Kaiser Maximilians Erlebnisse an der Martinswand), aber auch ein Ort der Eroberung (der Natur) und des Sieges, egal ob auf wissenschaftlichem oder sportlichem Gebiet.

Aber auch Gegenwelten werden in den Bergen platziert. Jean-Jacques Rousseaus Heldin aus seinem berühmten Briefroman „Julie ou la nouvelle Héloise", der in „einer kleinen Stadt am Fuße der Alpen" spielt, wird zum Beispiel einer rein und unverfälscht lebenden Frau, die nicht durch die städtische Zivilisation verdorben ist. Friedrich Schiller lässt in seinem Drama Wilhelm Tell den in den Bergen lebenden, „natürlichen" Jäger Tell gegen den Tyrannen kämpfen und der Monte Verità im Tessin wird zu Beginn des 20. Jahrhunderts Ort einer ersten Lebensreformbewegung mit pazifistischen, anarchistischen und anthroposophischen Ansätzen.

Nicht zuletzt sind die oben genannten Faktoren maßgeblich für eine seit Ende des 18. Jahrhunderts einsetzende Alpeneuphorie. Zahllose Besuche „hoher und höchster Herrschaften" wie Kaiserin Sissi und Erzherzog Johann von Österreich aber auch von zahlreichen Schriftstellern und Künstlern zeugen davon. Diese hielten wiederum ihre Eindrücke in Erinnerungen, Romanen und Bildern fest, die unser Alpenbild bis heute prägen.

Mit den Augen dieser Persönlichkeiten lernen wir in diesem Buch eine andere Bergwelt kennen. So folgen wir der bayerischen Königin Marie auf den Achsel oberhalb von Hohenschwangau. Auf diesen und viele andere Gipfel dirigierte die bergbegeisterte Königin mit vielen Tricks ihren Hofstaat. Zusammen mit Stefan Zweig besuchen wir das großbürgerliche Engadin aus der Zeit vorm Ersten Weltkrieg, „den schönsten Winterwinkel der Welt".

Viel Spaß auf diesen und den vielen weiteren literarisch-historischen Wanderungen!

Ihre **Friederike Kaiser**
Leiterin Geschäftsbereich Kultur des Deutschen Alpenvereins

„Nun ging mir eine neue Welt auf.
Ich näherte mich den Gebirgen,
die sich nach und nach entwickelten.“

Johann Wolfgang von Goethe,
1786 irgendwo zwischen Isar und Loisach

Bekanntmachung der Berge

Dies ist ein Lesebuch für Freunde der Berge, für Freunde der Geschichte, für Freunde der Literatur. Ich habe im Verlauf mehrerer Jahre versucht, die von den ausgewählten Fürsten und Dichtern begangenen Wege, ihre alpinen Sommerfrischen, ihre zeitweiligen Wohn- und Wirkstätten zu erkunden und so darzustellen, dass sie ein interessierter Tourist finden, dass er sie zumeist auch erwandern kann, wenigstens streckenweise (wie „auf den Spuren von" Hannibal, Napoleon oder Goethe). Dazu mögen detaillierte Beschreibungen, die auf eigenen Erkundungen vor Ort beruhen, ebenso dienlich sein wie die beigefügten Kartenskizzen, die Telefonauskunftstellen und die Literaturhinweise am Ende der Kapitel. Eine literaturgeschichtliche Abhandlung war nicht beabsichtigt. Auch kein professioneller Wanderführer.

Der Alpenbogen zwischen Wien und Nizza ist voller Spuren von seinerzeit oder später hoch berühmten Männern und Frauen. Sie alle haben diese uralte Kulturlandschaft im Herzen Europas eigentlich erst bekannt gemacht. Sie waren es auch, die das einst eher gefürchtete Hochgebirge für die Masse der Menschen „begehbar" gemacht haben. Indem sie die Besonderheit dieser Bergwelt beschrieben oder gemalt oder durch Bereisen (sei es auch nur bei einem Staatsbesuch) gewissermaßen veredelt haben. Dabei waren ihre Motive die gleichen, die heute noch Millionen in die Alpen und Voralpen locken: das Suchen und Finden ungewöhnlicher Erfahrungen in einer großenteils heil gebliebenen Natur, das Entdecken einer „neuen Welt", wie Goethe am Fuße der bayerischen Alpen notiert hat, und nicht zuletzt die Erholung.

In zahlreichen Orten werden heute die Spuren solch prominenter Besucher sorgsam gepflegt, werden teils in Museen dokumentiert und vom Tourismus werblich genutzt. Fast überall haben sich einzelne Bürger, meist ohne Auftrag und finanzielle Ausstattung, der Spurensicherung angenommen. Ihnen verdanke ich manche Information und kundige Führung. In anderen Orten wiederum sind sie verweht oder vergessen, die alten Spuren. Sie auch dort aufzufrischen, ist mit eine Absicht dieses Buches.

Vollständigkeit wurde nicht angestrebt. Immer noch bleiben für den Kulturspurensucher viele weiße Flecken auf der Landkarte der Alpen. Allein die alpinen Zeugnisse der Maler und Zeichner (von Dürer bis Corinth und weiter) sowie der Wissenschaftler (von Humboldt bis etwa zu den zeitgenössischen Glaziologen) wären ein eigenes Buch wert.

Karl Stankiewitz
Frühjahr 2009

Frankreich

1. Blutpfad zum Pass

Mit Hannibal – ohne Elefanten – über das Grenzgebirge des Mont Cenis

Dass ein gewisser Hannibal mit Mann und Ross und Elefanten die Alpen überquert hat, weiß jedes Kind. Wo aber hat dieser beispiellose Feldzug stattgefunden? Die – nach wie vor spekulative – Frage beschäftigte Generationen von Historikern, Militärstrategen, Archäologen, Geologen, Geografen – lange bevor auch Schriftsteller, Maler und Filmemacher das dramatische Thema als „eine der größten Leistungen der Menschheitsgeschichte" aufgriffen. Eine klare Mehrheit dieser Hannibal-Forscher hat sich auf eine wahrscheinliche Marschroute geeinigt. Sie orientiert sich insbesondere an dem Bericht des Spartaners Polybios, der als Lehrer und Reitergeneral des Feldherrn und Karthago-Zerstörers Scipio junior etwa 70 Jahre danach den legendären Alpenübergang versuchsweise nachvollzogen und sogar die einzelnen Etappen errechnet hat. (Polybios endete, wie Hannibal, durch Selbstmord.)

„Was seid ihr so zaghaft, meine Soldaten… Was sind denn die Alpen anderes als hohe Berge?" So soll der große Feldherr aus Nordafrika – nach Überlieferung des römischen Geschichtsschreibers Titus Livius – seine 46.000 Männer angefeuert haben, als die aus mehreren Volksstämmen zusammengewürfelte Söldnerarmee im September des Jahres 218 vor Christus nach zermürbenden Märschen von Hispania (Spanien) über Gallien (Südfrankreich) unter ständigen Attacken heimischer Stämme endlich die Mündung der Isère in die Rhone (bei der heutigen Bischofsstadt Valence) und damit den Anstieg des Gebirges erreicht hatte. Erbarmungslos trieb der Feldherr die Armee mit den 37 afrikanischen Elefanten und den vielen Tragtieren weiter, durch enge Täler, hinauf auf Berghöhen, die allen Schrecken einflößten.

Im Eilmarsch wollte Hannibal die Römer im Rücken in der Po-Ebene überraschen und überwältigen. Vor ihm lagen (wie nach den Maßangaben des Polybios rekonstruiert wurde) bis zum Trasimener See in Italien (aus dem antike Waffen geborgen wurden) genau 213 Kilometer (1.200 „Stadien"). Acht Wochen dauerte der Feldzug durch die Alpen. Durch unbekanntes, feindliches Hochgebirge. Zwar erlaubten gallische

Über steile Berge und schaurige Abgründe soll Hannibal (um 246 v. Chr. – 183 v.Chr.) seine Soldaten samt 37 Elefanten durch die Westalpen geführt haben. Das Gemälde zeigt den Abstieg in die italienische Ebene

Kollaborateure den Durchmarsch, einige dienten sogar als Wegführer. Andere Keltenhäuptlinge aber, erschreckt durch die nie zuvor gesehenen Riesentiere, ließen die Eindringlinge von den Höhen herab mit Pfeilen, Speeren und Steinen angreifen. Wieder andere, vom Stamm der Bojer, führten die Karthager listig in eine düstere Schlucht. Dort kam es zu einer der schlimmsten Schlachten der drei Punischen Kriege.

Am siebten Tag des langen Alpenmarsches begann das fürchterliches Gemetzel. „Jeder Fels war eine Todesfalle, jede Senke ein Hinterhalt," heißt es in einem Bericht. Lawinen aus Felsbrocken stoppten den heraufkriechenden Heerwurm. Panik erfasste die Tragtiere und die „Panzer der Antike", die Elefanten, unter deren Bäuchen sich die Krieger zu schützen suchten. Hannibal redete jedem einzelnen Elefanten zu. In die Tiefe stürzten auch viele der 9.000 Reiter. „Riesige schwarze Vögel" (Geier vielleicht) kreisten über dem blutigen Felspfad.

Die Schlacht könnte, zwei volle Tage lang, im Tal oder einem der schluchtartigen Nebentäler des Flüsschens Arc (nach anderer Rekonstruktion in der Guilschlucht bei

Mont Dauphin) getobt haben. Möglicherweise in der Nähe des späteren Dorfes Lanslebourg (1.399 m). Der Ort ist jedenfalls gut geeignet als Ausgangspunkt für Erkundungen auf den Spuren Hannibals – mit Auto, Mountainbike oder einem der bereitstehenden Pferdegespanne. Einige schöne Strecken könnte man auch zu Fuß gehen.

Zu bewältigen ist in jedem Fall das Massiv des Mont Cenis (2.482 m), die Wasserscheide zwischen Rhone und Po. Auf der Hochfläche, wo sich der Blick bis Turin öffnet, müsste der Rest von Hannibals Heer nach der verheerenden Schlacht in der Schlucht campiert haben. Am zwölften Tag begann, wahrscheinlich über einem Nebenpass des Mont Cenis, der Abstieg. Er war für die eher an Wüsten als an Berge gewohnte Soldateska nicht minder beschwerlich und gefährlich. Steil ging es hinunter, durch tiefen Schnee, denn inzwischen war November. Wieder rutschten Männer und Tiere in die Tiefe. Ein sperriger Felsblock musste durch ein aus Baumstämmen und saurem Wein entzündetes Feuer zerbröckelt werden.

Das (heute italienische) Tal sollen nur noch 26.000 Mann erreicht haben. Die Zahl der überlebenden Elefanten wird in den alten Quellen zwischen 37 und 20 beziffert. Hannibal-Forscher haben – mit Dickhäutern aus dem Zirkus – nachgewiesen, dass ein Übergang mit Elefanten über diese Pässe durchaus möglich ist. In England wurde die Methode der Felszertrümmerung durch ein Experiment erfolgreich rekonstruiert. 951 zogen Ungarn über den Mont Cenis. Und 13 römisch-deutsche Kaiser, auch Karl der Große auf seinem Italien-Feldzug; eine Kaiserin und andere hohe Herrschaften wurden auf Ochsenhäuten zu Tal geschleppt.

Seit der Napoleon-Zeit ist die historische Stätte gut erreichbar, sie wird von der Fernstraße N 8 überquert. Die Wintersporthochburgen Albertville, Tignes und Val d'Isère sind nicht weit entfernt. Lanslebourg selbst ist die wichtigste Skistation im Val Cenis, das 150 Kilometer Pisten und 27 Bahnen bis auf 2.800 m Höhe meldet. Auch die Eisenbahn hat diese Region erschlossen. Seit 1871 ist das Massiv auf 13,6 Kilometern untertunnelt. Zwischen 1868 und 1872 verkehrte sogar eine Zahnradbahn auf den Cenis; sie diente ausschließlich der Beförderung englischer Post nach Indien. Und seit 1980 unterquert auch eine mautpflichtige Autobahn den Berg.

Von Lanslebourg bis zum Grenzpass sind es 22 Kilometer und auf italienischer Seite weitere 17 Kilometer bis zur Keltenstadt Susa. An diesem strategisch wichtigen Punkt, den auch Hannibal passiert haben müsste, verzweigen sich die Straßen zum Pass und zum Tunnel des Mont Cenis. Doch daneben führen auch einige – wenig begangene – Weitwanderwege über jene Höhen, wo „Hannibals Lager" zu vermuten ist. Besonders eindrucksvoll ist der Weg am Südufer eines großen Stausees; das im 14. Jahrhundert überflutete Hospiz ist als Hotel neu erstanden. Ruinen einer Höhenfestung aus dem 19. Jahrhundert tauchen auf. Und Gletscher mehrerer Dreitausender.

Nur wenige Passagen erinnern, wenn man überhaupt der örtlichen Zuordnung traut, an Hannibal. Ein drei Meter breiter Felsspalt ist nicht zu umgehen – waren durch diesen die Kriegselefanten gezwängt worden? Eine hoch über dem Abgrund liegende Schutzhütte La Scala gewährt den von Polybios erwähnten Weitblick in die

Ebene – hatte Hannibal hier das Lager aufgeschlagen? An der Ostflanke des Massivs, unter der Kesselwand, findet man abseits der Straße einen steinigen Pfad – waren von dort die vielen Soldaten und Tiere in den Tod gestürzt? Mit einem Gefälle bis zu 60 Grad und einer Höhendifferenz von 1.200 m stellt er immer noch alpinistische Anforderungen an Weitwanderer.

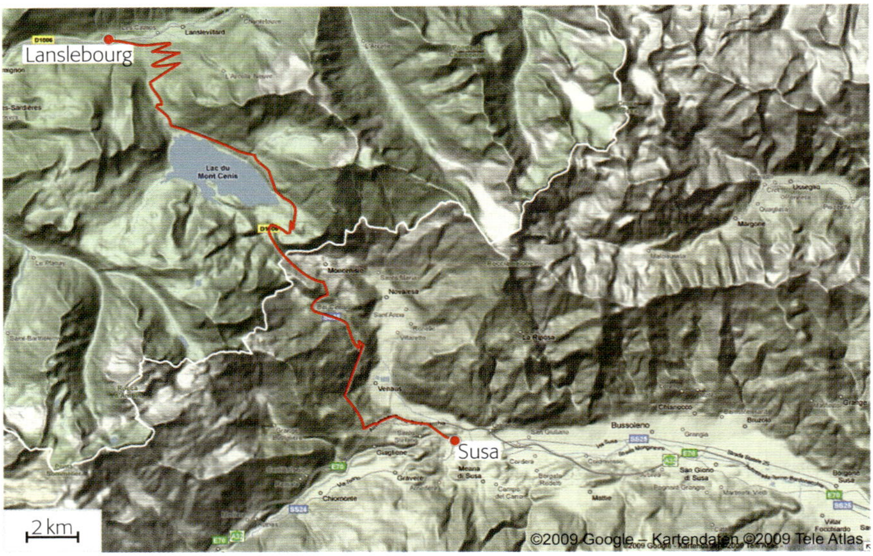

Auskunft: Mairie Lanslebourg Mont-Cenis, Tel. 0033 / (0) 4 79 05 53 16

Literatur: Hartwig Vogelsberger: Hannibal, 1996 • Gustav Faber: Auf den Spuren von Hannibal, 1983 • Pedro Barceló: Hannibal. Stratege und Staatsmann, 2004 • Hans Baumann: Ich zog mit Hannibal, 2004 • Jost Perfahl: Kleine Chronik des Alpinismus, 1984

2. Ohne einen Tropfen Blut

Mit Napoleon auf Nebenwegen der Alpen von Grasse nach Grenoble

Um 3 Uhr früh an jenem 1. März 1815 gab Napoleon Bonaparte den Befehl zum Aufbruch, stieg zu Pferd und ritt seinem Heerhaufen mit Tambour und Musik voran. Dahinter folgten 700 Mann seiner persönlichen Garde, 300 bewaffnete Korsen und 140 polnische Lanzenreiter. Am Schluss die von der Insel Elba mitgeschleppte Kriegskasse. Nur die schweren Kanonen und der Wagen wurden nach der Landung an der südfranzösischen Küste bei Cannes zurückgelassen. Denn der Verbannte wollte seine Rückkehr zur Macht nicht auf dem kürzesten Weg nach Paris antreten.

Statt über Avignon durch das breite Rhonetal, wo ihn Garnisonen der jetzt königlichen Machthaber und eine eher feindlich gesonnene Bevölkerung erwarteten, ließ der Stratege seine Soldaten und Söldner auf schwierigen, wenn auch schon von den Römern benutzten Pfaden quer durch die Seealpen marschieren. „Behalten Sie im Auge, dass ich meine Krone wiedernehmen will, ohne einen Tropfen Blut zu vergießen," hatte er seinen Offizieren eingeschärft, während er unter der Bevölkerung einen handschriftlich vorbereiteten Aufruf mit patriotischen Parolen verbreiten ließ.

„Der Marsch des Kaisers mit seiner kleinen Truppe gehört zu den großen Abenteuern in der Geschichte dieses Mannes," urteilt Friedrich Sieburg in einem Essay zum Grabbe-Drama über die legendären „Hundert Tage", die ganz Europa zwischen dem Zwangsaufenthalt auf Elba und der endgültigen Internierung auf St. Helena noch einmal in Atem gehalten haben. In nur sieben Tagen bewältigte der alle überraschende Heimkehrer mit seinen Getreuen die fast 500 Kilometer lange Bergstrecke von Grasse nach Grenoble; die ersten 50 Kilometer ließ er in zwanzig Stunden ohne Rast durchmarschieren. Sieben Pässe und eine Menge Gefahren waren zu überwinden.

Heute folgt die Nationalstraße 85 als „Route Napoléon" ziemlich genau den Spuren jenes historischen Abenteuers. Von der Parfüm-Metropole Grasse schlängelt sie sich über Napoleons Etappenziel Castellane (von wo aus ein Abstecher zum Naturwunder der Verdon-Schlucht möglich wäre) zur Lavendel- und Bäderstadt Digne. Dann weiter durch das Tal der Durance, durch das schon Hannibal mit seinen Elefanten vorgedrungen sein soll (siehe Kapitel 1) bis in die von Felsen und Festungen umringte Stadt Sisteron. Überall wurde der Korse nun von den bäuerlichen Bewohnern der Gebirgstäler jubelnd begrüßt. Sie brachten ihm Früchte, Wein und vor allem Veilchen – die Soldaten nannten ihren Befehlshaber gern „Père violette".

Vollauf begeisterte Bauern und Bürger begrüßten die bunte Truppe, der sich inzwischen Deserteure der Nationalgarde angeschlossen hatten, am fünften Tag des Marsches in Gap, der Hauptstadt des Departements Oberalpen. Sogar die Sturmglocken läuteten, als Napoleon das Nachtlager aufschlagen ließ. Im folgenden Drac-Tal aber stieß er erstmals auf Soldaten seines Nachfolgers, des wiedereingesetzten Königs. Sie hatten die Brücke von La Mure gesprengt, was den Weitermarsch indes nicht verhindern konnte.

Mit Pferden und Maultieren überwanden Napoleon (1769–1821) und seine 1.140 Getreuen in nur sieben Tagen eine 300 Kilometer lange Strecke durch gefährliche Alpentäler. Das Gemälde zeigt ihn beim Überschreiten des St. Bernhard schon im Jahr 1800

Doch dann stellte sich beim Dorf Laffrey am 7. März ein royalistisches Bataillon schussbereit entgegen. Napoleon sprengte vor die Front und rief vom Pferd herunter: „Wie, meine Freunde, ihr erkennt nicht? Ich bin euer Kaiser. Wenn es unter euch einen gibt, der seinen General, seinen Kaiser töten will, so möge er es tun, hier bin ich." Dabei entblößte er seine Brust. Der Feuer-Befehl des jungen Obristen La Bédoyère erstarb im Ruf seiner Soldaten: „Es lebe der Kaiser." Heute steht ein Standbild des Kühnen auf dieser „Prairie la Rencontre", auf dem Feld der Begegnung. Vorbei nun noch am Barockschloss Vizille, das im Jahr 1788, als es schon zur Textilfabrik umfunktioniert war, mit einem Protest unzufriedener Abgeordneter ein Vorspiel zur Französischen Revolution erlebte, aus der wiederum der Kaiser Napoleon emporstieg. (Ein Museum dokumentiert das wahrlich weltbewegende Ereignis.)

Noch am 7. März, um 8 Uhr abends, erreichte die Vorhut der tapferen polnischen Lancieres die Stadt Grenoble. Deren Tore waren verschlossen, aber Bürger und Soldaten der Garnison kletterten über die Wälle und bereiteten dem unterwegs auf 10.000 Mann angewachsenen Kaiser-Heer, das sie vom „Joch der Bourbonen" zu befreien verhieß, einen nunmehr schon triumphalen Empfang. Einer letzten Kanonade trotzte Napoleon, er wich im Kugelhagel nicht von der wichtigen Brücke.

Am 9. März war er schon in Lyon. Am 20. März zog er kampflos in Paris ein. Wieder jubelten die Massen dem selbsternannten „Mann des Volkes“ zu, der wie durch ein Wunder mit einem unblutigen Marsch über die Alpen das ganze Land zurückerobern konnte. Und doch war es nur ein kurzer Triumph, eine kurze Etappe auf dem langen Marsch dieses Mannes durch die Weltgeschichte. Heute wird die napoleonische Marsch-Strecke zwischen dem duftenden Grasse und dem olympischen Grenoble den motorisierten Touristen, aber auch Bikern nicht nur wegen der historischen Reminiszenzen, sondern auch wegen der Schönheit von Städten und Landschaft als eine der interessantesten Alpenrouten empfohlen.

Literatur: Friedrich Sieburg: Grabbe, Napoleon, Dichtung und Wirklichkeit, 1963 • Alfred Kröger: Die Zeitung erlebt Napoleon auf dem Weg von Elba nach St. Helena, 1939 • P.M. Laurant: Vollständige Geschichte des Kaisers Napoleon I., 1896 • Der große ADAC-Alpenführer, 1992

3. Leben strebt zum Gipfel

Mit Francesco Petrarca, dem Vater des Alpinismus, auf den Mont Ventoux

Die Miniatur aus dem 15. Jahrhundert zeigt Petrarca (1304–1374) mit Madonna Laura, der zentralen Figur seines „Canzoniere"

Es war „nur ein Verlangen" oder – nach anderer Übersetzung des lateinisch verfassten Briefberichts – ein „Drang". Er wollte „die namhafte Höhe des Ortes kennen lernen", nicht mehr und nicht weniger. Aus Spaß an der Freud, würde man heute sagen. Ein Motiv also, welches ganze Generationen von Alpinisten in die anfangs so gefürchteten Gebirge getrieben hat. Der angestrebte Ort damals war „der höchste Berg unserer Gegend, der nicht unverdienterweise der Windige genannt wird".

Der Berg heißt nach wie vor Mont Ventoux. Er ist der westliche Eckpfeiler der französischen Seealpen. Isoliert und kahlköpfig ragt er aus den Weingärten und Lavendelfeldern der Provence hervor. Windumtost ist sein 1.912 m hohes Gipfelplateau vor allem im Herbst, wenn vom Mittelmeer her der Mistral einfällt, tropisch heiß ist es im Sommer, bis zu –27 Grad kalt im Winter und schneebedeckt von September bis manchmal noch in den Mai hinein.

Am 26. April 1336, noch vor Anbruch des österlichen Tages, war der 32-jährige, aus der Toskana in die damalige Papst-Residenz Avignon berufene Notar Francesco Petrarca, der längst über die ortsansässige Kurie hinaus einen Ruf als Lyriker hatte, mit seinem jüngeren Bruder Gherardo und „etlichen bedienenden Leuten" in Malaucène gen Süden aufgebrochen. Das Städtchen mit den romantischen Mauern hat heute immer noch nicht mehr als 2.700 Einwohner, es wird besonders gern besucht wegen seiner Kirschen, seines Honigs und seines Schinkens.

Das Ziel lag immerhin 20 Kilometer entfernt, doch „die Gemüter waren entschlossen, die Körper stark und geübt im Marschieren, nur die Natur schuf uns Hindernisse". Eine Autostraße führt heute von zwei Seiten zum Gipfel und zwei Fernwanderwege kreuzen sich am „Pass der Stürme". Auf dem Plateau stehen jetzt eine Kapelle, die angeblich einen Splitter vom Kreuz Christi birgt, sowie eine Militär-, Rundfunk- und Wetterstation mit einem Observatorium, bei dessen Bau Überreste eines keltisch-römischen Tempels entdeckt wurden.

Damals stapfte der neben Dante größte Dichter des 14. Jahrhunderts durch eine „kaum zugängliche Masse felsigen Gesteins". In einer Schlucht wollte ihn ein Hirte von der Besteigung abbringen, denn das bringe nichts als Reue. Doch sie schritten voran, „wie ja der Jugend Sinn stets ungläubig ist für Warnungen". In der Hütte des Hirten, im Basislager gleichsam, ließen sie nur einige Gewänder und Geräte zurück. Die „Expedition" lief ab wie im modernen Alpinismus. Als dessen geistiger Patron der

Durch Weingärten und Lavendelfelder führt der Anstieg auf den Mont Ventoux, hier von Osten gesehen

Poet Petrarca denn auch allgemein anerkannt ist. Während der Bruder ungestüm in der Direttissima aufstieg, versuchte es Francesco in sanfteren Serpentinen, geriet aber in der weglosen Mondlandschaft immer wieder ein wenig in bergab weisende Schluchten und kam so zu der Erkenntnis: „Niemals wird es möglich werden, dass einer durch Abwärtssteigen in die Höhe gelange." Schließlich kam ihm die ganze Tour wie ein Gleichnis des Daseins vor. „Auf dem Gipfel ist das Ende und Ziel unseres Lebens, auf ihn ist unsre Wallfahrt gerichtet." Alles Leben also strebt zum Gipfel.

Weniger als Mystiker denn als realistischer Mensch der beginnenden Renaissance und obendrein als Kenner der Kartografie verhielt sich Petrarca nicht anders als alle ihm nachfolgenden Gipfelpilger. „Wie ein Staunender" gewahrte er die „Wolken zu meinen Füssen", dahinter die Kette der zentralen Alpen, „eisstarrend und schneebedeckt und ganz in meiner Nähe".

Die Sonne neigte sich schon, als er den Blick nach Italien, nach seiner Heimat richtete und „seufzte". Auch sah er ein Stück vom Mittelmeer, „und die Rhone selbst strömte vor unseren Augen". Dass bei besserem Wetter sogar die Pyrenäen zu erhaschen sind, ist neueren Reiseführern zu entnehmen. Es soll sich hier, so wird im Inter-

Den Mont Ventoux krönen heute eine Militär-, Rundfunk- und Wetterstation mit Observatorium

net geworben, eines der weitesten Panoramen Europas darbieten.

Die Rast auf dem Mont Ventoux diente vornehmlich der Meditation. Umweht von Winden, deren Gottheiten wohl schon die Kelten und die Römer da oben verehrt hatten, las der Dichter in einem handlichen Buch des Kirchenvaters Augustinus die Weisheit vor, dass die Menschen beim Bewundern der hohen Berge und aller Naturschönheiten oft „sich selber verlieren". Petrarca verinnerlichte die Mahnung: „Sattsam zufrieden, den Berg gesehen zu haben, wandte ich den inneren Blick in mich selber zurück." Der Rest, der lange Abstieg am Abend, war Schweigen, bis die vier Bergsteiger „in der Tiefe wieder anlangten".

Im Mondlicht der tiefen Nacht schrieb Francesco Petrarca den oben zitierten Brief – der als die früheste Beschreibung einer Bergbesteigung gilt. Er schrieb in der Hütte des Hirten, er schrieb „eilends und aus frischem Gedächtnis" an seinen Kardinal Giovanni Colonna. Das Sendschreiben beendete er mit der Bitte an Gott, dass seine Gedanken, „die so lange schweifend und unstet sind, endlich ihre Ruhe finden und nach nutzlosem, vielfachem Herumschütteln (inactati) sich dem einen Guten, Wahren, Sicheren und Bleibenden zuwenden mögen".

Wenden wir uns der Situation und den Möglichkeiten von heute zu. Seit 1951 ist der Mont Ventoux, der schon seit 1902 eine berühmte Autorennstrecke war, eine der großen Herausforderungen der Tour de France und ein Traumziel aller Bergbiker. Einige von ihnen sterben dort alljährlich an Hitze und Erschöpfung. Wanderern indes, die sich Zeit lassen, winken einige Überraschungen, besonders den botanisch interessierten.

Seit 1990 ist der windige Kegel, der so einsam wie ein Turm in der Provence wacht, von der UNESCO als Biosphärenreservat anerkannt. Denn hier finden sich fast alle Vegetationszonen Europas; sie reichen vom frostempfindlichen Olivenbaum und der schwarzen Trüffel am Fuß des Berges über Enzian und Türkenbund am Gipfel bis zu Arten, die nur noch in der Arktis und an alpinen Gletschern gedeihen.

Fußgänger brauchen feste Schuhe, denn auch auf den Pfaden ist das Geröll locker, von der Ferne leuchtet es wie Schnee. Beliebt sind Touren im Ventoux-Massiv, die durch einen Teil der wilden Nesques-Schlucht weiterführen oder über den Pas du Loup zum neun Kilometer entfernten Künstlerdorf Vaison-la-Romaine. Das Tourismusbüro von Malaucène veranstaltet sogar geführte Nachtwanderungen hinauf auf den legendenumwobenen Hausberg, zum provenzalischen Olymp.

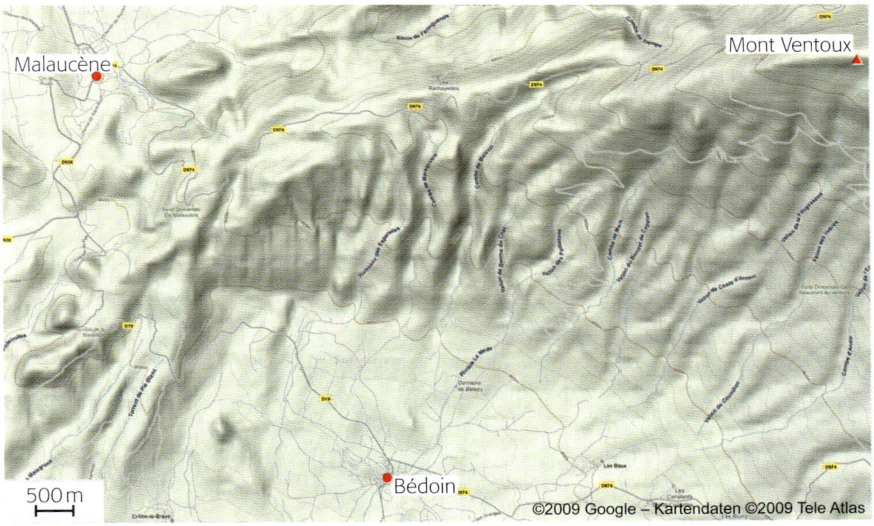

Auskunft: Office de Tourisme, Malaucène, Tel. 0033/(0)490652259

Literatur: Helmuth Zebhauser: Frühe Zeugnisse, 1986 • Petra Moll: Die Bekenntnisse des Mont Ventoux, 2000 • Merian-Reiseführer: Provence, Cote d'Azur, 2006

4. Eismeertour mit Bergstange

Mit der ersten deutschen Romanautorin Sophie von La Roche zum Montblanc

Die erste deutsche Frau, die einen Roman schrieb und das Hochgebirge bewanderte

„Über hohe Berge durch Wald und Steinströme hin" fuhren sie von Genf aus durch das Tal der Arve. Sophie von La Roche (1730–1807) saß zusammen mit fünf anderen Reisenden auf einer „Char à banc", die sie als eine auf vier Rädern befestigte, mit Tuch überspannte Holzbank beschreibt. Erst nach Mitternacht kam die seltsame Pferdekutsche in Chamonix an. Im Dorf fand die Dame aus Speyer immerhin ein Bett „à la duchesse", sie verlangte nur etwas Wein und Brot, ließ aber im „Camin" ein Feuer machen, „indem es in diesem Gebirge sehr kalt war".

Bis in dieses abgeschiedene Gebirge hinein hatte sich ihr Ruf noch nicht verbreitet, wohl aber in ihrer Heimat. Die in Kaufbeuren geborene Arzttochter unterhielt, zunächst in Trier, einen literarischen Salon, pflegte Umgang mit Goethe, Herder, Lenz und anderen Geistesgrößen. 1771 war ihre „Geschichte des Fräuleins von Sternheim" erschienen; Cousin Wieland hatte diesen ersten Frauenroman deutscher Sprache anonym herausgegeben. Weitere aufklärerische, anonyme Schriften von ihr und ihrem Mann hatten Ärgernisse und wirtschaftliche Sorgen für beide Eheleute zur Folge. 1783 gründete Sophie auch noch die erste Frauenzeitschrift; „Pomona für Deutschlands Töchter".

Ein Jahr später unternahm die Schriftstellerin, Journalistin und Mutter von fünf Kindern zusammen mit ihrem Sohn Franz Wilhelm und einem Freund ihres – als Minister des Fürstbischofs von Trier entlassenen – Mannes ihre erste Reise in die „Schweitz". Diese führte sie auch in die unabhängige Grafschaft Savoyen, die seit 1860 zu Frankreich gehört. Aufs Genaueste schilderte sie ihre im Juli 1784 unternommene Hochgebirgstour – womit sie auch als erste Frau in die Geschichte des Alpinismus und der alpinen Literatur eintrat.

Jeweils „zween starke muntre Savoyarden" trugen die drei Deutschen zunächst mit einem auf zwei Stangen ruhenden Stuhl durch das Flusstal am Fuße des Montenvers, einem Berg der Montblanc-Gruppe. Die Häuser von Chamonix kamen Sophie jetzt vor wie Klötze kleiner Kinder, die Arve wie eine glänzende Schnur und eine Grotte wie der Dom zu Speyer. „Je höher wir stiegen, je mehr dauerten mich meine Träger," schrieb sie ins Tagebuch. In Druck gab sie den Bericht freilich erst zwei Jahre später, als Sophie die drei Kinder ihrer verstorbenen Tochter (die später noch berühmteren Brentano-Geschwister) betreuen musste.

Sie stieg aus ihrer Sänfte und stiefelte tapfer mit zwei „Bergstangen" auf den 1.930 m hohen Gipfel des Montenvers. Das Panorama, das sich nun darbot, ließ den

Das „Mer de Glace" bei Chamonix, gesehen vom Montenvers

anderthalb Stunden dauernden Aufstieg vergessen. Endlich sahen sie „den mit ewigem Eis bedeckten Montblanc [In Wahrheit ist der Montenvers eine der wenigen Stellen rund um Chamonix, wo weder der Montblanc noch die Aiguille du Midi sichtbar ist. Sophie muss bei dieser Betrachtung einen anderen Standort gehabt haben], die nackte Felsenspitze des Dru zur einen, und die Aiguille du midi zur anderen Seite. Einige Schritte weiter zu unseren Füßen das Eismeer in dem ziemlich breiten Thal zwischen diesen Bergen hingezogen; wirklich in Gestalt hoher Wellen, die sich aus der Höhe herabwälzen, und Granitblöcke mit sich führen, die so groß wie mein halbes Zimmer sind."

Über viele Seiten hin reflektierte die erste deutsche Reisejournalistin ihre Eindrücke von dieser Landschaft. Sophie von La Roche bestaunte nicht nur die „Eiß- und Schneegebilde", sie bewunderte auch die Landesbewohner und ihre Lebensweise, allerlei „Thiere" wie etwa die am Abgrund stehenden Kühe und Gämsen und überhaupt die Schöpfungen der Natur. Da lernte die aufgeklärte Adelige „an Allmacht glauben". Klein und niedrig erschien ihr plötzlich aller Stolz der Welt und alles, „wovon wir eine große Idee hatten".

Tagebuch
einer
Reise durch die Schweitz,
von der
Verfasserin
von
Rosaliens Briefen.

Altenburg,
in der Richterschen Buchhandlung.
1787.

Sophies Tagebuch über ihre „Reise durch die Schweitz", gedruckt im Juli 1784

Vom Montblanc selbst notierte sie eher nüchtern: „Auch wird er für den höchsten Berg der alten Welt gehalten. Ewiges Eis deckt seine Pyramide, die Sonne bescheint ihn wechselweise von allen Seiten, aber ihre Strahlen vermögen nichts, als die äußere Fläche ein wenig zu schmelzen, welches seinem Eis die blendende Weiße gibt. Nie ist man höher als auf den vierten Theil gekommen, indem er mit ungeheuren Klüften und Spitzen besetzt ist." Schon zwei Jahre später, am 8. August 1786, wurde der 4.807 m hohe Gipfel vom Arzt Dr. Michel Paccard und dem Kristallsucher Jacques Balmac, beide aus Chamonix, erstmals erklommen.

Sogar geologische Betrachtungen stellte Sophie von La Roche an. „Der Dru hat keinen Schnee. Er besteht aus dunkelgrauem Marmor mit rothen Streifen." Sie wusste auch etwas über die Ökologie der Alpen. Ihrem Sohn, der ein Stück höher geklettert war, erklärte sie, dass „diese Eismeere Wasserbehälter sind, aus welchen ein großer Theil Europas getränkt und unsere Meere bereichert werden". Die Gletscherspalten beschrieb sie als „kleine Thäler zwischen dem gerollten Eise". Von ihrem Führer erfuhr sie, dass sie die erste deutsche Frau sei, die man in Chamonix bisher gesehen, nur Genferinnen und Engländerinnen seien schon da gewesen.

Und dann sagte der Savoyarde: „Kinder, wir müssen aufbrechen, denn es kommt ein Gewitter." Der deutschen Madame schlug er die Absätze weg, damit sie besser gehen konnte. Auf dem kürzeren „Ziegenweg" verließ die Gruppe den Berg. Donner, Blitz und Regen blieben tatsächlich nicht aus. Bevor man wieder das Tal der Arve erreichte, wurden die Kleider in einer Sägmühle getrocknet. 1779 wurde die erste Holzhütte auf dem Montenvers errichtet, 1795 noch eine Steinhütte. Am 14. Juli 1809 erstieg auch eine Frau, die Magd Marie Paradis, in Begleitung von Balmac den Gipfel.

Am 25. Juli 1815 machte sich in „Chamouni" eine andere Schriftstellerin, Mary Shelley aus England, auf den Weg zum Montenvers, der inzwischen der beliebteste Balkon rund um die Bergsteigerstadt geworden war und bis heute geblieben ist. Bietet er doch den schönsten, umfassendsten Blick auf das Mer de Glace und die grandiose Kulisse der Bergriesen. Die Autorin des Gruselromans „Frankenstein" legte ihre sechs Wochen dauernde Reise teilweise auf einem Maultier zurück. Sie kletterte vom Aussichtsberg sogar hinunter zum Eismeer, ging ein Stück auf den vier bis fünf Meter hohen „Wellen" und erlebte „Szenen von wahrlich schwindelerregenden Wundern".

Sänften und Mulis haben im Gebirge als Transportmittel längst ausgedient. Auf den Montenvers fährt seit 1908 eine hübsche, rote Zahnradbahn. Sie klettert 883 Höhenmeter hinauf, hält an einer phantastischen Grotte im Eis und an einer „Galerie der Kristalle" und landet in einem Hoteldorf auf 1.913 m Höhe. Drei Viertausender werden sichtbar: die Gletscherberge Grandes Jorasses, Dent du Geant und Aguilles;

Das „Eismeer" heute. Auch dieser Alpengletscher ist, wie dieses Bild zeigt, stark zurückgegangen

dieser Felsturm verdeckt allerdings den allerhöchsten, den Montblanc. Mit einer Kabinenbahn oder auf einem Pfad, der sich durch Lärchenwald windet, gelangt man im Sommer hinunter zum Mer de Glace.

Im 19. Jahrhundert hatte sich die Gletscherzunge noch bis ins Arvetal erstreckt, zur gegenwärtigen Zeit des Klimawandels endet das langsam abschmelzende Eismeer in einer Felsschlucht unterhalb der 1.500-Meter-Grenze. Doch ist dieser Eisstrom nach dem Aletschgletscher mit 14 Kilometern Länge immer noch der größte Alpengletscher. Wer das höchste Gebirge Europas voll genießen will, sollte den oft gemalten und fotografierten „Sehnsuchtsort" Montenvers zu Fuß erwandern, er muss ab Chamonix oder vom Dörfchen Les Bois aus hinauf und retour mit vier Stunden rechnen. Kürzer und aussichtsreicher ist der Weg oberhalb der Baumgrenze, über den „Grand Balcon, von der Seilbahn Aiguille du Midi. „Bergstangen" sind in jedem Fall ratsam.

Auskunft: Office de Tourism, Chamonix, Tel. 0033 / (0) 3345 / 053 00 24

Literatur: Anton Gälli: Die Schweitz-Reise der Sophie von La Roche anno 1784, 2007

5. Kastanien und Kamisarden

Mit Robert L. Stevenson durch die Cévennen, den Vorgarten der Alpen

Florac empfängt uns mit einem Platanenspalier, mit duftenden Blumen und steinernen Bögen über drei gebirgsklaren Flüssen. Die sehr alte Stadt, 256 Kilometer südlich von Lyon, ist Herz und Drehkreuz des Parc National des Cévennes. Unter den sieben französischen Nationalparks ist dieser der größte (3.210 km²). Und der einzige in einem Mittelgebirge. Er bildet quasi den westlichen Vorgarten der Alpen. Nur das breite Tal der Rhone trennt diesen Teil des französischen Zentralmassivs vom mitteleuropäischen Zentralgebirge.

Robert Louis Stevenson, angeblich das letzte Porträt des schottischen Dichters

Der Cevennen-Nationalpark ist auch der einzige, in dessen zum Weltbiosphärenreservat erklärten Kern noch (rund 600) Menschen leben. Im Übrigen ist er besiedelt von einer ebenfalls einzigartigen Tierwelt, vom Biber in den wasserreichen Talgründen bis zum Königsadler über den bis zu 1.677 m hohen Gipfeln. Das Symboltier für Wanderer ist jedoch weder der Adler noch die Schlange, der wir sogar auf einer der schönen Zufahrtsstraßen begegnen, und auch nicht der hier vorkommende Schlangenadler, sondern der Esel. Er wird gezogen von einem Männchen mit Hut und „Stachelstab“.

Es handelt sich um den Schotten Robert Louis Stevenson (1850–1894), Sohn eines Leuchtturmbauers, der die seinerzeit noch viel weniger als heute bekannten Cévennen im Frühherbst 1878 mit einer geliehenen Eselin namens Modestine durchquert hat, nachdem er zuvor mit einem Kanu die Rhone hinunter gepaddelt war. Sein Buch über die Cévennen-Tour, dem die Weltbestseller „Die Schatzinsel“ und „Dr. Jeckyll und Mr. Hyde“ folgten, sollte im Rucksack nicht fehlen.

Dringend empfiehlt sich, trotz tadelloser Markierung, auch eine gute Wanderkarte. Selbst wenn man nur einen Teil der 220 Kilometer geht, die der oft als Landstreicher verkannte Dichter damals in zwölf Tagen zurückgelegt hatte. Wir haben uns für die letzten drei Tagesetappen entschieden. Gleich hinter Florac, an der romantischen Brücke über die brausende Barre, weist uns das Markierungszeichen auf die Spur: der Mann mit dem Esel.

Dieser Weitwanderweg ist ein durchgehender Hochgenuss. Kastanienkronen und Maulbeerbäume mit sattgrünen Blättern, die man hier immer noch zur Seidenraupenzucht nutzt, spenden Schatten im Sonnenland. Raschelndes Eichenlaub und Zirbenzapfen dämpfen den Schritt. Goldener Ginster kontrastiert mit dem Schwarz der Vulkanfelsen. Eidechsen huschen über silbrige Schieferplatten. Zwischen kleinen

Bäume, Büsche, Felsen und Flüsse prägen die Landschaft der Cévennen

Kastanienigeln trocknen Esel- und Ziegenbollen. Bald finden wir Stevensons „muntere Quelle, die aus dem Berg sprudelt"; sie sei nur für Pferde und Esel vorgesehen, man möge dies bitte respektieren, sagt eine Tafel.

Uferwechsel, Szenenwechsel, zweites Frühstück unter der Burgruine von St. Julien d'Arpaon. Wir folgen einer uralten, überwucherten Schienentrasse. Was für ein Panoramabähnchen, hätte man es nicht 1968 demontiert! Einige Schwellen verwittern am Wegrand, einmal dienen sie als Bank, ein andermal als Kunstwerk. Wieder eine Schlange, jetzt eine schwarze, die ein Sonnenbad nimmt. Alle diese Reptilien schnellen ins Gebüsch, wenn sie uns auf dem Stein spüren. Tunnels sorgen durch Luftzug für Abkühlung, die wir am Ende dieser Tagesetappe auch noch in der rauschenden Mimente finden. In diesem Tal, das in voller Blütenpracht steht, hatte Stevenson in einem selbsterfundenen Schlafsack „à la belle étoile", unter schönem Sternenhimmel, genächtigt und war dabei von bellenden Hunden „mehr geschreckt als von Wölfen".

Derlei kann heutigen Wanderern nicht passieren. Überall auf der insgesamt 252 Kilometer langen, rot-weiß markierten „Großen Wanderroute" (Grande Randonée Nr. 70), die auch als „Chemin de Stevenson" verzeichnet ist, gibt es einfache, aber gute und ruhige Wanderherbergen (Gîtes d'Etape). Und die ganze Unternehmung lässt sich risikolos organisieren, wenn man sich einem der auch in Deutschland angebotenen Pauschalangebote von Reiseveranstaltern anvertraut.

Der verlassene Bahnhof von Cassagnas ist eine solche Station, Restauration inbegriffen. „Abseits vom Strom der Welt", wie es Stevenson vorfand, ist das höher gelegene Dörfchen noch heute. Wir steigen auf zum Plan de Fontmor. Hier, an der Wasser-

Auf den Kammhöhen dieses Mittelgebirges tobten blutige Bauernschlachten

scheide zwischen Mittelmeer und Atlantik, hatten die Kamisarden drei Schlachten gegen die königlich-katholischen Truppen geschlagen und alles verloren. Jene Bauernkrieger wollten partout nicht von ihrem calvinistischen Glauben ablassen. Das Interesse an ihrem Schicksal war eines der Reisemotive des Schotten, der selbst calvinistisch erzogen war. Ein Obelisk und eine Ruine erinnern an die fünf verlorenen Legionen und die 450 niedergebrannten Weiler.

Abstieg nach St. Germain de Calberte. Stevenson: „Der Puls des Lebens schlägt so langsam in diesem Bergnest." So ist es nach wie vor. Ringsum hatten sich die Kamisarden in „La Désert" versteckt, was hier nicht Wüste bedeutet, sondern Dickicht, Höhlen, Kavernen. (Diesen letzten großen Aufstand der Hugenotten veranschaulicht das Musée du Désert in Mialet.) Im Zweiten Weltkrieg war St. Germain ein Widerstandszentrum des Maquis, bestehend aus französischen, deutschen und österreichischen Kommunisten. In den 70er Jahren kamen Hippies in die verlassenen Gehöfte und pflanzten ihren berauschenden Hanf.

Nachkommen jener Aussteiger betreiben heute auf der Serre de la Can ein feines Feriendorf mit Turmhotel und Restaurants aus rohem Fels. Auch Stevenson „was here". Dort stoßen wir auf die ersten Eseltreiber, eine deutsche Familie. Nach der gemeinsamen Brotzeit bocken die gemieteten Tragtiere, ihrer Natur gemäß. Die Kinder ziehen, die Mutter treibt, der Vater schiebt und meint, weil er etwas Eselpsychologie studiert hat: „Am zweiten Tag wollen sie die Spielregeln ändern." Auch das vom Verleiher empfohlene Führen im Kreis bringt die Grauen nicht in Trab.

Froh darüber, Stevenson diesbezüglich nicht gefolgt zu sein, erreichen wir nach erneutem Anstieg à pied den Pass von St. Pierre, wo die schönste aller Straßen im ganzen Gebirge zu kreuzen ist. Die Corniche des Cévennes verläuft nicht in den Schluchten, sondern immer am Kamm. Und immer schon war sie eine wichtige Verbindung. Handelsweg der Seidenspinner und Wollweber, strategische Route Royale im Kamisardenkrieg.

An unserem Endziel, unten in St. Jean du Gard, hatte Robert Louis Stevenson seine liebgewonnene Molestine verhökert. Da er nun mutterseelenallein war, „zögerte ich nicht, meiner Anwandlung nachzugeben". Auch wir nehmen, nach einem Bad in den Kaskaden des Garon, mit einer Träne im Auge Abschied vom Land der Kamisarden, von einer literarischen Landschaft, von einer wahren Schatzinsel der Natur.

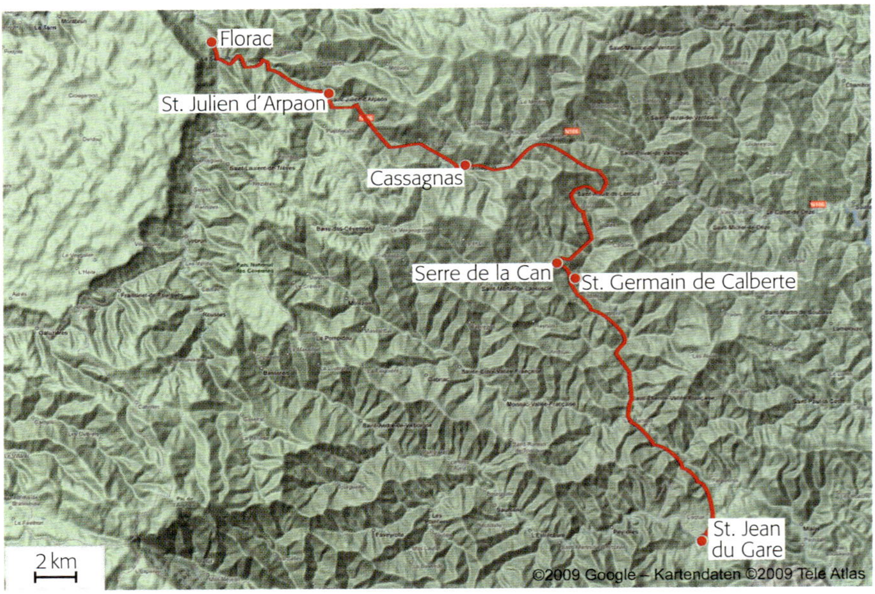

Auskunft: Office de Tourism Florac, Tel. 0033/(0)466/450114 • Parc national des Cévennes • Geführte oder individuelle Wanderreisen mit Esel durch die Cévennen werden für acht Tage angeboten von der TUI, dem DAV Summit Club und anderen deutschen Reiseveranstaltern

Literatur: R.L. Stevenson: Reise mit dem Esel durch die Cévennen • Nur in Französisch: Le Chemin Stevenson (mit ausführlicher Beschreibung, Karten und Bildern)

Schweiz

6. Rezitation am Rütli

Mit Friedrich Schillers „Wilhelm Tell" rund um den Urner See

„Es lächelt der See, er ladet zum Bade," lässt Friedrich Schiller den Fischerknaben in seinem helvetischen Freiheitsdrama singen. Seit einigen Jahren ladet der immer kalte Urner See in der Zentralschweiz, ein Arm des Vierwaldstättersees, weniger zum Baden als zum Wandern auf den Spuren des deutschen Großdichters und seines wohl doch fiktiven Helden. Die schillernde Rundtour, etwa 32 Kilometer lang, folgt exakt dem 1991 eröffneten „Weg der Schweiz", den die Kantone zum 700. Geburtstag der Eidgenossenschaft etappenweise – die Länge richtete sich jeweils nach der Einwohnerzahl – ausgestaltet haben.

In Altdorf erinnert ein Denkmal an den Nationalhelden, hier soll der Apfelschuss stattgefunden haben

Einige der 20 Stationen erinnern an den Nationalhelden. Der landschaftlich wie literarisch außergewöhnliche Weg führt zunächst per Schiff – eines der fünf Dampfschiffe der Vierwaldstättersee-Flotte heißt „DS Schiller" – ab Brunnen zu dem Gedenkstein, den die Urkantone „dem Sänger Tells" 1859 errichtet haben. Das 50 m hohe Naturdenkmal am Eingang des Urner Sees wurde damals auf den Namen „Schillerstein" getauft.

Die Überfahrt endet an einer Anlegestelle mit einem geschnitzten Dach, auf dem „Rütli" steht. Der Weg zieht sich bergauf. Oben auf der Wiese feiern die Eidgenossen jedes Jahr am 1. August ihr Nationalfest, mit Fahnenschwingern, Alphornbläsern, Ansprachen und dem Verlesen des Bundesbriefes von 1291, nach welchem die ersten Verschworenen hierorts gelobten, „im Blick auf die Arglist der Zeit … sich gegenseitig beizustehen mit Hilfe, Rat und tätiger Gunst, mit Leib und Gut". (Unverbürgt ist Schillers „einig Volk von Brüdern".)

Alljährlich am 1. Mai treffen sich die Alphornbläser auf dem Rütli

Das Rütli zieht seit Urzeiten die Touristen an. Gottfried Keller kam sich hier „wie in einem Theater!" vor. Bayerns begeisterter König Ludwig II. ließ sich auf dieser romantischen Anhöhe vom befreundeten Hofschauspieler Josef Kainz die Schwurszene deklamieren. Auch wollte der „Märchenkönig" einen riesigen Tell ins Wasser stellen, durch dessen Beine die Dampfschiffe hätten fahren können wie beim Koloss von Rhodos, einem der antiken Weltwunder.

Vier Schwurhände zeigt eine Eisenplastik in Flüelen. (Der Künstler Werner Witschi wollte damit aber nicht die drei Urkantone symbolisieren, sondern die vier Sprachregionen der Schweiz.) Von diesem nördlichsten Punkt des nationalen Wanderweges lohnt ein Abstecher ins drei Kilometer entfernte Altdorf, dem Hauptort des Kantons Uri und angeblichen Schauplatz des Apfelschusses. Dort, wo alle Postbusse halten, hat man dem Nationalhelden samt Sohn ein Denkmal gesetzt. Seit 1859 wird am Fuße des Bannwaldes, der laut Schiller eine Lawine „wie eine Landwehr" abgewehrt hatte, ein historisches Festspiel aufgeführt.

Der Bus, aber auch ein Wanderweg führen weiter nach Bürglen am Klausenpass, dem mutmaßlichen Geburtsort des Wilhelm Tell. Kernstück des dortigen Tell-Museums ist das „Weiße Buch von Sarnen", das 1473 erschien und zusammen mit einer noch vier Jahre älteren Handschrift (vermutlich des Pfarrers von Schattdorf) die Tell-Legende begründet hat. „Nu was da ein redlicher man hieß der Thall," kann man entziffern, und jener habe sich vor des Landvogts Stecken „nit nyen wölt" (nicht neigen wollen). Nach neuerer Literatur ist der Mann ein „Kollektivbegriff" für verschiedene Schweizer Gestalten, so wie der deutsche Siegfried. Auch eine der drei dem Wilhelm Tell gewidmeten Kapellen steht in Bürglen.

Zur interessantesten dieser Kapellen führt der Weg der Schweiz von Flüelen aus in knapp zwei Stunden durch ein spektakuläres Stück Uferlandschaft. Was an dieser Stelle passierte, schildert Schillers Tell einem Fischer: „Jetzt, schnell mein Schießzeug fassend, schwinge ich selbst hochspringend auf die Platte mich hinauf, und mit gewalt'gem Fußstoß hinter mich schleud're ich das Schifflein in den Schlund der Wasser." Dramatische Wandbilder des Basler Malers Franz Stückel geben die legendären Ereignisse wieder: die erzwungene Hut-Huldigung, den gefährlichen Apfelschuss, den gewagten Tell-Sprung und den Tod des Landvogts Gessler in der Hohlen Gasse von Küssnacht. Oberhalb der Platte erklingt zu jeder vollen Stunde eine Melodie im größten Glockenspiel der Schweiz.

Um den Zugang zum Nationalhelden zu erleichtern, bieten die Schweizer Transportunternehmen einen „Tell-Pass" an. Er gilt wahlweise für zwei oder mehr Tage und gewährt freie Fahrt auf Bahnen, Bussen und Schiffen sowie vergünstigten Eintritt in die diversen Museen und Gedenkstätten.

Auskunft: Forum der Schweizer Geschichte, Schwyz, Tel. 0041 / (0) 41 / 819 60 11

7. Aufstieg aus der Tiefe

Mit Friedrich Nietzsches „Zarathustra" im Seenland des Oberengadin

Friedrich Nietzsche (1844–1900), Foto von 1882

Ein Bekenntnis wie aus der Bibel des Alpinismus: „Ich bin ein Wanderer und ein Bergsteiger, sagte er zu seinem Herzen, ich liebe die Ebenen nicht, und es scheint, ich kann nicht lange still sitzen. Und was mir nun auch noch als Schicksal und Erlebnis komme, – ein Wandern wird darin sein und ein Bergsteigen: man erlebt endlich nur noch sich selber." Also sprach Zarathustra, der gottähnliche Übermensch des „Antichristen" Friedrich Nietzsche. Die Eingebung zu diesem seinem Hauptwerk hatte er Anfang August 1881 im Oberengadin empfangen, am Ufer des Silvaplanersees.

Anfang Juli jenes Jahres war Nietzsche, auf Anraten eines Zufallsbekannten, erstmals nach Sils-Maria gelangt. Ihn plagten Migräneanfälle, Magenbeschwerden, häufiges Erbrechen, Augenschwäche. Eben deshalb hatte er den Lehrstuhl für klassische Philologie in Basel schon im Alter von 34 Jahren aufgeben müssen. Sieben „schaffensreiche" Sommer lang suchte und fand der Denker und Dichter aus Röcken, Sachsen, an den Bergseen Graubündens und in den Wäldern oberhalb der Ufer eine – wie er der Mutter und Schwester begeistert mitteilte – nie gekannte Stille, hier fand er „meine Landschaft, so fern vom Leben, so metaphysisch".

Im schlichten Haus des Gemischtwarenhändlers Gian Durisch in Sils-Maria, 1810 m über dem Meer, fand der pensionierte Professor im Obergeschoss eine billige Bleibe, seine „Höhle". In einem Zimmer ohne Aussicht und ohne Heizmöglichkeit lebte er anfangs von Aniszwieback, rohen Eiern, mehrfach aufgebrühtem Tee; eher selten erlaubten ihm seine „kleinen Mittel" eine Mahlzeit im benachbarten Luxushotel „Edelweiß" oder in der „Alpenrose". Seit 1960 ist das „Nietzsche-Haus" ein Museum und eine Begegnungsstätte für Künstler und Intellektuelle, es bietet Handschriften und viele andere Dokumente, Konzerte, Wechselausstellungen und sogar Gästezimmer.

Am Ende der Dorfstraße, nach der neuen katholischen Kirche, steigt ein Weg an, der zum fast regelmäßigen Pensum des Stammgastes gehörte. Nietzsche setzte sich jeden Morgen nach „kalter Gesamtabwaschung" an den Schreibtisch und arbeitete hinter verriegelter Tür, um das Haus pünktlich um 11 Uhr zum Spaziergang zu verlassen, immer mit Papier und Bleistift. Und nach der Rückkehr schrieb er noch einmal, meist bis in die Nacht hinein. (Als Student hatte er seine Füße in einen Eimer kaltes Wasser gestellt, um nicht einzuschlafen.) Allzu oft jedoch fesselten ihn seine Anfälle tagelang ans Bett.

Der kürzeste seiner gern gegangenen Wege, in einer guten Stunde nachvollziehbar, führte den großen Philosophen und danach viele, auch prominente Verehrer über die Alte Mühle, die dem Chemiker Theodor Curtius gehörte, auf die immer noch be-

Der Silser See, im Hintergrund die Halbinsel Chastè

wirtschaftete Alp Prasüra unter dem heute als Skiberg bekannten Corvatsch. Oberhalb des Lärchenwaldes kehrte er um, denn seinen Augen fehlte der Schatten der Bäume. Der westlich verlaufende Waldweg mündet wieder am Nietzsche-Haus, neben dem ein Adler aus Bronze wacht.

Der „anmutig ernste Hügel-, Seen- und Waldcharakter dieser Hochebene" bescherte dem geistigen Bahnbrecher, der wegen seiner extremen Kurzsichtigkeit eigentlich kein Bergsteiger war, ein ganz großes Gefühl des Glücks und der heimatlichen Geborgenheit. „Es gibt gewiss viel Größeres und Schöneres in der Natur, dies aber ist mir innig und vertraut, blutsverwandt, ja noch mehr." So glücklich war er da, dass er unterwegs manchmal „lachte, lallte und weinte", nicht wegen des Schmerzes, er weinte „Tränen des Jauchzens".

Ein unbeschwerlicher Spaziergang ist es auch, der uns zu einem der von Nietzsche meistbesuchten Plätze führt. Lärchenwald und Moor verzaubern die Halbinsel Chastè im Silser See. Im Heidekraut liegend, mit einem gelben Schirm vor der Sonne geschützt, schrieb Friedrich Nietzsche eben hier seinen „Zarathustra" zu Ende. Nebenbei beklagte er, dass ein neu gegründeter Fremdenverkehrsverein diese „schönste Stelle des Engadin" mit Wegen und Bänken überzog, gleichwohl hatte er eine Spende übrig für die Verschönerung des geliebten Dorfes, das ihm – mit den Spenden zweier Musiker – denn auch noch im Todesjahr 1900 auf einem Felsstein am Ufer eine Gedenktafel setzte mit einem Zarathustra-Vers, der so schwermütig endet: „Doch alle Lust will Ewigkeit/– Will tiefe, tiefe Ewigkeit!"

Nicht nur Spaziergänge, sondern auch Bergtouren von fünf bis sechs Stunden standen auf dem Programm des Professors aus Basel. Am liebsten ging der schnauzbärtige, kauzige „Einsiedler von Sils-Maria", wie man ihn kannte, auf alten Schmugglerpfaden tief hinein ins Fextal. Pferdekutschen konkurrieren heute mit der Route dieser Wanderung, bis hinter zum beliebten Ausflugsziel Hotel Fex, dem letzten, vom Gletscher noch drei Kilometer entfernten Haus im 13 Kilometer langen Tal, das erst seit 1954 elektrisches Licht und bis heute keine technischen Aufstiegshilfen hat, wie alle hochalpinen Täler ab einer gewissen Höhe. Dort hinten beginnt die extremere Bergsteigerei, hinauf auf 3.000 m hohe Pässe und Gletscher, wo Nietzsche nie war.

Thomas Mann, Friedrich Dürrenmatt und andere Größen der Literatur sind den Spuren des Friedrich Nietzsche durch das Fextal gefolgt. Konkret nachzuweisen sind diese mindestens bis zur romanischen Kirche Fex Crasta, die in gut zwei Wanderstunden zu erreichen ist. Deren Fresken sind erst 2007 von der Übermalung befreit und restauriert worden. Hier, nahe der italienischen Grenze, hatten die Schmuggler früher eine letzte Kerze angezündet.

Durch eine felsige, geologisch interessante Schlucht entlang des Gebirgsbaches steigt man von der Chesa de la Punt am Ortsrand auf einem Felspfad zunächst einmal bergab, um freilich bald wieder ansteigen zu müssen. „Vor meinem höchsten Berge stehe ich und vor meiner längsten Wanderung; darum muss ich erst tiefer hinab als ich jemals stieg: – tiefer hinab in den Schmerz als ich jemals stieg, bis hinein in die schwärzeste Fluth!" So wollte es das Schicksal. 1888 flüchtete Nietzsche letztmals in den „lieblichsten Winkel der Erde". Allein in diesem Jahr schrieb er fünf Bücher.

Im Januar darauf erlebte er, in Turin, den totalen geistigen und körperlichen Zusammenbruch, der ihn in die Umnachtung und in den Tod führte. Am 25. August 1900 vollendete sich sein schmerzhafter Weg aus der Tiefe auf den Berg und vom Berg zurück in die Tiefe, so wie er es erahnt hat: „Ach, Schicksal und See! Zu euch muss ich nun hinab steigen."

Auskunft: Sils Tourist Information, Tel. 0041 / (0) 81 / 838 50 50 • Nietzsche-Haus Sils-Maria, Tel. 0041 / (0) 81 / 826 53 69

Literatur: Friedrich Nietzsche: Also sprach Zarathustra – Ein Buch für Alle und Keinen, 1980 • Paul Raabe: Spaziergänge durch Nietzsches Sils-Maria, 1995 • Dichtung und Wahrheit in Graubünden – Ein literarischer Streifzug, 2008 • Georg Bayerle: Lesespuren im Gebirge – Die Berge und die Dichter, 2003

8. Sonnenaufgang verpasst

Mit Mark Twain auf und neben Europas erster Bergbahn auf die Rigi

Mark Twain (1845–1910), Foto um 1900

„Der Aufstieg wird per Bahn, zu Pferde oder zu Fuß durchgeführt, wie es beliebt." Samuel Longhome Clemens, besser bekannt als Mark Twain, beliebte es, den bereits beliebtesten Aussichtsberg der Schweiz, die oder den Rigi, „in Wandertracht" anzugehen. Mit seinem Freund Harris war der amerikanischen Schriftsteller eines frühen Morgens im Sommer 1879 von Luzern aus mit dem Dampfer über den Vierwaldsttätersee ins Uferdorf Weggis gereist, um „gemächlich" auf einem laubbedeckten Maultierpfad bergauf zu stapfen.

Unterwegs übergaben die beiden Bergwanderer ihre Taschen, Mäntel und sogar die Alpenstöcke einem Jungen, der alles bis zum „höchsten Hotel" voraustragen sollte. Sie ließen sich Zeit, rasteten öfter und rauchten. Und waren perplex, als ihnen ein Mann mit rotem Gesicht entgegenkam und auf ihre diesbezügliche Frage antwortete: „Bald am Gipfel? Gott segne Sie, Sie sind ja noch gar nicht richtig losgegangen." Da kehrten sie gleich wieder um und quartierten sich mit dem absteigenden Engländer bei einer deutschen Wirtin ein, um erst am nächsten Tag um die Mittagsstunde „richtig loszugehen" in Richtung Gipfel.

„Beim Anrauchen der Pfeife" entdeckte der 44-jährige Mark Twain plötzlich einen „langen Wurm aus schwarzem Rauch". Dieser stammte von der „first mountain railway of Europe". Die erste Zahnradbahn Europas verkehrte seit 21. Mai 1871 (am Mount Washington in Amerika schon etwas früher). Als der Ingenieur Niklas Riggenbach aus dem Elsass das Patent dafür anmeldete, verkündete er pathetisch und ganz im Sinne der entstehenden Alpen-Clubs: „Ich will alles Volk auf die Berge führen, damit sie alle die Herrlichkeit unseres erhabenen Landes genießen können."

Im selben Jahr 1871 verherrlichte das Buch „Playground of Europe" die Alpen, und tatsächlich begann nun „alles Volk" in die Zentralschweiz zu reisen, besonders auf die soeben „erschlossene" Rigi. Vorher hatten nur naturbesessene, wagemutige Einzelgänger die „Königin der Berge" (Regina Montium) bestiegen, so 1775 der 26-jährige Frankfurter Jurist Goethe, der über Klösterli und das hoch gelegene Heilbad Kaltbad ging und danach in seinem „Gedankenheftchen" schwärmte: „Die erhabenen, unvergleichlichen Naturszenen werden immer vor meinem Geiste stehen."

Viel nüchterner klingt der Bergbericht des amerikanischen Kollegen. Alle zehn Minuten kam ihm und Harris ein jodelnder Sennerbub entgegen, so dass sie schließlich einen Franken zahlten, wenn jene den „Tiroler Triller" unterdrückten: „In den

Die Zahnradbahn zur Rigi gilt als die älteste Bergbahn Europas

Alpen kriegt man etwas zu viel von diesem Gejodel". Durch das bei einem gewaltigen Bergsturz gebildete „Felsentor" – heute noch eine Attraktion – erreichten sie gegen sechs Uhr abends ein „weiträumiges Hotel mit großen Balkonen": Kaltbad, damals schon Bahnstation.

Am nächsten Tag verirrten sie sich, weil sie „wie gewöhnlich" einen Mann befragten, der „überhaupt nichts wusste". Sie kamen von der Bahntrasse ab, waren darauf gefasst, „früher oder später in einen Abgrund zu fallen", tasteten sich im Nebel auf Händen und Knien herum und „langten auf etwa vierzig Gipfeln an". (Eine kleine Übertreibung: das Rigi-Massiv hat nur fünf Gipfel.) Plötzlich standen sie entsetzt vor einer steilen Felswand. Die entpuppte sich, als der Nebel schwand, als ein „ungeheures, verschwommenes, geisterhaftes Hotel". Im Salon belagerte eine dichte Menschenmenge den Ofen „schweigend, ernst, hoffnungslos und bibbernd". Ein paar Amerikaner und Deutsche, in der Mehrzahl aber Engländer.

Tags darauf bezwangen die beiden Yankees endlich den nun ganz nahen Gipfel. Sie wollten unbedingt den damals schon legendären Sonnenaufgang erleben. Mark Twain wurde jetzt richtig poetisch: „Die große, mit Wolkenfetzen gestreifte Sonnen-

„Über einer grenzenlosen Weite wogender Weißköpfe“. Blick vom Gipfel (Kulm)

scheibe stand genau über einer grenzenlosen Weite wogender Weißköpfe – sozusagen –, einem wellenden Chaos massiger Bergkuppen und Gipfel, in ewigen Schnee gehüllt und mit einem schillernden Glorienschein veränderlicher und sich immer wieder auflösender Glanzlichter überflutet ...“

Es war allerdings gar nicht der Sonnenaufgang, sondern der Sonnenuntergang. Die müden Bergsteiger hatten das morgendliche „Dröhnen des Alphorns“ nicht gehört, sondern den ganzen Tag durchgeschlafen. In „idiotische rote Decken“ gehüllt, wurden sie von 250 gut angezogenen Männern und Frauen angeglotzt, von einigen gezeichnet und ausgelacht. Auch Bergkamerad Harris grinste: „Du bist ein Esel in höchster Vollendung.“ Mark Twains Geschichte hat in einem Reclam-Band den ironischen Titel: „Drei Tage bis zur Rigi-Spitze.“

Nicht länger als zehn Minuten fährt die Luftseilbahn seit 1968 von Weggis bis Rigi-Kaltwasser, wo schon Hermann Hesse eine regelrechte „Fremdenindustrie“ vorgefunden hatte. 1962 entstand in dem Luftkurort, 1.438 m über dem Meer, neben dem übrigen Dutzend Hotels und Restaurants auf dem Rigiberg eine vom Architekturprofessor Justus Dahinden geschaffene „Hostellerie“ mit Tennisplatz und anderen Finessen. Darin gibt es auch eine Mark-Twain-Salon-Bar mit offenem Kamin. An Sommerabenden bietet die Seilbahn sogar ein „schwebendes Restaurant": Die Vorspeise wird bei der Auffahrt serviert, das Pouletgeschnetzelte und das Dessert bei der Abfahrt.

Die 924 Höhenmeter lassen sich indes auch heute noch auf dem alten, wohl von den beiden Amerikanern benutzten Saumpfad über Romiti zurücklegen. Das dauert ungefähr zwei Stunden. Wer sich durch asphaltierte Wege, Schutzgitter, Grillstellen und Menschenmassen nicht schrecken lässt, kann in weiteren zweieinhalb Stunden den Gipfel (1.798 m) erwandern. Er genießt dann immerhin – laut Mark Twain – „ein dichtgedrängtes und großartiges Landschaftsbild mit einem Umkreis von dreihundert Meilen": im Süden die „Schweizer Riviera", rundum eine Kette von schönen Seen und den ganzen Alpenbogen vom Säntis am Bodensee über das Berner Oberland bis zum Schweizer Jura.

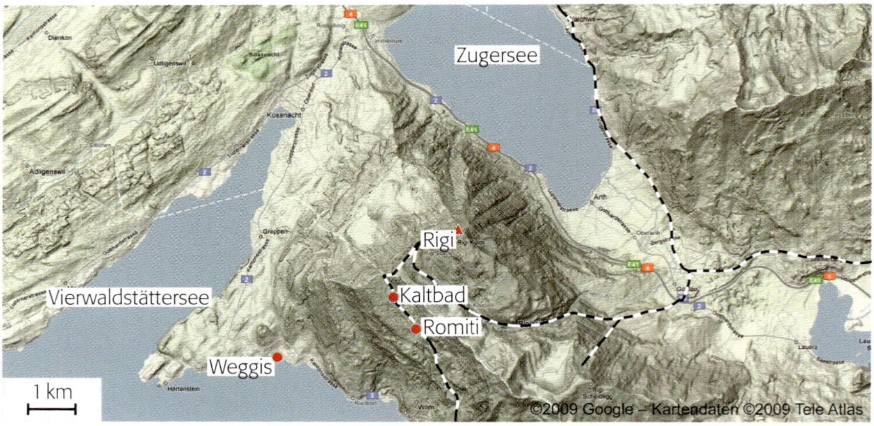

Auskunft: Tourist Information Rigi, Tel. 0041 / (0)41 / 397 11 28 • Rigi Bahnen, Tel. 0041 / (0)41 / 399 87 87

Literatur: Mark Twain: Bummel durch Europa, 1985 • Angelika Wellmann: Was der Berg ruft, 2000 • Ronald Gohl: Auf steilen Schienen in die Berge, 1992

9. „Lustig die Alm hinan"

Mit dem Heidi zu „Originalplätzen" des Spyri-Romans über dem Rhein

„Vom freundlich gelegenen alten Städtchen Maienfeld aus führt ein Fußweg durch grüne, blumenreiche Fluren bis zum Fuße der Höhen, die von dieser Seite groß und ernst auf das Tal hernieder schauen." So hebt die Geschichte an. Und so wollen wir unseren Erkundungsgang auf den Spuren des Schweizer Kult-Kindes „Heidi" beginnen. Maienfeld allein ist eine Reise wert. Das schmucke Städtli mit 2.526 Einwohnern hat eine vorrömische Geschichte, wovon allerdings das Buch nichts erzählt, ein malerisches Rathaus mit Wappen der Freien Walser, ein nicht zugängliches Schloss und Blumen auf vielen Balkonen, wie sie im Buch auf fast jeder Seite in allen Farben blühen.

Heidiland-Plakat im Städtchen Maienfeld, wo die Mädchenserie spielt

Dass in der sogenannten „Bündner Herrschaft", die das Städtchen umgibt, „hohe Felsentürme kahl und zackig in die Bläue hinauf" ragen, findet der Besucher erst in weiterer Ferne bestätigt. Vielmehr säumen dieses Stück Rheinland nahe der Liechtensteiner Grenze, etwa 500 m über dem Meer, anmutige Almen und besonnte Weinberge, die einen vorzüglichen Burgunder („Beerliwein") hervorbringen. Düstere Felsen ragen allenfalls in der sehenswerten Taminaschlucht südlich von Bad Ragaz, in die Menschen im Mittelalter zur „Kur" abgeseilt wurden.

Man kann die Heidi-Wanderung ebenso gut im benachbarten Jenins beginnen. Denn im heutigen Pfarrhaus dieses altertümlichen Weindörfchens fand die Zürcher Schriftstellerin Johanna Spyri-Heusser (1827–1901) an einem „glücklichen Tag" während eines Urlaubs bei einer Freundin im Sommer 1879 „die Grundlage zu einer neuen Geschichte", an welcher sie sogleich eine Woche lang schrieb.

„Heidi“ – über kurz oder lang wurde der Titel zum Weltbestseller, seit 1920 zum Thema für Filme und Sekundärliteratur, zum Inbegriff von Trivialliteratur, heiler Bergwelt und Alpenkitsch, zum Kultobjekt.

Pfiffige Leute, voran der Kurdirektor von St. Moritz, machten „das Heidi“ schließlich auch zur Werbebotschaft für den Schweizer Tourismus, der sich bei der Vermarktung der reinen, fiktiven Idylle zunächst wohl doch etwas geniert hatte. Inzwischen bemächtigten sich gleich mehrere Regionen in der Ostschweiz dieses – so eine unvermeidliche Studie – „idealen Symbolträgers für Ferien in den Bergen“.

Und so strömen sie nun herbei, die „literatouristischen“ Spurensucher, viele mit dem Fernzug „Heidiland“, steigen vielleicht ab im „Swiss Heidi Hotel“, buchen Heidi-Pauschalen (69 SFr, Kinder 45 SFr), decken sich ein mit Heidi-Souvenirs. Auffallend viele kommen aus dem Fernen Osten, wo der eigentlich nur für Kinder geschriebene Alpenroman immer noch Rekordauflagen erzielt. Es gibt sogar einen „Heidi World Club“.

Maienfeld hat sich erstaunlich spät, aber doch mit dem durchaus berechtigten Anspruch, der „Original-Schauplatz“ zu sein, in den Wettbewerb eingemischt. Dorthin kommen nun auch immer mehr Bergwanderer. Denn seit 1998 lockt eine alpine Attraktion. Vom Ortszentrum wie auch von Jenins aus sind es genau 2.300 m bis zum „Heididörfli“. Der Weg führt sanft hinauf über die Siedlung Rofels, wo Johanna Spyri das Vorbild für ihr Heidi in Gestalt der fünfjährigen Amalia Nigg entdeckt haben soll, wofür es aber keinen Nachweis gibt.

Eine 1999 gegründete Stiftung, die vom Kanton Graubünden gefördert wird, unterhält dieses „wiederbelebte“ Dorf, eine Mischung von Freilichtmuseum und Disneyland. Sie will hier „eine Zeitreise in die Schweizer Bergwelt des 19. Jahrhunderts“ bieten. In einem renovierten Bauernhaus, dem „Heidihüsli“, ist die Geschichte der Entstehung und der Rezeption des 50 Millionen Mal gedruckten Kinderbuches dokumentiert. International und variantenreich erscheinen hier – mitten im ewigen Almparadies voller „flimmernden, winkenden Blümchen“ – das Heidi, der sehr liebe Geißen-Peter, der brummig-gütige Großvater, die blinde Großmutter, die bornierte Klara und die dauernd herumspringenden „Schwänli“ und „Bärli“ und wie die Weidetiere sonst hießen.

„Nun ging es lustig die Alm hinan ... Heidi sprang hierhin und dorthin und jauchzte vor Freude.“ Wo das Phantasiekind also hinan ging, ist jetzt ein „Heidiweg“ ausgeschildert, der zwölf „Erlebnisse“ verheißt. Die Stiftung und der erst 1970 gegründete Verkehrsverein haben sich bemüht, alles so „authentisch“ wie möglich herzurichten: den Stall mit Streicheltieren, den Dorfbrunnen, die Schnitzbank, den Hackstock. Natürlich fehlen auch nicht der „Dorflada“ und die Poststelle mit Heidi-Stempel. Hinzukommen sollen demnächst ein Geißenpeterhaus mit natürlicher Tierhaltung, eine alte Schmiede und eine Kärrnerei.

„Es geht steil und direkt zu den Alpen hinauf,“ heißt es weiter im Buch. Nach einer 5.500 m langen Waldwegstrecke erreicht der Wanderer – die meisten kehren allerdings schon im „Heididorf" um – die „Heidialp". In einer Lichtung am Fuß des 1.111 m hohen Ochsenergs winkt ein alter Senner in der windschiefen Hütte mit frisch gemolkener Milch und einer knappen Erzählung vom „Alpöhi", dem Großvater, der hierorts gehaust habe. Und der dem kleinen, immerzu jauchzenden Heidi die Schönheiten und ein wenig auch die Gefahren der Berge liebevoll-grantig beigebracht haben soll, wenn's wahr ist.

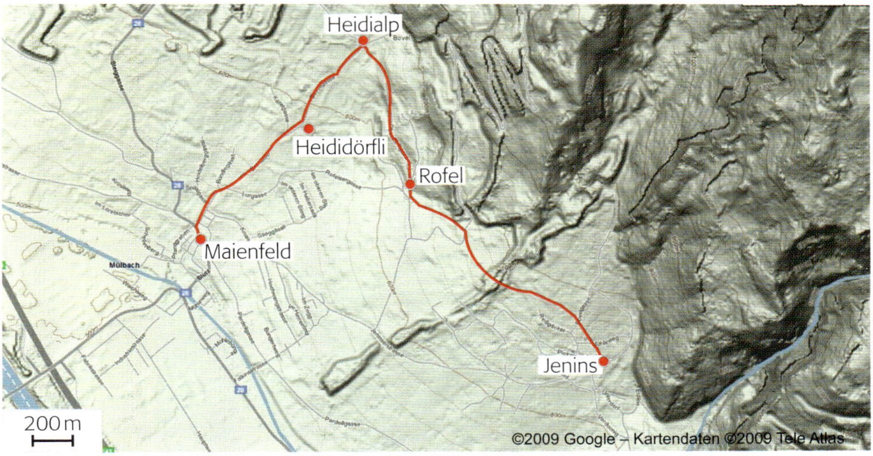

Auskunft: Stadtverwaltung Maienfeld, Tel. 0041 / (0) 813 00 45 50

Literatur: Johanna Spyri: Heidi • Dichtung und Wahrheit in Graubünden – Ein literarischer Streifzug, 1998 • Peter Donatsch: Überall ist Heidiland, in: Alpenvereinsjahrbuch 1999

10. Winterwelt von gestern

Mit Stefan Zweig zwischen „Piz Süß" und Piz Palü im Engadin

Stefan Zweig (1881 – 1942) im Alter von 44 Jahren

„Der Winter, das ist hier Glanz, Sonne, Klarheit, Licht, Heiterkeit und Reinheit". Immer wieder war der Schriftsteller Stefan Zweig aus Wien, bevor er zum Emigranten wurde, „in die Höhe geflüchtet, in den schönsten Winterwinkel der Welt, ins Engadin". In Pontresina vor allem war er wie geblendet von der gletschergleißenden Bergwelt des Bernina-Massivs. Den detailverliebten Schreiber interessierten aber auch die Frühformen des Fremdenverkehrs, wie sie heute im Pontresiner Museum Alpin – die Fassade nennt das Baujahr 1716 – dokumentiert sind.

Vor mehr als 150 Jahren hatte es begonnen, als die Jungfer Clara Christ die Wirtschaft „Zum weißen Kreuz" mit drei Gastbetten eröffnete. Noch im selben Jahr, am 13. September 1850, erreichten der eidgenössische Oberforstinspektor, Gebirgs- und Lawinenforscher Johann Wilhelm Coaz, geboren in Amsterdam, zusammen mit zwei Vermessungsgehilfen zum ersten Mal den 4.049 m hohen Piz Bernina. Seinen Bericht fanden später Tausende von Alpin-Touristen bestätigt: „Tausend und tausend Bergspitzen lagerten wie ein großes Heer um uns."

Verständlich, dass dieses Dörfchen, mehr noch als das benachbarte, mindestens ebenso mondäne St. Moritz, so viele Künstler angelockt hat. Poeten fühlten sich in Pontresina besonders heimisch. Schon 1851 ließ sich Richard Wagner von der gigantischen Gebirgskulisse zu Bühnenbildern inspirieren. Im Spätsommer jenes Jahres mietete Joseph Viktor Scheffel im „Adler" den damals schon namhaften Bergführer Colani zu „kniezerbrechenden" Touren ins Rosegtal und sogar auf die „wilden Höhen des Bernina", allwo ihm Colani roten Veltliner kredenzte. 1873 entdeckte der dänische Märchendichter Hans Chrisian Andersen in Pontresina „eine ganze Alpenwelt, eine Fülle von Blumen", die der Lyriker Alfred Mombert 1903 in „Die Blüte des Chaos" verwandelte.

Zwei Jahre später wurde ein Winterkurverein gegründet. Stefan Zweig, 1881 als Sohn eines jüdischen Textilfabrikanten geboren, betrat den „Festsaal der Alpen" (so der spätere Alpin-Schriftsteller Walter Flaig) erstmals mitten im Ersten Weltkrieg. Das Chaos draußen im übrigen Europa und die noch völlig heile Berglandschaft des Oberengadin, das „makellose, unirdische Weiß des Hochlandschnees" erschienen dem sensiblen Dichter als derartiger Kontrast, dass er sich sehr unwohl fühlte bei den „Sorglosen", die da fern in der Schweiz ihre „Rituale" abhielten und in Luxus schwelgten. Damals schon in „riesigen Kisten" von Grandhotels. Kritisch und doch irgendwie fasziniert beobachtete

Pontresina, Hoteldorf vor der Bernina-Gruppe

Zweig das touristische Geschehen, insbesondere die Anfänge des bereits breit gefächerten Wintersports.

Die Skiläufer sah er „in ihren Affengewändern die Schneehänge herunter fahren“, die Eisläufer sah er gleiten über die „in der Sonne funkelnden Spiegel, über die warm und süß ein Walzer weht.“ Die Eishockeyspieler kamen ihm vor „wie rasende Fische“. Sogar Bobschlitten donnerten schon, wie heute die Weltbesten im benachbarten Celerina, auf eigener Bahn und ließen „zehntausend Diamanten aus dem Schnee sprühend in einer Wolke entzünden und verpulvern.“ All dies erschien ihm „irgendwie zu laut, zu lustig, zu frech,“ doch hatte der Dichter auch Freude an einer „Jugend, die sich selbst gehört und diese Freiheit fühlen darf“.

Inzwischen sind aus den drei Gastbetten der Jungfrau Clara nicht weniger als 6.609 mehr oder weniger noble Schlafplätze in Hotels, Ferienwohnungen, Jugendherbergen und Hütten geworden. Sie sind durchschnittlich zu 70 Prozent ausgelastet, meist von Stammgästen. Mit über 300.000 „Logiernächten“ allein im Winter ist der nur 1.950 Einwohner zählende, 1.800 Meter hoch gelegene Kurort – im Sommer kommen überwiegend Bergsteiger – an die sechste Stelle im Schweizer Tourismus gerückt.

Die laute, lustige, freche Fun-Generation von heute findet im winterlichen Pontresina allemal einen riesigen Spielplatz. Immerhin 56 Bergbahnen und Skilifte können stündlich etwa 65.000 Menschen auf umliegende Zweitausender und Dreitausender schaufeln. Die legendären Bernina-Züge fahren in wenigen Minuten zum Startplatz zweier Gondelbahnen, deren Gipfelstationen nur noch wenige Meter unter der Dreitausendergrenze liegen. Die Gletscherroute von der Diavolezza (2.978 m) gehört wohl

Im Rosegtal empfand der Dichter „etwas, das in großer Stille ruht"

zu den eindruckvollsten Abfahrten der Alpen. Insgesamt wurden die Skipisten rundum auf 350 Kilometer Länge gemessen und markiert.

Die kleine Welt von Pontresina, wie sie Zweig entdeckt und im Nachlassroman „Rausch der Verwandlung" beschrieben hat, hat sich scheinbar nicht verändert: „Und alles ist wunderbar: die Landschaft mit ihrem schmetternden Grün und dem panoramisch geordneten Kreis der Höhen, die Hotels, diese Luxusburgen, hoch und herausfordernd in die Hänge gestellt, die teuren Geschäfte mit ihren provokant noblen Auslagen, Pelze, Juwelen, Uhren, Antiquitäten, all das sonderbar und fremd neben der ungeheuer einsamen Majestät des eisigen Ferner …"

Engadiner Berglandschaften und Dorfbilder „wie aus dem Buch", aus Zweig'schen Zeitungsberichten und aus der Sekundärliteratur, bietet der Dichter zu allen Jahreszeiten an: den eine Fahrstunde entfernten Maloja-Kulm, die Seen von Sils-Maria und Champfer („wir waren mit dem Auto so weit, dass wir nach Italien sehen konnten"), das Kurhaus von Zuoz („ich melde restlose Zufriedenheit"). Oft war er – allein, mit Kollegen, mit Frau oder später Freundin – ins Val Roseg gewandert oder kutschiert. Hier empfand er „etwas, das in großer Stille ruht und ganz ewig bliebe, störten es die Menschen nicht".

Wie kaum andernorts in den Alpen können Skitouristen den Spuren der Dichter und Maler (die leuchtenden Bergbilder Segantinis, jetzt in einem eigenen Museum in St. Moritz, hat Zweig sehr bewundert) rund um Pontresina folgen. Stören müssen sie die große Stille nicht. Zur Besinnung auf das Einfache, Genügsame, zum Bewusstwerden der „Lebensgemeinschaft Mensch und Natur" möchten die 60 bestausgebildeten Berg- und Skiführer im Ort anregen, sagt Paul Nigg, Gründer der größten Bergsteigerschule der Schweiz. An jedem Werktag bieten sie eine Skitour zu einem von zehn Dreitausendern an, montags und samstags auch für Anfänger. Und zwei Mal wöchentlich führen sie auf den „schönsten Schnee- und Eisberg der Welt", den Piz Palü (3.905 m).

Das romantische, sieben Kilometer lange Rosegtal ist vom Sportpavillon mit Eishockey- und Curlingplatz aus, auf geräumtem Winterwanderweg, mit Langlaufskiern oder Pferdeschlitten bequem erreichbar. Eine Rundloipe führt vom Restaurant am Talende noch fünf Kilometer weiter bis zum Rand des zurückgewichenen Roseg-Gletschers. Wer die typischen Erscheinungen der Glazialwelt – dazu gehört nicht zuletzt der in der Forschungsstation bei Pontresina (2.800 m) laufend beobachtete Gletscherschwund – genauer erkunden will, kann dies tun auf dem Lehrpfad mit 20 Stationen im Vorfeld des Morteratschgletschers.

Auch im Dorf selbst stößt der Literaturfreund auf Spuren Stefan Zweigs. Das „Piz Süß", wo er zum Kaffee die „herrlichsten Petit fours der Welt" zu nehmen pflegte, ist zwar einem Hotelneubau gewichen; dafür offeriert jetzt das „Café Puntschella" süße Köstlichkeiten wie Bündner Birnbrote und eine Nusstortenfantasie, jeden Morgen auch per „Gipfelexpress" bis hinaus nach St. Moritz. Es gibt indes noch die kleine Veltliner Weinstube, wo Zweig mit dem in Deutschland verbliebenen, aber von Hitler enttäuschten Lyriker Rudolf Binding „große Gespräche" führte, wie sein Freund Erich Ebermayer berichtete. Das war im Juli 1935.

Danach sah der Poet der bürgerlichen Spätkultur sein Pontresina nie wieder. Im fernen Petropolis, einem brasilianischen Höhenkurort, wo der Heimatlose nach ruhelosen Reisen rund um den Erdball seine Autobiografie „Die Welt von gestern – Erinnerungen eines Europäers" vollendet hat, nahm er sich am 22. Februar 1942 gemeinsam mit seiner Frau das Leben. Hatte er im Ersten Weltkrieg im Engadin eine Jugend erlebt, „die mit ihrer Kraft spielt, statt sie mörderisch zu verwerten", so hat er im Zweiten Weltkrieg „den Glauben an die Menschheit verloren".

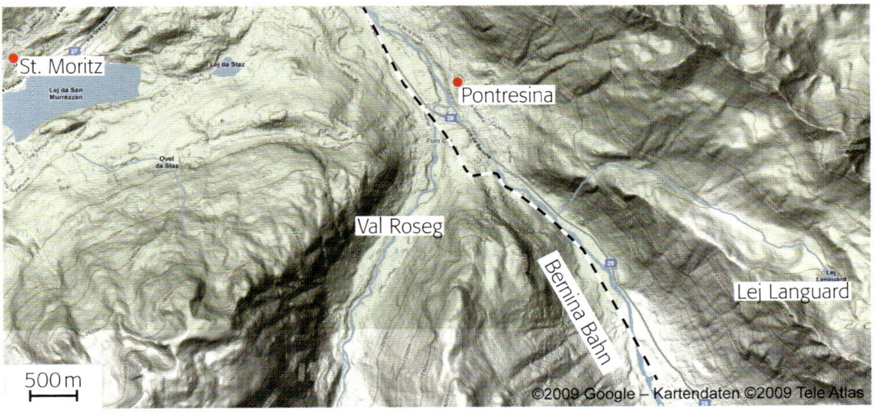

Auskunft: Pontresina Tourist Information, Tel. 0041 / (0) 81 / 838 83 00

Literatur: Stefan Zweig: Die Welt von gestern, 1988 • Stefan Zweig: Bilder – Texte – Dokumente, 1997

11. Aus- und aufgestiegen

Mit Erich Mühsam auf dem „Monte Verità" im Tessin

Erich Mühsam (1878–1934) war nur einer von vielen Aussteigern auf dem Wahrheitsberg

„Der ‚Monte Verità' ist ein hochgelegenes Plateau mit wundervollem Blick über den Lago Maggiore, zu dem man von Ascona aus etwa 20 Minuten ziemlich steil zu steigen hat." Steigen wir ihm also nach, dem damals 26 Jahre alten Schwabinger Schriftsteller, Anarchisten und Bohemien Erich Mühsam, der erstmals 1905 und dann noch zwei Mal auf jenen Berg im Tessin gewandert war, von dem er gehört hatte, dass sich dort oben ein „recht hübsches kommunistisches Leben entwickelt" habe.

Doch nicht etwa die Proletarier aller Länder vereinigten sich seinerzeit auf dem „Berg der Wahrheit". Vielmehr wurde die kleine Siedlung 1900 als „vegetative Cooperative" von dem belgischen Industriellenerbe Henri Oedenkoven, der Pianistin Ida Hoffmann und dem Offizier Karl Gräser gegründet. Nach der Jahrhundertwende galt sie als Modeziel für avantgardistische Künstler, Sektierer, Reformer, Aussteiger, Naturapostel und andere Sonderlinge. Diese vermehrten sich rasch. Angeregt wurden sie durch Mundpropaganda und Zeitungsberichte, aber auch durch Postkarten, auf denen man langhaarige, tanzende oder gärtnerisch tätige Kommunarden sah, die sich in Leinenkittel hüllten oder noch lieber nackt auftraten; das weibliche Geschlecht war stark vertreten.

So konnte ein früher Öko-Tourismus nicht ausbleiben – oder war es bloßer Voyeurismus? Schon Mühsam ärgerte sich, wenn „tagtäglich von Locarno hertrottend, eine Kompanie übelster deutscher Reisephilister mit all ihrer Blödheit die herrlichen Gestade des Lago Maggiore entlanggafft". Ein Hotel in Ascona warb sogar mit einem Aussichtstürmchen, das Blick auf das Treiben am Berg bot. Zu begaffen gab es da seltsame „Licht- und Lufthütten", wo ständig etwa 30 bis 40 Kolonisten in fast paradiesischem Zustand lebten, dazu eine von ihnen kultivierte Obstplantage, eine Musik- und Tanzschule sowie eine „Heil- und Erholungsanstalt", die später, als Sanatorium, von Gräsers Versuchsvegetarier Erich Mühsam als „Salatorium" verspottet wurde.

Der Pazifist und Philanthrop aus München (er wurde 1934 von den Nazis ermordet) träumte bei seinen Besuchen von einer ganz anderen Zielgruppe. Er stellte sich diesen „Fleck Erde" vor als einen Zufluchtsort für entlassene oder entwichene Strafgefangene, verfolgte Heimatlose und überhaupt für alle „Opfer der bestehenden Zustände". Statt dessen aber kaufte 1926 der Wuppertaler Bankier und ehemalige Kriegsfinanzier Eduard von der Heydt den Berg, den die Naturisten zu Beginn der 20er Jahre verlassen hatten, und ließ das Sanatorium zum Hotel ausbauen, das er erst 1964, nachdem die Schweizer

Staatsanwaltschaft gegen ihn wegen nachrichtendienstlicher Tätigkeit für die NS-Regierung ermittelt hatte, dem Kanton Tessin vermachte.

Dieses „Hotel Monte Verità" ist heute, nachdem das inzwischen fast vergessene Stück Utopia 1978 durch eine Wanderausstellung wiederentdeckt worden war, der ideale Ausgangspunkt für Wanderungen auf Spuren jener frühen Grünen und ihrer Epigonen. Die exotischen Laub- und Nadelbäume stammen ebenso noch aus jener Blütezeit wie die japanischen Tempellaternen und ähnliche Versatzstücke. Dagegen sind der Zen-Garten und die nördlichste Teeplantage der Welt, wo man allerlei Pflanzen erwerben kann, erst 2006 eröffnet worden, und auch das Kongresszentrum ist neueren Datums. Die Kunstwerke in den Gärten und Alleen sind teils alt (beispielsweise vom Dadaisten Hans Arp), teils modern.

Durch lauschige Wäldchen mit Seeblick führt der Rundgang zu drei Gebäuden, die – sorgsam rekonstruiert und als Museen eingerichtet – die Geschichte des „Freistaats Verità" eindrucksvoll dokumentieren. Neben der Casa Anatta und der Casa Selma findet man eine der typischen, lindgrünen Licht- und Lufthütten sowie einen auf den Fundamen-

Oben: Das ehemalige Haupthaus auf dem Monte Verità wurde nach der Erbauung des neuen Hotels zum Restaurant umgewandelt.

Unten: Schon früh war der Wahrheitsberg ein Tummelplatz für die damals aufkommende „Freikörperkultur", hier vereinigten sich Nackte aus ganz Europa

Ascona, einer der schönsten Orte am Lago Maggiore

ten des früheren Solariums errichteten Holzpavillon mit dem riesigen Rundgemälde des homoerotischen Baltendeutschen Elisar von Kupffer, der für seine Jünglinge einen Tempel erbaut hatte. Besonders sehenswert ist die Casa Anatta; In dieser Almhütte werden die Gründung, das Experiment des „freien Lebens“ und der Aufenthalt so vieler Prominenter und der ganze Nachhall noch einmal lebendig.

Nicht wenige Berühmtheiten kamen aus München, das vor 1914 eine Keimzelle von Ideen war: neben Mühsam sein Genosse Ernst Toller und die geistesverwandte Franziska Gräfin von Reventlow, die hier allerdings „nur Narren und Propheten“ vorfand. Aus Bayern kamen die Europäerin Annette Kolb, die „Blauen Reiter“ Klee, Jawlensky und Werefkin, der Komponist Richard Strauss und einmal sogar Kronprinz Rupprecht. Zu Gast auf dem schönen, exotischen Wahrheitsberg waren international renommierte Schriftsteller wie Gerhard Hauptmann, Erich-Maria Remarque, Else Lasker-Schüler, Klabund, Emil Ludwig und immer wieder Hermann Hesse, der sich hier auch einer Alkoholentziehungskur unterzog.

Noch vor dem Ersten Weltkrieg kamen die Revolutionäre Lenin und Landauer, aber auch der russische Großfürst Alexander. In den 20er Jahren fanden sich in den

Gästebüchern die Namen der Politiker Bebel, Stresemann, Adenauer, Braun, Schacht und Chaim Weizmann. Es kamen Schauspieler wie Emil Jannings und Heinz Rühmann, Sexologen wie Hirschfeld und van de Velde, der Soziologe Max Weber, der Psychologe C.G. Jung und nicht zuletzt die weltbekannten Tänzerinnen Isadora Duncan und Mary Wigman. So soll auch der moderne Ausdruckstanz auf dieser alpinen Probebühne für Ideen und Reformen entstanden sein.

Auskunft: Municipio Ascona, Tel. 0041 / (0) 91 / 759 80 00

Literatur: Erich Mühsam: Ascona, vereinigte Texte aus den Jahren 1905, 1930 und 1931, erschienen 1979 • Robert Landmann: Ascona – Monte Verità. Auf der Suche nach dem Paradies, 1990

12. Viel Schnee, viele Eichhörnli

Mit Thomas Mann zu seiner ersten Exil-Station in den Bergen von Arosa

Arosa wurde die erste Station im 40 Jahre dauernden Exil-Dasein der Familie Mann

Nur drei Wochen wollte er nach einer anstrengenden Vortragstournee in Arosa ausspannen. Doch er blieb sechs Wochen in dieser Bergwelt. Denn während seiner Schweiz-Reise hatte Thomas Mann (1875–1955) eine „mörderische Radio- und Pressehetze" zur Kenntnis nehmen müssen. Auch warnten die beiden ältesten Kinder, Erika und Klaus, den zunächst zaudernden „Zauberer" dringend vor der Rückkehr nach München, wo er mit Schutzhaft bedroht war wie etliche seiner Freunde und Schriftsteller-Kollegen.

So wurde das 1.800 m hoch gelegene Dorf in Graubünden die erste Station eines Exils, das 22 Jahre währen sollte, bis zum Tod. Am 26. Februar 1933 traf die Familie ein, nachdem Thomas Mann seine vermeintlich lungenkranke Frau Katia schon mehrmals während einer Kur in Arosa besucht hatte. Die Manns nahmen wieder Quartier im nunmehr mondänen Waldhotel. Das Gästebuch verzeichnet den Namen des Nobelpreisträgers neben dem des Berliner Generaldirektors Pulvermann (mit Familie und Bedienung) und ähnlich wohlhabenden, vermeintlich oder echt kränklichen Kurgästen.

In dieser Atmosphäre des Eingesponnenseins, persönlich in einer Stimmung der Melancholie, begann der neue Hotelgast bald, am „Zauberberg" zu schreiben, die Faust-Novelle zu konzipieren und Korrespondenz zu erledigen. Wegen der Vorgänge nach Hitlers „Machtergreifung" war er erfüllt von „angsthaft gesteigerter Wehmut". Schmerzlich vermisste er auch seine Villa an der Isar, den Hausrat, seine Aufzeichnungen, insbesondere die Tagebücher. In dieser Lage trug er sich sogar mit dem Gedanken, beim Reichsinnenministerium „eine Art Urlaubsgesuch" zu beantragen.

Doch dann musste er in den Zeitungen einen von Münchner Titelträgern unterzeichneten Schmäh-Aufruf gegen einen Wagner-Vortrag des „unpolitischen" Unbequemen lesen. Das gab den endgültigen Ausschlag zum Verzicht auf die anders gewordene Heimat. Da war es ihm immerhin ein Trost, „dass in diesen Tagen meine beiden Lieblingskinder, die älteste und jüngste Tochter, um mich sind". So notierte er auf ein einfaches Wachstuch aus der Papeterie, womit er am 15. März 1933 ein neues Tagebuch begann (die bisherigen schmuggelte sein Sohn Golo etwas später in die Schweiz, doch der Vater verbrannte sie – „es graute mich vor ihnen" – ab 1944 in Kalifornien).

Nach den sehr genauen Aufzeichnungen in Arosa lässt sich eine gut zweistündige Rundwanderung auf den Spuren des Dichters im Dorf und im umliegenden Hügelland

Thomas und Katia Mann im Skigebiet von Graubünden, der Dichter selbst stand nur einmal auf Brettern

unternehmen. Vom Waldhotel spazierte der Dichter täglich hinauf zum Skigebiet Maran, um seine Frau und die 14-jährige Tochter Elisabeth am „Babyhügel" abzuholen. Um nicht so oft auszugleiten, ließ er sich Schneesohlen unter die Schuhe schnallen. Manchmal fuhr man zusammen im Schlitten heim und genoss die Winterberge. „Viel Schnee, die Landschaft verschont, ich ging trotz der Menschen, von denen der eine oder andere erfreulich war." Ab und zu stapfte der 58-Jährige in kurzen Hosen und Doppelstrümpfen durch die „glitzernden Schneemassen".

Dem von Schlafstörungen gepeinigten Thomas Mann lag daran, seine Gesundheit unter der Höhensonne zu trainieren. Im „Neuen Waldhotel" – seit 1910 eine bekannte Lungenheilstätte und für den Winter 1932/33 zum mondänen Sporthotel „mit Einheitspreis" umgebaut und umbenannt – trank er viel Orangensaft, machte morgens Tiefatemübungen in der Loggia. Beim Skilaufen der Familie – der erste Skilift entstand 1938 – schaute er aber lieber nur zu. Einmal habe er sich, in der Nähe von München, auf Bretter gestellt, sei damit aber nur zwei Schritte gegangen und wieder umgekehrt, wie „Medi" einmal erzählte. (Elisabeth Mann Borgese starb im Februar 2002 im Urlaub in St. Moritz.)

Gewandert wurde jedenfalls viel, damals in Arosa, nachmittags um fünf noch mal. Danach ging's fast täglich „auf Umwegen" zum „Old India Tea Room" (heute ein be-

Im bevorzugten Waldsanatorium diskutierte Thomas Mann mit Lion Feuchtwanger und anderen vertriebenen oder verbliebenen Kollegen

lebtes Hotel), wo der Wankende seine Wehmut auch mal in Wermut ertränkte und von deutschen Touristen angesprochen wurde. Mit Katia, der Realistin, diskutierte er über Zukunftspläne, mit Schicksalsgenossen wie „F. Lion" (Feuchtwanger) über die politische Lage, oder er las in der Zeitung die neuesten „Mord- und Schauergeschichten" aus Nazideutschland; der Reichstagsbrand erschütterte ihn stark.

Nachdem ihm nun endgültig klar war, „dass es mit der Münchner Existenzform zu Ende sei", sinnierte er über seinen nächsten Aufenthalt. „Seefeld, Innsbruck, Zürich", notierte er, mit Fragezeichen dahinter, doch Österreich war ihm dann doch „nicht geheuer"; die weiteren Schweizer Exilstationen waren ein Chalet in Lenzerheide, sodann Lugano, Basel, Küsnacht bei Zürich. 1934, 1937 und 1938 kamen die Manns noch einmal zur Winter- oder Sommerfrische nach Arosa, wo inzwischen auch Nazi-Bonzen wie Außenminister Ribbentrop und Wirtschaftsminister Schacht verkehrten.

Der Fußweg nach Maran führt in einer knappen Stunde über das Bündahus in sanften Serpentinen bergan. Über die Genderstraße sind es dann noch 700 m bis zum Prätschli-Hotel, wohin Thomas „mit K.", also seiner Frau, gern und oft „bei reinster Himmelsbläue" spazierte. Heute ist hier die Aroser Skiarena zentriert, die insgesamt 70 Kilometer Abfahrten, 35 Kilometer Loipen, Eishalle und Funpark bewirbt. Auch damals schon fand der noble Nobelpreisträger das Prätschli dermaßen überfüllt, „dass wir nach Hause zurückkehrten und hier in der Halle zur Musik unsern Thee tranken".

Zurück führt die Prätschlistraße mitten durch den Wald, dem Namen des Hotels gemäß. Man kreuzt die Seilbahn, die seit 1956 zum Weißhorn (2.653 m) fährt. Einmal hatte das „Medi" sogar eine Tour mit ihrem Skilehrer ein Stück hinauf machen dürfen, bevor sie die Eltern mit der Eisenbahn noch einmal nach München zum Bruder Golo schickten. Dem auch in seinem Zufluchtsort schwer beschäftigten Vater genügte die Freude an der „Gipfelbeleuchtung" und an „besonnten Bergspitzen".

Das Waldhotel erreicht man nach 1.200 m, es liegt am Eichhörnliweg. Dem Spaziergänger und Poeten Thomas Mann waren die vielen possierlichen, an das Futter von Passanten gewohnten Eichhörnchen einen Eintrag im neu angelegten Tagebuch wert. Im Winter sind die Wanderwege von Arosa, die mitten durchs Skigebiet laufen, immer präpariert.

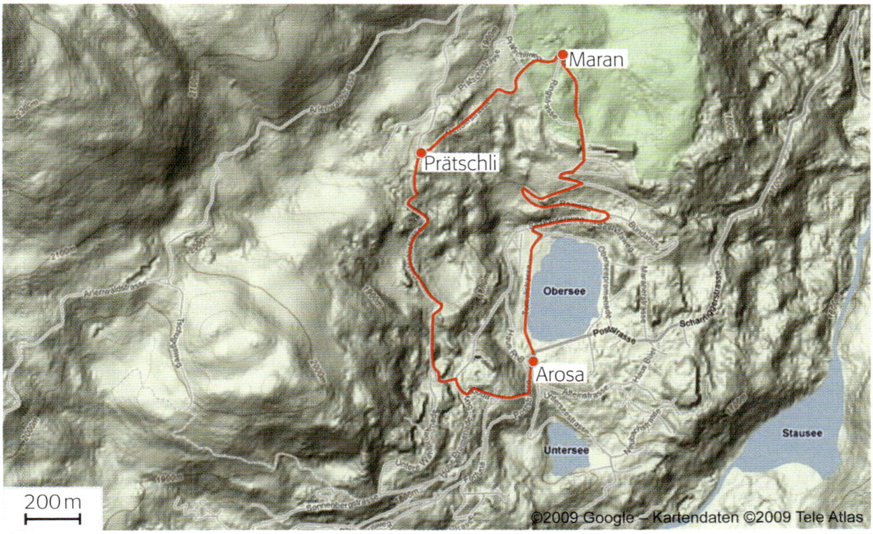

Auskunft: Gemeindeverwaltung Arosa, Tel. 0041 / (0) 813 78 37 67

Literatur: Ueli Haldimann: Arosa, 2001 • Peter de Mendelssohn: Der Zauberer – Das Leben des Schriftstellers Thomas Mann, 1975 • Donald A. Prater: Thomas Mann – Deutscher und Weltbürger, 1995 • Heinrich Breloer: Unterwegs zur Familie Mann, 2001

13. Trunken von Farbe und Licht

Mit Hermann Hesse über die „goldenen Hügel" von Montagnola

Der Dichter (1877–1962) auf seiner Terrasse: „Hier scheint die Sonne inniger, die Berge sind röter"

„Ich habe oft und oft das Lied dieser Berge, Wälder, Rebhänge und Seetäler gesungen," resümierte Hermann Hesse zwei Jahre vor seinem Tod in Montagnola. Nicht weniger als 43 Jahre seines langen Lebens hat der deutschschweizerische Schriftsteller in diesem Dorf auf der hügeligen Halbinsel des Lago di Lugano verbracht. Der Großteil seiner Werke ist hier, auf der Collina d'Oro, entstanden. Hier starb er am 9. August 1962, hier ist er beigesetzt.

Fünf Wochen zuvor, zum 85. Geburtstag, hatte ihm seine Wahlheimatgemeinde das Ehrenbürgerrecht verliehen, und heute widmet sie ihm vielerlei Aktivitäten. So kann man in einem 1997 eröffneten Museum, das von einer privaten Stiftung getragen wird, und in einem dazu angelegten Wanderweg „Auf den Spuren Hermann Hesses" das Leben des Dichters unmittelbar Revue passieren lassen. Veranstaltet werden Lesungen, Ausstellungen, Vorträge und Seminare, manche in Zusammenarbeit mit anderen „Hesse-Orten" oder mit Universitäten. Nebenan hat ein Literaturcafé aufgemacht.

In etlichen seiner Werke, die in mehr als 60 Sprachen mit einer Gesamtauflage von etwa 120 Millionen Exemplaren erschienen sind, ist seine „Seelenheimat" am Luganersee in Wort und Aquarell wiederzuerkennen, er liebte sie und ihre Bewohner über alles: „Hier scheint die Sonne inniger, und die Berge sind röter, hier wächst Kastanie und Wein, Mandel und Feige, und die Menschen sind gut, gesittet und freundlich."

An der Casa Camuzzi könnte die Spurensuche beginnen. 1919 hatte der 42-Jährige vier Zimmer bezogen, nachdem er sich von seiner gemütskranken Frau und den drei Söhnen schmerzhaft getrennt hatte. Schon im ersten Sommer schrieb er im ersten Stock des Palazzo die Novelle „Klingsors letzter Sommer". Und im Jahr darauf war in dem Buch „Wanderungen" sein optimistisches Bekenntnis zu lesen: „Die Welt ist schöner geworden. Ich bin allein und leide nicht unter dem Alleinsein. Ich wünsche nichts anderes. Ich bin bereit, mich von der Sonne fertig kochen zu lassen. Ich bin begierig, reif zu werden. Ich bin bereit, zu sterben, bereit, wieder geboren zu werden."

Bis heute hat sich die Villa kaum verändert. Gebaut hat sie der geniale Agostino Camuzzi, der für den russischen Zaren Alexander I. die Eremitage gestaltet hat. Sie ist nun allerdings in Privatbesitz und nur von außen zu besichtigen, ebenso wie der exotische Garten, den der leidenschaftliche Gärtner Hesse im „Klingsor" beschrieben hat: „Unter ihm sank tief und schwindelnd der alte Terrassengarten hinab, ein tief durchschattetes Gewühl dichter Baumwipfel, Palmen, Zedern, Kastanien, Judenbaum,

Die Casa Camuzzi, im Turm befindet sich das Museo Hermann Hesse

Blutbuche, Eukalyptus, durchklettert von Schlingpflanzen, Lianen, Glyzinien." Nach dem Zweiten Weltkrieg wohnten die Maler Hans Purrmann und Georg Meistermann in der Casa Camuzzi. Im Turm befindet sich jetzt das „Museo Hermann Hesse".

Ein Abstecher empfiehlt sich zunächst zum zweiten, zehn Minuten entfernten Wohnsitz des Dichters in Montagnola, zur Casa Rossa. Sein Zürcher Freund und Mäzen Hans C. Bodmer hatte sie ihm auf Lebenszeit kostenlos zur Verfügung gestellt. Im Juli 1931 siedelte Hesse mit seiner dritten Frau Ninon Dolbin dorthin um. In dieser roten Villa am Ortsrand, die heute im Besitz einer italienischen Industriellenfamilie ist, begann er sogleich sein Hauptwerk, das erst 1942 fertig wurde: „Das Glasperlenspiel", 1946 erhielt er den Nobelpreis für Literatur.

Inspiration zu diesem Stoff empfing er bei der Arbeit im Garten, wo er Wein, Gemüse und Blumen zog, wo er in „Kontakt mit der Erde" stand. Gartenarbeit diente ihm zur „geistigen Verdauung". Und bis 1935 malte er auch noch. „Malen macht froher und duldsamer." Oft malte er so besessen wie sein von Farbe und Licht trunkener „Klingsor". In den Tessiner Jahren entstanden über 3.000 Aquarelle.

Auf der schmalen Straße, die heute seinen Namen trägt, waren viele befreundete Literaten zu ihm gepilgert, zuletzt noch Bert Brecht, Peter Weiß und des Öfteren Thomas Mann. Annette Kolb, Klabund, T. S. Eliot, Romain Rolland und Max Brod waren schon in der Villa Camuzzi zu Gast. Berge von Zuschriften deutscher Leser und Verehrer brachte der Postbote nach 1945 in die Casa Rossa. Nicht weniger als 35.000 Men-

In der Casa Rossa inmitten von Wein begann Hesse sein „Glasperlenspiel", an dem er zehn Jahre arbeitete

schen hat Hesse eigenhändig geantwortet. Viele sahen in ihm, der so vielen Emigranten und verfolgten Juden geholfen hat, eine moralische Instanz.

Viele Motive aus seinen Bildern und Texten sind wiederzuerkennen, wenn man den Hermann-Hesse-Weg nun vom Museum im Ortszentrum aus in der entgegengesetzten Richtung geht, über die Via Camuzzi zum Aussichtspunkt Bellevue. An einen solch schönen Platz muss der Maler Hesse den Maler Klingsor, sein Alter ego, geführt haben: „Sommer hauchte heiß über den Berg, Licht floss senkrecht herab, Farbe dampfte hundertfältig aus der Tiefe herauf. Über die nächsten Berge, die grün und rot mit weißen Dörfern aufklangen, schauten bläuliche Bergzüge, und lichter und blauer dahinter neue und neue Züge und ganz fern und unwirklich die kristallnen Spitzen von Schneebergen."

Dann noch ein Stück über den „durchsprenkelten Schatten des Waldpfades" bis zu jener Waldwiese, wo einmal ein Felsenkeller mit Ausschank stand, zum immer noch gut bewirtschafteten Grotto Cavicc, wo der Dichter-Maler mit seinen wandernden Freunden so manchen Becher geleert hat: „Der Grotto wurde gefunden, im steilen Bergwald auf schmaler Terrasse standen Steinbänke und Tische im Baumdunkel, aus dem Felsenkeller brachte der Wirt den kühlen Wein, Brot war da."

Rechte Seite: Im Tessin betätigte sich Hermann Hesse auch als Maler und Gärtner

Wo der Waldpfad an ein Gräberfeld stößt, das einer mittelalterlichen Kirche mit Beinhaus zugeordnet ist, wendet der literarisch-malerische Rundweg. Auf diesem Friedhof San Abbondio ist Hermann Hesse neben seiner letzten Lebensgefährtin Ninon beigesetzt. Auf den Gräbern hat man zwei Bäume gepflanzt, die inzwischen so ineinander verwuchsen, dass sie ein Herz bildeten; sie mussten Ende 2008 gefällt werden. Tief unten durchbricht, unsichtbar, eine Autobahn die „goldenen Hügel".

Der Bus im Ortsteil Barca würde die Rückkehr ins Dorf der Dichter und Künstler verkürzen. Zu Fuß geht man in zwanzig Minuten zurück, der Spaziergang insgesamt dauert gut zwei Stunden. Tafeln an elf Stationen und ein Audioführer informieren mehrsprachig und zitatenreich über das Leben und das Werk des Ehrenbürgers Hermann Hesse, dessen Stimme dabei zu hören ist. Auch bietet das Museum – eines von vier Hesse-Museen weltweit – von Mai bis Oktober regelmäßig geführte Wanderungen an.

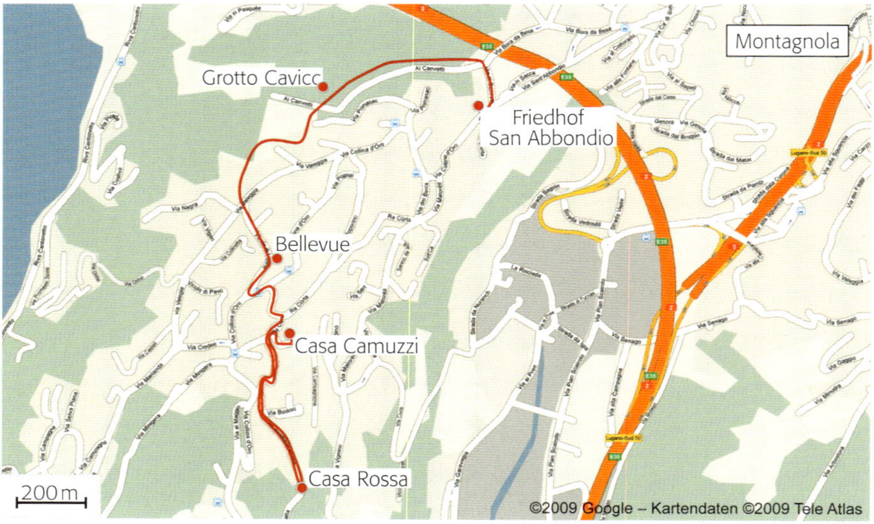

Auskunft: Museo Hermann Hesse, Tel. 0041 / (0) 91 / 99 33 70

Literatur: Hermann Hesse: Die Romane und die Großen Erzählungen, 1977 • Georg Werth: Hermann Hesse und die Schweiz, 1997 • Uli Münzel: Hermann Hesse und die Schweiz, 1986

Österreich

14. Der Kaiser verstieg sich

Mit Maximilian I. durch die Jagdgründe und Felswände des Karwendel

Von allen Fürsten Mitteleuropas war der Römisch-Deutsche Kaiser Maximilian I. gewiss der erste und bis heute aktivste Alpinist – und er war „aus angeborener natur und aus königlichem gemüth der größte jäger aller Zeiten", wie er sich selbst in seinem autobiografischen Buch „Weißkönig" zu rühmen weiß. Sein Revier war das ganze Land Tirol, es zog ihn bis hinauf in die Gletscherregion. Maximilian regierte von 1508 bis 1519 zwar im flämischen Mechelen, hielt sich aber viel lieber in seiner sieben Tagesreisen entfernten Heimatstadt Innsbruck auf und schwärmte: „Tirol ist ein rauer Bauernkittel, aber er wärmet guet".

Holzschnitt zum „Theuerdank", eine romanhafte Heldenfigur, als die sich Kaiser Maximilian (1459–1519) verewigen ließ

In diesem Bergland wiederum bevorzugte Maximilian als Ausflugsziel den fast tausend Meter hoch gelegenen, fast zehn Kilometer langen Achensee, ein dem nahen Kloster Georgenberg gehörendes „Kronjuwel Tirols". Hier konnte er nach Herzenslust jagen und fischen und in der Regel anschließend zum Bankett mit Musikbegleitung im Freien laden. Wobei er sowohl die Anliegen kleiner Leute anhörte wie auch politische Gespräche mit ausländischen Gesandten führte. Maximilians eigene Bücher, vor allem der „Theuerdank" und sein „Geheimes Jagdbuch", geben detailliert Kunde davon, wie es bei solchen Touren zuging.

Wenn die Hofgesellschaft den Gämsen, Steinböcken, Hirschen und bisweilen den Bären nachstellte, dann sollte jeder der – von zahlreichen Treibern, manchmal von Fremden und Damen begleiteten – Jäger ausgestattet sein mit Wams und Hut in graugrüner Naturfarbe, wollenen Gamaschen, die man über die hohen Stiefel stülpte, und einem Rucksack („Waidsack"). Im Winter waren Schneereifen mitzuführen. Zum

Klettern empfahl der Kaiser höchstpersönlich ein Seil, einen Helm aus Eisen („Hirnhaube“) als Schutz vor Steinschlag und sechszackige Steigeisen („Hufeisen“).

Auch das Erlegen des Wildes unterlag genauen Bestimmungen. Für jede jagdbare Art, sogar für Murmeltiere und Otter, gab es einen eigenen Jägermeister. Maximilian selbst nannte sich „des Heiligen Römischen Reiches Erzjägermeister“. Die Gämsen wurden mit einem 4,50 m langen Spieß (wie man sie auf Schloss Tratzberg im Inntal noch sehen kann) aus Wänden und Schrofen heraus gestochen. Sogar das Ausnehmen hat Maximilian vorgeschrieben. Hirsche wurden oft auch mit der Armbrust erlegt. Feuerwaffen lehnte der recht kriegserfahrene Kaiser bei der Jagd ab.

Den am Achensee besonders zahlreichen Bären rückte man mit einer breiten, gezackten Lanze zu Leibe; wer ihn aufspürte, wurde mit hundert Gulden belohnt. 1494 lud Max den bayerischen Herzog Wilhelm, 1501 den venezianischen Botschafter zur Schaujagd auf Hirsche und Bären. Zur Hatz waren Hunderte von Jagdknechten und nicht weniger als 1.500 Jagdhunde verfügbar, überwiegend Dackel, die man „Schlieferle“ nannte.

Ausgangspunkt war stets das Haus, das Herzog Sigmund von Tirol in Pertisau bauen und Kaiser Maximilian zum „Fürstenhaus“ umbauen ließ (seit 1853 ist es ein Hotel,

Der Achensee, am linken Ufer der alte Ort Pertisau mit dem immer noch existierenden „Fürstenhof". Oben Achenkirch, rechts dahinter der Anstieg zur „Maximiliansrast"

heute existiert es unter dem alten Namen aber nur noch als Kopie). Der See lag ihm zu Füßen, und in keinem anderen Gewässer gab es so viele Fische. Maximilian fing sie nicht nur mit Netzen, er erfand auch ein Holzgefäß zum Lebendtransport, den „Panzen". Bei längeren Jagden übernachtete das Fürstengefolge schon mal in Almhütten oder bei einfachen Bauern, auch baute man provisorische Jagdhütten in die Berge.

Wo genau der kaiserliche Waidmann auf Pirsch gegangen war, ist trotz seiner Lust am Aufschreiben nicht überliefert. Seinen Spuren zu folgen, heißt also nach den topografischen Gegebenheiten mutmaßen. Immerhin findet sich auf den heutigen Wanderkarten ein Aussichtspunkt namens „Kaiser-Maximilian-Rast". Dorthin führt vom Fischerwirt von Achenkirch an der Nordspitze des Sees ein schöner, steiler von der Alpenvereinssektion Kaufering angelegter Waldpfad serpentinenartig in Richtung Köglalm. Bevor man das Berggasthaus auf 1.428 m Seehöhe erreicht, zweigt links ein breiterer Weg ab, der am besagten Rastplatz endet.

Eine Bank, ein Tisch, im Blickfeld leider nur ein großer Campingplatz und im Hintergrund das im Sommer eher kahle Skigebiet der Christlum-Hänge. Den Blick auf den großen Tiroler Fjord, den der Kaiser vielleicht genossen hat, verwehren hochgeschossene Kiefern und Fichten. Auf dem Weg zurück passiert man das Idyll eines

Alter Stich von der Martinswand im Inntal, oben ist die nach Maximilian benannte Grotte zu erkennen

kleinen Bergsees, um auf der auch von Mountainbikern befahrenen Almstraße in Serpentinen zum Ausgangspunkt zu gelangen. Hinauf dauert es etwa vierzig, hinunter dreißig Minuten. Wanderer im Karwendel sind natürlich längere Touren gewöhnt.

Ein anderes Stück des nämlichen Gebirgszuges hat einen etwas näheren Bezug zu Maximilian I. In seiner Jugend soll er sich in der Martinswand bei Zirl (zwölf Kilometer westlich von Innsbruck) im Jahr 1484 derart verstiegen haben, dass er weder nach unten noch nach oben weiterkam. Zwei Tage und Nächte soll er geharrt haben inmitten von „Felsen, die viel zu hart waren, um sich seiner erbarmen zu können", heißt es in einer Chronik von 1850. In seiner Not habe er nach einem Priester gerufen. Da sah die Menschenmenge, die das Drama vom Tal aus angstvoll verfolgte, plötzlich einen „Jüngling in Bauernkleidern daherkriechen und einen Weg im Felsen machen". Er führte den Prinzen auf einen sicheren Steig und verschwand.

Und weil niemand den Retter kannte oder fand, hielten ihn die frommen Leute für einen Himmelsboten. Maximilian aber, sobald er Kaiser war, ließ an der Stelle seiner Not eine Grotte ausschlagen und ein Kruzifix aufstellen. Und in seinen Werken warnte, „dass du selbst nicht in die Martinswand steigen sollst, denn es ist gar gefährlich wegen des Steinschlags." In die „Maximiliansgrotte", 840 m über dem Meer, gelangt man heute ohne große Mühe über den Zirler Weinberg und einen Querpfad oder über den 200 m hohen „Kaiser-Max-Klettersteig", der in Führern als „sehr schwierig" klassifiziert ist – eine Trainings- und Traumroute für Alpinisten. Am Einstieg eine Gedenktafel: „Wanderer! Blick empor in die Martinswand, / wo Kaiser Max am Rand/ seines Grabes stand."

Was immer an der Legende wahr sein mag – in einem Tirol-Buch von 2000 wird der bergbegeisterte Kaiser Maximilian als Wegbereiter des Erlebnistourismus gefeiert: „Er ist bis heute das leuchtende Vorbild aller Aktiv-Urlauber." Und die Innsbrucker Maximilians-Ausstellung von 1996 sprach dem ersten gekrönten Alpinisten noch heute geltende Motive zu: „Körperliche Ertüchtigung, Abenteuer, Naturerlebnis und Erholung". Einen besseren, edleren Werber für Tirol und seinen Tourismus gibt es kaum.

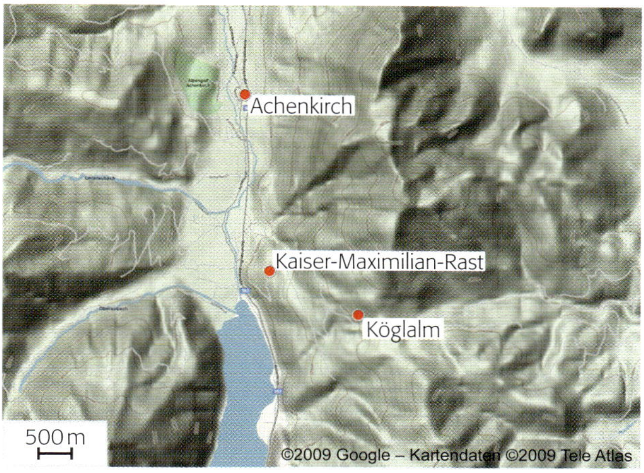

Auskunft: Tourismusverband Achensee, Tel. 0043/(0)5246/5300 • Wanderhotel Achentalerhof, Tel. 0043/(0)5246/5303

Literatur: Achentaler Heimatbuch, 1980 • Erich Egg: Maximilian in Tirol, Schwazer Bezirksbuch, 1981 • Tiroler Landesgeschichte, 1985 • Tirol Lexikon, 1983 • Maximilian I., Ausstellungskatalog, 1996 • Norbert Hölzl: 1000 Jahre Tirol, Edition Tirol 2000 • Barbara Higgs: Wegen der Gegend, 1998 • Klettersteigatlas, 1996

15. Gipfelsturm hoch zu Ross

Mit Fürstbischof Salm und den Erstbesteigern auf den Großglockner

Am 15. Juni 1799 schickte der 50-jährige, in Wien geborene Franz Xaver Altgraf von Salm-Reifferscheid, Fürstbischof in Gurk und seit 1786 Kardinal in Klagenfurt, die Zimmerleute Martin und Sepp Klotz aus dem hoch gelegenen Kärntner Bergdorf Heiligenblut auf eine Erkundungstour zum höchsten Berg der Ostalpen, den die in den Hochtälern und an den Abhängen siedelnden Menschen seit dem 15. Jahrhundert als „Glogger" oder „Glocknecker" kannten, fürchteten und mieden; nur Hirten und Gämsjäger hatten sich bis dahin ein Stück hinaufgewagt.

Diese erste Expedition zum Großglockner scheiterte wegen eines Schneesturms. Fünf Tage später jedoch gelang es den beiden bergerfahrenen Brüdern, am Moränenrand des Leiterkees auf 2.620 m Höhe eine provisorische Hütte zu errichten. Am 20. August trafen in diesem „Basislager" dreißig mutige Männer ein, darunter 19 Bauern aus Heiligenblut als Führer und Träger. Mit Seilen und Leitern wollten sie dem Gletschergipfel näher rücken. Man wartete auf besseres Wetter. Die Entscheidung fiel am 22. August – „nach Tisch". Doch wieder zwang ein eisiger Sturm, der die nur acht Meter breite Glocknerscharte zwischen den beiden Gipfeln höchst gefährlich machte, zum Rückmarsch.

Wahrscheinlich (die Chronisten sind sich da nicht ganz einig) hatte der Fürstbischof die von ihm angeworbenen und bezahlten Leute auch schon bei der ersten Tour hoch zu

Fürstbischof Salm (1749–1822) mit großem Gefolge auf dem Weg zum Großglockner

Das ebenso malerische wie fotogene Dörfchen Heiligenblut ist der bevorzugte Ausgangsort für die Besteigung von Österreichs höchstem Berg

Ross bis zum Gletscherrand des Leiterkees begleitet. Sein Generalvikar Sigismund Hohenwart, später Bischof von Linz, war der Organisator. Nach den ersten Misserfolgen erreichten die beiden Klotz-Brüder und zwei weitere Zimmerleute sowie Hohenwart und der Protokollant Johann Zopoth endlich am 25. August im tiefen Neuschnee den „letzten Knopf im Fels" vor dem Hauptgipfel, für den man ihn hielt. Es war allerdings „nur" der 3.770 m hohe Kleinglockner.

Ganz sicher war Fürstbischof Salm dabei, als am 27. Juli 1800 eine weitere Expedition von immerhin 62 Mann die Hütte auf der Hohenwarte erreichte (sie wurde inzwischen erweitert und nach Salm benannt). Pferde trugen reichlich Proviant und erlesenen Wein hinauf. Während die prominenten Teilnehmer, darunter der Botanik-Professor Hoppe aus Regensburg, ein Pfarrer und ein Arzt, am folgenden Tag zurückblieben oder bis zum Kleinglockner mitgingen, brachen die Klotz-Brüder um 6 Uhr früh auf. Sie holten vier Zimmerleute ein, die nachts eine Firnrinne geschlagen hatten. Diese Vier waren wohl die ersten, die den 3.798 m hohen Großglocknerhauptgipfel erreichten.

Schon einen Tag später gingen die Erstbesteiger zusammen mit dem Mathematikstudenten Valentin Stanic noch einmal hinauf, um ein vier Meter hohes Kreuz aufzurichten. (Dem Slowenen Stanic – später Domherr von Görz – gelang schon wenige

Rechte Seite:
Jubiläumstour 1999 zum Großglockner auf Salms Spuren

Wochen später von Berchtesgaden aus die Erstbesteigung der 2.714 m hohe Mittelspitze des Watzmann im Alleingang.) Hohenwart erklomm den Großglockner noch fünf Mal, hauptsächlich um botanische Studien zu treiben. In exponierter Lage auf 3.461 m Höhe, am „Fuß" der beiden Glocknergipfel, ließ Fürstbischof Salm sofort nach dem spektakulären alpinistischen Erfolg eine weitere Hütte bauen, die er „Adlersruhe" nannte, später erhielt sie den Namen „Erzherzog-Johann-Hütte". Bis heute blieb sie die höchstgelegene Hütte Österreichs.

Zweihundert Jahre danach brachen wir, eine von einem Alpinreiseveranstalter betreute Gruppe von Flachländern, auf den Spuren der Pioniere zum Gipfelsturm auf. „In einer geschlossenen Colonne" – wie sie einer der Erstbesteiger, Karl Ehrenbert von Moll, beschrieb – nähern wir uns dem von gurgelnden Wasser belebten Leitertal. Allerdings nicht, wie die Männer des Bischofs Salm, von Heiligenblut aus (was fünf Stunden gedauert hätte), sondern auf dem „Wiener Höhenweg" von der Großglockner-Hochalpenstraße her (in nur drei Stunden). Murmeltiere melden Alarm, ein Adler kreist. „Nicht ohne Schießgewehr," hatte ein Naturforscher 1782 den Glockner-Suchern empfohlen, weil man „auf solchen Anhöhen oft mit einem mächtigen Feind zu kämpfen hat, nämlich mit großen Geyern".

Die sogenannte Salmhütte ist unser erster Stützpunkt. Mehrmals hatte sie Altgraf Salm aufwändig umbauen und auf über zehn Meter Länge erweitern lassen, dazu zwangen ihn der Vorstoß des Gletschers und „habsüchtige Entfremdung der Baubestandteile". Sogar ein „Kabinet für den Fürstbischoff" und eine kleine Küche aus Steinmauern und Kamin wurden hinzugefügt. Trotz eines schützenden, natürlichen Steinwalls wurde die Ur-Hütte mehrmals verschüttet. 1928 errichtete die Almgenossenschaft eine neue Hütte an einem lawinen- und geröllsicheren Ort.

Bei unserer Jubiläumstour empfangen uns drei Studenten, die diese Hütte gepachtet haben. Sie bieten einen für solche Anhöhen ungewohnt guten Service samt Naturkost. Um die originale Salmhütte zu entdecken, müssen wir noch eine halbe Stunde höher durchs Geröll kraxeln. Zwei Räume, in den Berg gehöhlt, und eine Wand von aufgeschichteten Felsplatten sind die Reste der ältesten Hütte in den Ostalpen.

Hier beginnt die klassische, sehr steile Aufstiegsroute. Sie wird seit einigen Jahren wieder mehr begangen, weil überall sonst die allzu vielen Alpinisten unterwegs sind. Etwas bequemer ist nun aber doch der Umweg über die neue, fast utopisch anmutende Stüdlhütte, die sogar eine Kletterwand zum Üben hat.

Gute bis sehr gute Kondition und das kleine ABC des Bergsteigens, vom Anseilen bis zur Zweipunktsicherung, gehören freilich zu den Voraussetzungen selbst für die langsame Annäherung an den „Allvater der Berge", so zu lesen im Hüttenbuch auf der Adlersruhe. Es dauert ziemlich lange, bis auf der Terrasse vor der allerhöchsten Hütte jeder in der Gruppe seine Steigeisen sicher über den Bergschuhen verschnürt hat. „Zeitgewinn ist Sicherheit," drängt Bergführer Andi angesichts der wenig günstigen Wetterprognose.

Fast keiner dieser Glocknergipfelstürmer hat Erfahrung im Eisgehen – und überhaupt in der Hochgebirgsalpinistik. Einer will noch schnell eine Brotzeit im Tagesrucksack verstauen. Aber Andi sagt eiskalt: „Du wirst nichts essen und nichts trinken da droben." So bleiben denn auch Kameras, Ferngucker und sogar der Wetterschutz unten in der Hütte. Ein eigentlich strammes Mädchen meldet weiche Knie.

Die Gipfelrunde über die Scharte soll drei Stunden dauern, sie dauert vier. Die Augustsonne strahlt ultraviolett, nur ein paar Quellwölkchen wandern über die Hohen Tauern. Der Hagelsturm wird uns erst abends überraschen. Alle sind dann unendlich „geschafft", einer sagt: „Nie wieder!" Und beim Abstieg müssen unsere beiden Bergführer, weil sich eine Kölnerin auf dem Eis des Hofmannskees den Fuß verknackst hat, gar noch einen Rettungshubschrauber rufen.

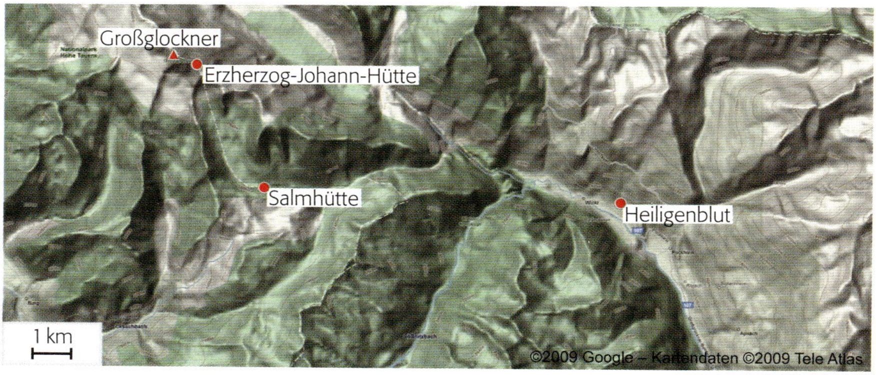

Auskunft: Tourismusregion Großglockner, Tel. 0043 / (0) 4824 / 2001 • Großglockner Hochalpenstraßen AG, Tel. 0043 / (0) 662 / 87 36 73-0

Literatur: Wolfgang Pusch und Leo Baumgartner: Großglockner, 2007 • Franz Mandl: Salms Hütte am Großglockner, 2007

16. Wasser und wenig „Speik“

Mit Erzherzog Johann auf wilden Wegen durch den Hochschwab

Erzherzog Johann (1782–1859), ein Mythos. Einige seiner vielen Hochgebirgstouren hatten Expeditionscharakter

Erzherzog Johann hat in Literatur und Historie rühmliche Beinamen bekommen: „Der grüne Rebell“, „Der steirische Prinz“, „Der reaktionäre Liberale“, „Der erste Tourist“. Er förderte Kunst und Volkssitte ebenso wie Landwirtschaft und Industrie. Über alles liebte er die einfachen Menschen, die Natur, die Berge. Die Geschichte kennt ihn als Reformer und Visionär, die Chronik des Alpinismus als Initiator von Kundfahrten mit Expeditionscharakter, als Erstbesteiger, als unermüdlichen Bergwanderer, der gern über Gletscher ging und zwölfstündige Gewaltmärsche ohne Nahrungsaufnahme schaffte, sodass er in seiner Umgebung oft auf Unverständnis stieß.

„Mich begreift außer den Bergen niemand,“ vertraute der volksnahe Fürst einem seiner 70 Tagebücher an, deren erhalten gebliebener Rest – nach „Entsorgung“ durch Sowjetsoldaten – in mühsamer Kleinarbeit gerettet, konserviert und abgeschrieben werden konnte. In Wien hatte er den Spottnamen „Gebürgsbär“. Dieser hagere, hoch gebildete Habsburger war ein Aussteiger. Weg drängte es ihn von der kaiserlichen Hofgesellschaft mit ihren „morschen Herzen“, entfliehen wollte er den Stadtmenschen, „diesen gezierten Puppen, diesen Spielbällen der Mode und Convention“. Aus den Bergen, aus der „Alpenfestung“, müsse die Rettung Mitteleuropas kommen, träumte er 1811 im Tagebuch.

Nach der Befreiung vom napoleonischen Joch zog sich der einzige Habsburger Freund des Rebellen Andreas Hofer, der auch einmal Kriegs- und Marineminister der k. u. k. Monarchie war, gänzlich in die Welt der Berge zurück. 1818 kaufte er den Brandhof am Seeberg, den er – nach heutigem Begriff – wie einen Biobetrieb führte. Damit wurde das Massiv des Hochschwab, damals auch bekannt als das „steirische Gamsgebirg“, sein ständiges Reduit. Der 40 Kilometer breite Karstrücken, dessen 2.277 m hohen Hauptgipfel er schon im Juli 1803 im Alter von 21 Jahren als erster Tourist überhaupt erstiegen hatte, war fortan sein bevorzugtes Wander- und Jagdrevier. Jedoch unterschied sich sein Verständnis von Jagd gründlich vom gängigen: Er bewahrte das Gamswild vor dem Aussterben.

Folgen wir einer der Touren, die der Erzherzog im schlichten Lodengewand begangen und genau beschrieben hat. Ausgangspunkt ist die Sattelhöhe auf der Straße Seewiesen–Wegscheid (1.253 m, Bushaltestelle). Weg Nr. 855 führt entlang der Kammhöhe der Aflenzer Staritzen (1.768 m). Tagebucheintrag: „Da wo die Waldregion ein Ende nimmt und das Krummholz anfängt, liegt die erste Alpe.“ Johann zählte

Kreuz auf dem 2.278 m hohen Gipfel des Hochschwab. Der Erzherzog entdeckte auf der abgerundeten Kuppe „zwergartige Pflanzen“

18 „Schwaighütten“. Rechterhand taucht die (über 2.000 m) Hohe Weichsel auf. Vom Kamm aus hatte die Wandergruppe „die schönsten Aussichten“, im Süden bis Leoben und Bruck an der Mur. Böse Mauer, Höllmauer, Höllenkamp, Höllboden, Eismauer – die uralten, auf genauen Wanderkarten verzeichneten Namen der nun folgenden Felsriegel und Schluchten bestätigen den Eindruck des hochgebirgserfahrenen Fürsten: „Ich sah kaum noch eine so wilde Gegend … Alle diese Gebirge bilden fürchterliche, oft überhängende Wände von 1.000 und mehr Schuhen, die an vielen Stellen selbst die Gemsen nicht erklimmen.“ Den Abstieg in eine dieser Schluchten empfahl Johann „nicht ohne Steigeisen und einen sicheren Führer.“

Die Gruppe stieg denn auch durch das weniger extreme Kar am Wetterkogel ab, „zu den Alphütten in den Tulbitzen“ (heute: Obere Dullwitz). Beide Hütten waren leer. Für die „schmale Kost“ entschädigte die Bergsteiger, die seit dem Aufbruch „kein Wasser gesehen“ hatten, ein „vortrefflicher Brunnen“ (heute: Goldbrunnen). Es dauerte eine Stunde, bis Milch von einer Niederalm heraufgeholt war. Inzwischen hatte man „reiche Ausbeute an Pflanzen gemacht“. Das Hochschwab-Massiv am Südrand der Nördlichen Kalkalpen ist immer noch eine botanische Fundgrube.

Der junge Erzherzog und einige Begleiter, darunter Hirten und Bauern, fanden Unterkunft in den beiden Sennhütten, die übrigen übernachteten an jenem 12. Juli 1803 unter freiem Himmel. Heute empfiehlt sich in diesem 1.660 m hohen Bergkessel die 1898 erbaute Voisthalerhütte des Alpenvereins. Der letzte Anstieg zum Schieslhaus (2.153 m) und auf den nur noch 125 Meter höheren Gipfel des Hochschwab würde weitere drei Stunden in Anspruch nehmen. Fünf bis sechs Stunden sind für den ganzen Aufstieg einzukalkulieren.

Vernünftigerweise bestieg die Erzherzog-Truppe den „hohen Schwab" erst am nächsten Tag. Erzherzog Johann (den manche nur mit einem nach ihm benannten Jodler in Verbindung bringen) entdeckte auf der abgerundeten, ein wenig mit Moos bedeckten Kuppe „zwergartige" Alpenpflanzen. Beim Rundblick geriet er ins Schwärmen: „So eine weit ausgebreitete Ansicht hatte ich noch nie!" Da ein Hochgewitter nahte, konnte man sich nicht lange aufhalten; der hochwohlgeborene Alpinist und Chronist wollte eigentlich „alle Umrisse der Gebirge perspektivisch zeichnen lassen".

Auch beim Abstieg, wofür seinerzeit ein weiterer Tag verwendet wurde, könnten wir den ziemlich genauen Hinweisen in den – neuerdings in Buchform publizierten – Bergwander-Tagebüchern folgen: Zuerst zur (heute privat bewirtschafteten) Häuselalm, wo man wiederum das Nachtlager aufschlug und sogar „mehrere Gebinde getrockneten Speik" (Speck) vorfand. Dann, auf gleicher Höhe bleibend, zur Sonnenschienhütte (1.526 m), wo Johann erstmals Wacholder fand und 22 Schwaighütten „von bester Beschaffenheit" zählte. „Die Sonnenschien ist nach der Schneealpe die schönste Alpe." Vom Gipfel aus geht man bis dahin vier Stunden. Über einen „elenden Felsensteig" ging es damals „fünf starke Stunden" über die Androthalm zum Leopoldsteinersee, den der Erzherzog als „sehr tief und sehr gefährlich zu beschiffen" beschreibt. Am Ende der Drei-Tage-Tour marschierte er mit den Bergkameraden auf der – heute von der Eisenbahn begleiteten – Hauptstraße ins Städtchen Eisenerz.

Wer die umständliche Rückfahrt mit Bahn und Bus zum Ausgangspunkt am Seeberg vermeiden möchte, dem sei der von der Voisthalerhütte abzweigende Europäische Fernwanderweg 4 empfohlen, der durch das Seetal, vorbei an der Leonhardskapelle, in 2 ½ Stunden nach Seewiesen und in weiteren 45 Minuten zum Sattel hinauf führt. Übrigens sind große Flächen dieses „historischen" Wandergebietes heute auch ein beliebtes Skizentrum mit einigen Liften und Frühstart im Oktober.

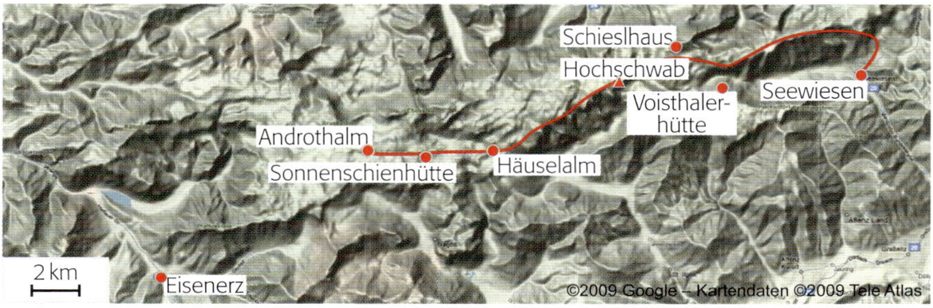

Auskunft: Tourismusverband Turnau / Seewiesen, Tel. 0043 / (0) 67 69 16 09 16 • Voisthalerhütte, Tel. 0043 / (0) 664 / 511 24 75

Literatur: Inge und Karl Friedl: Der erste Tourist, 2002 • Johannes Koren: Erzherzog Johann und die Steiermark, 1995 • Viktor Theiss: Erzherzog Johann, 1982

17. Spalier in Unterhosen

Mit Kaiser Franz Joseph per Zahnradbahn auf den Hochschneeberg

In frühen Jahren zeigte sich Kaiser Franz Joseph (1830–1916) durchaus in Bergsteigerkluft, wie auf diesem Bild des Wittelsbacher Hausarchiv, zu sehen

Ein großer Wanderer oder gar Bergsteiger war Kaiser Franz Joseph I. nicht. Ihm genügte, wenn er in seiner auf einer Anhöhe von Bad Ischl befindlichen Sommerfrischenresidenz weilte, der regelmäßige Spaziergang zu der im Tal gelegenen Villa seiner Freundin, der Schauspielerin Katharina Schratt, die ihn immer mit einem selbstgebackenem Guglhupf beglückte, indessen seine bayerische Gemahlin Elisabeth in der alpinen Umgebung mit Bergführern und Zofen „bis zur höchsten Felsenspitz" herumstieg. (Siehe Kapitel 18.)

Vier Jahre nach Sisis fürchterlichem Tod aber brach der Herrscher des Alpen- und Donaureiches, nun schon seit 54 Jahren auf dem Thron, doch noch zu einer Gipfeltour auf. Sein Ziel war das 1860 eingeweihte Elisabeth-Kircherl auf dem Hochschneeberg, der höchsten Erhebung in Niederösterreich. Mehrere Habsburger hatten den 2.076 m hohen Gipfel, den Franz Grillparzer den „König der norischen Alpen" genannt hat, zuvor schon bestiegen: voran Erzherzog Johann, der dort oben die erste Unterkunftshütte bauen ließ, dann Kaiser Franz I., dem der sogenannte „Kaiserstein" gewidmet ist, und der unglückliche Kronprinz Rudolf, der von einem „Paradies der Voralpenwelt" schwärmte.

Rudolfs Vater, der vorletzte und wohl berühmteste Kaiser von Österreich-Ungarn, musste sich freilich mit seinen 72 Jahren nicht mehr per Ross oder Sänfte oder gar per Pedes auf den 80 Kilometer entfernten Wiener Hausberg bemühen. Denn seit 1897 verkehrte eine Eisenbahn von Wiener Neustadt nach Puchberg am Schneeberg und von dort aus eine Zahnradbahn über eine Strecke von zehn Kilometern mit zwei Tunnels hinauf auf 1.795 m Seehöhe, zum bis heute höchsten Bahnhof Österreichs.

Am 17. Juni 1902 war es soweit. Um 6.10 Uhr sollte der Kaiser in Wien abfahren, um 9 Uhr standen die Honoratioren in Puchberg in Festkleidung bereit („schwarzer Frack, Gehrock, weiße Cravatte, Cylinder, beziehungsweise Uniform"). Aber der Schneeberg war in Nebel gehüllt, und so musste der Kaiser-Besuch um einen Tag verschoben werden. Planmäßig traf nun der Hofzug ein. Allesamt waren aufmarschiert: Bürgermeister, Hofräte, Ingenieure, Schießvereine, Feuerwehren, Veteranen, tausend Schüler mit gelb-schwarzen Schärpen und Mädchengruppen in Trachten, denen der Kaiser huldvoll zurief: „Seid's ihr aber saubere Madln."

Während der Fahrt mit der Zahnradbahn jedoch gab es wiederholt Anlass zur Schelte. Entlang der Strecke war Jagdpersonal zur Sicherung aufgestellt. Der Kaiser

Historisches Bild von der guten alten Schneebergbahn

guckte aus dem Abteilfenster und rief aus: „Ja, da steht schon ein Jäger, der hat aber blaue Unterhosen zur Lederhose an. Das kann ich nicht leiden. Nur nackte Knie gehören sich für einen Jäger." Noch ein paar Mal musste er sich ärgern: „Schon wieder einer in Unterhosen." Franz Joseph legte Wert auf eine Gewandung seiner Staatsdiener, die der Landestracht mehr oder weniger gleichen sollte, er ging bei Landpartien mit gutem Beispiel voran.

17 Forstleute bildeten Spalier, als der Kaiser dann vom Bergbahnhof die wenigen Meter hinaufging zum Gedächtniskirchlein für seine Sisi. Davor sagte ihm und seinen hochwohlgeborenen Begleitern das Fräulein Leopoldine Riegler noch vier Strophen auf, die Peter Rosegger eigens für diesen Anlass gedichtet hatte und die so begannen: „Heunt kunnt i schier jauchzat werdn / heunt kemma d'Weana Herrn / Oana is extra dabei / auf den i mi saggrisch / saggrisch g'freu." Die Leopoldine bekam dafür ein goldenes Halskettchen mit Medaillon. Anschließend spazierte der Alpenlandkaiser durch den Schneidergraben, um sich schließlich zum Dejeuner ins neue Berghotel zu begeben. Beim Verlassen überraschte ihn eine Schar von Fotografen, die er gnädig aufforderte: „Also Feuer!" Die „Repräsentationsfahrt" auf den Hochschneeberg endete laut Chronik „unter tosendem Jubel der Bevölkerung".

Einige Zeit später wurde ein „Franz-Joseph-Steig" angelegt, der vom Hotel auf die Rückseite des Waxriegels führt. Außerdem schenkte der Kaiser seiner Residenzstadt

Das Schneebergmassiv, Hausgebirge der Wiener

Das zum Gedenken an die ermordete Kaiserin Elisabeth errichtete Kircherl

die Quellen am Fuße des Schneebergs, und 1873 wurde in seiner Gegenwart die „Erste Wiener Hochquellwasserleitung" in Betrieb gesetzt. Sie liefert über 118 Kilometer Länge, durch Stollen und über kunstvolle Aquädukte, täglich etwa 200.000 Kubikmeter Trinkwasser von „Kaiserbrunn" nach Wien. Inzwischen ist ein Weitwanderweg entlang dieser Pipeline trassiert und markiert worden.

Wer heute auf den Schneeberg fährt, kann durchaus noch etwas k. u. k. Atmosphäre erleben. Die Bahn hat zwar kräftig aufgerüstet und farbenfrohe „Salamander-Triebzüge" in Dienst gestellt, aber immer noch verkehren – von April bis Oktober – zwei Dampfzüge und ein „Kaiserin-Elisabeth-Waggon". Natürlich ist das Elisabeth-Kircherl nach wie vor ein beliebter Anziehungspunkt. Von der Endstation Hochschneeberg aus bieten sich mehrere Wanderwege an.

Eine Gipfelrundtour über Klosterwappen (Hauptgipfel mit Radaranlage) und Fischerhütte (Niederösterreichs höchstgelegene Schutzhütte) dauert 2½ Stunden. Empfohlen wird auch der Aufstieg von dem eine Gehstunde von Puchberg entfernten Schneebergdörfl durch das Mieseltal bis zur Haltestelle Baumgartner (2½ Std) und eine weitere Stunde auf dem Bahnwanderweg weiter bis auf die Hochfläche, die den Blick freigibt bis über die Donau hinaus. Die seit 1997 privatisierte NÖ Schneebergbahn bietet auch ein Rundwander-Ticket für Bahn, Hüttengutschein, Sessellift und Bus an.

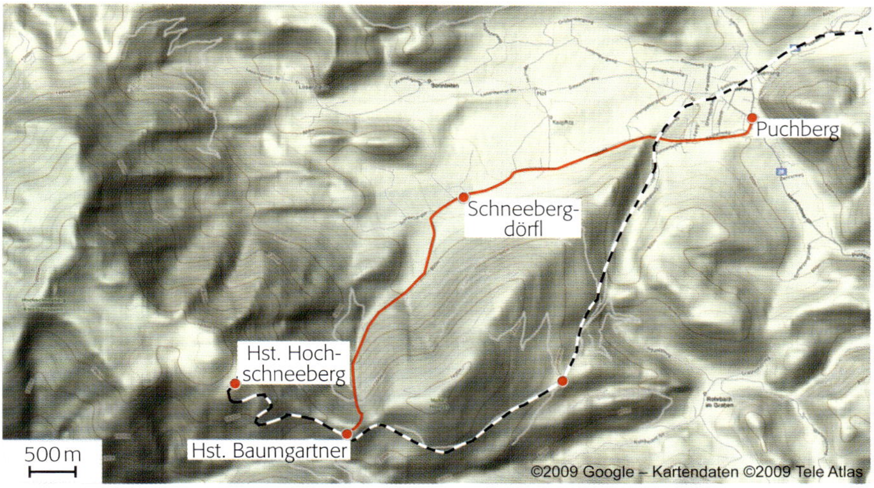

Auskunft: Tourismusbüro Puchberg, Tel. 0043/(0)2636/2256 • Schneebergbahn, Tel. 0043/(0)2636/366120

Literatur: Gernot Schuster und Peter Zöchbauer: Haltestelle Puchberg am Schneeberg. Portraits berühmter Gäste und Gönner, 1997 • Ernst Trost: Franz Joseph I., 1980 • Bernhard Baumgartner: Niederösterreich, 2004 • Wanderatlas Wiener Hausberge, 1991

18. „Bis zur höchsten Felsenspitz"

Mit Gedichten der Alpenkaiserin Elisabeth durch das Tote Gebirge

Reisen, reiten, turnen, bergsteigen – die Leidenschaften der Kaiserin Sisi (1837–1898)

Sie war Kaiserin wider Willen und Dichterin aus Passion, sie war eine Turnerin und Reiterin mit vorolympischen Qualitäten. Vor allem aber war sie eine begeisterte Bergsteigerin. „Im Mondenschein, in Sonnenhitz / Bis zu der höchsten Felsenspitz / Steig' täglich ich hinan. / Ob's donnert auch und stürmt und blitzt, / Ob droben grauer Nebel sitzt, / Was liegt mir wohl daran!"

Tatsächlich TÄGLICH – so auch der Titel dieses Gedichts – war Sisi auf die umliegenden Berge gestiegen, wenn sie in Ischl sommerfrischte. Und dort, im späteren Modebad des Salzkammerguts, weilte sie vielleicht öfter, auf jeden Fall viel lieber als in der Wiener Hofburg, die sie als „Kerkerburg" empfand. Vier ihrer Wanderungen wollen wir nachvollziehen – nach Texten aus dem literarischen Nachlass der in Genf ermordeten Kaiserin Elisabeth, den ihre Biografin Brigitte Hamann im Schweizer Bundesarchiv in Bern aufgestöbert hat, nach alten Zeitungsberichten und auch nach mündlichen Überlieferungen.

Den „Elisabeth-Waldweg" hatten die dankbaren Ischler zwar schon im Frühjahr nach der Tragödie vom 10. September 1898 angelegt, aber erst im vielerorts gefeierten Gedenkjahr 1998 ist er neu aufgeschüttet und mit Informationen versehen worden. (Bei der Neueröffnung trugen vier Trachtler die als Sisi verkleidete Miss Austria per Sänfte, doch dies war keinesfalls die bevorzugte Fortbewegungsart der Geehrten.) Der Weg beginnt am Kalvarienberg und führt zum Gasthof Pfandl. (Sisi war aber lieber in der Rettenbachalm eingekehrt, wo sie immer ihren geliebten Kaiserschmarrn bekam.)

So weit es der inzwischen hochgeschossene Mischwald erlaubt, rückt auf dem Höhenweg der Jainzen ins Blickfeld. „Mein Zauberberg" hatte ihn Sisi genannt, auch „mein Felsgemahl". Oft hatte sie den Ischler Hausberg (835 m) von der Kaiserlichen Villa aus (Besuch lohnt) bewandert und im Geiste des verehrten Heinrich Heine bedichtet: „Auf Flügeln meiner Lieder / Steig ich den Berg hinan, / Und wieder immer wieder / Zieht's mich dieselbe Bahn."

Vom Pfandl retour empfiehlt sich der Weg über die aussichtsreiche Leschetizkyhöhe oder der lauschige Dammweg entlang der spritzigen Ischl, mit Abstecher zur Schratt-Villa. Dorthin war Kaiser Franz Joseph während der Sommerferien jeden Morgen zum „versperrten Türl" spaziert, um sich am Guglhupf seiner Seelenfreundin, der Schauspielerin Katharina Schratt, zu laben. Elisabeth duldete die Rivalin – mit poetisch verbrämtem Spott: „Sie schnürt den Bauch sich ins Korsett, bis alle Fugen krachen …" Heute

Ein Bild aus der Kaiserzeit, als Ischl einer der beliebtesten Alpenkurorte war

werden Gäste auch niederen Standes in den historischen Räumen von einem Gourmetkoch verwöhnt. Ohne Aufenthalte ist der Elisabeth-Waldweg rundum in anderthalb Stunden bequem zu schaffen.

3 ½ Stunden geht man von Strobl durch das Weißenbachtal zur Postalm. Sisi (die sich nach neueren, gut belegbaren Erkenntnissen eigentlich „Lisi" nannte und in ihrem Poetischen Tagebuch mit Shakespeares „Titania" identifizierte) war an einem 26. September hinaufgestiefelt, ihre Zofen kamen kaum nach. In der ältesten Hütte der Zwieselalm, wie Europas größtes Hochplateau damals hieß, erzählt uns die Bichlerbäuerin, sie habe als Kind erlebt, wie eine Sennerin bei diesem Aufstieg der Schlag getroffen habe. Früher seien überhaupt nur Holzknechte und „Beerenbrocker" gekommen. Heute bewirtet die Bäuerin auch Wanderer in rauchiger Kuchl.

In dem 1.200 m hoch gelegenen Almkaser, wo 50 Pferde und Kühe sommern, ist nichts erneuert worden, obwohl längst zwei Autostraßen heranführen. Dagegen ist die von der Kaiserin gestiftete Kapelle, die vor 20 Jahren abgerissen werden sollte, von Einheimischen in 800 Arbeitsstunden renoviert worden. Die Almer haben auch einen gravierten Silberlöffel aufbewahrt, den Sisi ihren Vorfahren geschenkt hatte. Gestohlen wurde am Bärenpfad eine Tafel mit der Inschrift: „Hier rastete Ihre Majestät."

Noch größere „Gebirgspartien" unternahm die Sommerfrischlerin im nahen Ausseerland, wo es zu ihrer Zeit schon Fremdenführer und Sesselträger mit festen Tarifen

Die Henaralm, wo Sisi Brotzeit machte zwischen Felstürmen und kleinen Hütten

gab. Auf den Loser kostete die Tagestour drei Gulden. Heute führt eine Mautstraße hinauf, und im Winter sind drei Lifte in Betrieb. Man kann aber immer noch, wie die Kaiserin am 25. August 1884, zu Fuß von Ischl über die Rettenbach- und die Blaa-Alm durch den Fludergraben einen vollen Tag lang aufsteigen, an der Augstalm jausen (den hohen Herrschaften hatte die Sennerin ortsübliche „Almrankerln" aufgetischt), um schließlich in der Loserhütte, dem damals höchsten Schutzhaus im Toten Gebirge, zu übernachten und den kaiserlichen Ausruf zu bekräftigen: „Hier ist es immer schön."

Inzwischen wird die 1.498 m hoch gelegene Alpenvereinshütte per Fotovoltaik unter Strom gesetzt, und noch ein Stück höher starten bei einem Bergrestaurant die Drachenflieger. In späteren Jahren stieg Sisi lieber direkt von Altaussee zum ausdrücklich gepriesenen Loser auf. „Mit der ihr eigenen Elasticität schritt sie rüstig hinter dem Führer einher und zeigte selbst am Rückwege nicht die geringste Ermüdung", meldete einmal die „Steirische Alpenpost". Der Reporter von 1885 notierte auch die Toilette der Wanderin: ein einfaches, drapiertes Seidenkleid, „den Hut legte die hohe Dame während der Partie ab". Verständlich, dass schon damalige Touristen neugierig wurden: „Leider folgte ein hiesiger Curgast den hohen Herrschaften immer am Fuße nach und belästigte dadurch dieselben in unverantwortlicher Weise."

Höhepunkt der „gewaltigen Gebirgsmärsche" (so der Biograf Egon Cäsar Conte Corti 1934) war gewiss jene zweitägige Tour quer durch das Tote Gebirge, deren ersten Teil Elisabeth im Gedicht „Der längste Tag" so intim beschrieben hat, dass die 46 Strophen jetzt noch als Wanderführer wie als Stimmungsmittler dienen können. Sie ging vom Offensee nach Elmgrub. Über zehn Stunden war die gekrönte Alpinistin, die Weihnachten zuvor ihren 50. Geburtstag gefeiert hatte, im Juni 1888 unterwegs mit zwei Jägern, zwei Trägern, ihrem Diener und einer Hofdame. Voran der Bergführer Stefan Hopfer, genannt „Kriagstefl" (weil er mehrere Feldzüge mitgemacht hatte). Durch die extreme Anstrengung wollte die Wien-Flüchtige ihre schweren Depressionen mildern: „Titania griff zum Stachelstab, / Ich muss heut, sprach sie, wandern, / Seen entlang, Thäler hinab, / Von einem Berg zum andern."

Die Tour führt zur Rinnerhütte und hinauf zum Rinnerboden: „Auf Felsenstufen führt die Bahn, / Wer wankt, stürzt zu den Todten!" Rast am Wildensee 1.521 m). Der Diener füllte den Silberbecher und „Titania" dichtete: „Im Kessel liegt der Wildensee, / Tief ernst und trauernd düster / Die stille Klage dringt zur Höh' / Des Wellenzug's Geflüster." An der Wildenalm gab's „Milch in ird'nen Tassen", welche der Kriagstefl verschmähte: „Die macht mir jedesmal Durchgang / Ich mag's auf keinem Falle." Der „alte Held" zog den Wein vor, ganz klar.

Schön wie damals ist immer noch die Henaralm mit ihren verstreuten Felsbrocken und vielen Hüttchen. Und ausnahmsweise erhalten blieb im Jagdhaus der Elmgrub – sie säumt jetzt den Europäischen Weitwanderweg 01 – die Marmortafel, die an den „Längsten Tag" erinnert. Vom Köberl Franz hatte sich die Kaiserin dort auf der Zither vorspielen lassen, wie sie es von ihrem Vater, Herzog Max in Bayern, als Kind gewöhnt war. Abstieg zum Schraml am Grundlsee. Gut hundert Jahre nach dem schrecklichen Tod am Genfer See lässt sich die Tour in zwei Tagen nachvollziehen – genau dem Gedicht folgend.

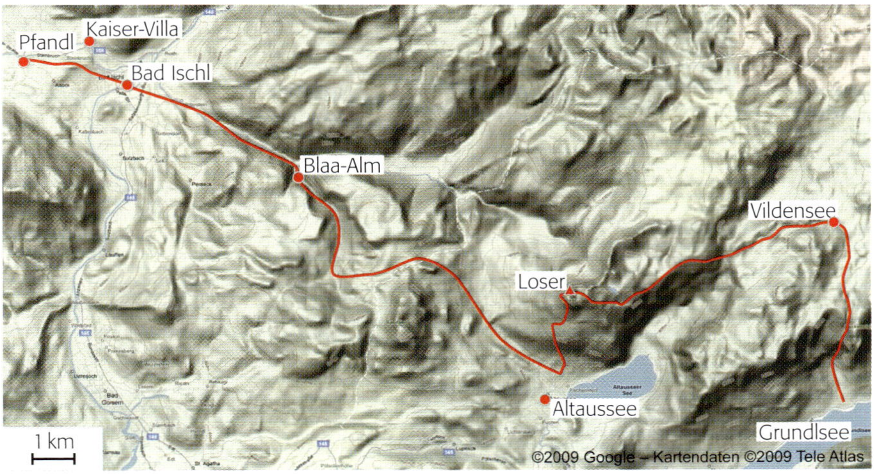

Auskunft: Kurdirektion Bad Ischl, Tel. 0043/(0)6132/27757

Literatur: Kaiserin Elisabeth – Das Poetische Tagebuch • Lutz Maurer: Mein Zauberberg, Grundlseer Schriften, Band 2 • Sophie Zavadil: Sisi auf Reisen • Brigitte Hamann: Elisabeth – Kaiserin wider Willen • Franz Hauleitner: Salzkammergut

19. Mutter des ersten Alpenclubs

Mit Königin Marie und ihren Söhnen auf Berge des Tiroler Lechtals

Ob sie „Bayerns erste Bergsteigerin" war, wie ihre letzte Biografin meint, sei dahingestellt. Jedenfalls war sie nach eigenem Bekunden „von den Bergen ganz weg". Das klingt recht preußisch. Marie stammte ja auch aus dem Hause Hohenzollern. Am 12. Oktober 1842 wurde die schöne Enkelin des preußischen Königs Friedrich Wilhelm II. mit Kronprinz Max von Bayern (später König Max II.) vermählt. Und knapp zwei Jahre später stiftete die 19-Jährige eine Art Vorgänger des (1869 gegründeten) Deutschen Alpenvereins, den sie „Alpenrosenorden" nannte. Womit sie in die Geschichte des Alpinismus einging.

„Bergsteigen – nichts lieber," war ihr Wahlspruch. Viele kleine und große Berge in Bayern und Tirol hat die Königin bestiegen. Oft in Begleitung ihrer Söhne Ludwig und Otto (die beide so tragisch enden sollten) und meist mit Hofdamen und männlichen Begleitern. So gern wollte sie einmal auch auf die Zugspitze. Das wurde ihr von ihrem besorgten Mann verboten, aber den zweithöchsten Berg Deutschlands, den Watzmann, bestieg sie doch (siehe Kapitel 37).

Für ihre Touren ließ die Preußin sogar eine selbstentworfene „Alpentracht" schneidern. Diese bestand aus einem weiten, schwarzen Lodenrock, der über lange Hosen fiel, einer grau-grünen Joppe, festen Stiefeln, einem feschen Halstücherl und einem im Oberland gerade modisch gewordenen Stöpselhut. Auch die Söhne wurden entsprechend ausstaffiert, mit Lodenhosen und Jägerhütl.

Nachdem ihr königlicher Gemahl, der selbst 1858 den nördlichen Alpenrand von Lindau bis Berchtesgaden, wenn auch mehr reitend und fahrend, durchquert hatte, im Juni 1864 an Blutvergiftung gestorben war, zog sich die „Königin-Mutter", wie sie nun auf Wunsch ihres Sohnes, des nachfolgenden Ludwig II. genannt wurde, noch mehr in die stille Welt der Berge zurück. Ihr Standquartier war das wiederhergestellte Wittelsbacher-Schloss Hohenschwangau bei Füssen.

Wenn man vom Schloss aus nach Westen geht, erreicht man den herrlichen Alpsee. An seinem Ufer entlang führt heute die – für motorisierte Fahrzeuge gesperrte – Fürstenstraße über die Staatsgrenze hinunter ins Tiroler Dorf Pinswang. Zehn Kilometer sind bis dahin zu gehen. (Mit dem Auto ist Pinswang über Füssen erreichbar.) Jenseits des Lechs liegt das Dorf Musau (Bahnstation Pfronten-Reutte). Und von hier ab können wir den Spuren der Königin folgen, die mit dem „Spazierwagen" angefahren war.

Die Achsel ist ein vergleichsweise kleiner Berg am Eingang des oberen Lechtals. Wer ihn damals drei Mal bestieg, den nahm Marie in ihren privaten „Achselalpenrosenorden" auf. Er oder sie bekam eine silberne Alpenrose an einer rosa Schleife verliehen. (Ihren Schwiegervater Ludwig I., der eher Steinbauten als Steinbergen zugeneigt war, ernannte sie zum Ehrenmitglied.) In den Witwenjahren machte sie sich durch

Königin Marie (1825–1889) im selbstentworfenen Alpenrock mit Stöpselhut

Stiftungen beliebt in dieser armen Gegend, die so oft von Hochwassern, Muren, Lawinen und Seuchen heimgesucht wurde; Marie galt als „Retterin in der Not".

Ihre ganze Hingabe aber galt den Bergen, der Natur. Dokumentiert ist eine Achsel-Besteigung am 29. Mai 1869, zum 25. Jubiläum der Ordensstiftung. Die 43-jährige „Großmeisterin" Marie, längst bergerfahren, führte die Gesellschaft, darunter einheimische Honoratioren, „heiter und schnell bergan", so ein Zeitungsbericht. Auf dem um 17 Uhr erreichten Gipfel, 1.148 m über dem Meer, wurde ein mit Blech beschlagenes Holzkreuz aufgerichtet. Daneben wurden Alpenrosen gepflanzt. Dann servierte man Kaffee, Glühwein, Tiroler Wein und Champagner. Zitat: „Oben wie unten jauchzten die Leute." Schließlich ließ die Königin-Mutter noch Geld sammeln für das „Gesundheitswesen der Gemeinde Pinswang".

Zwei Wanderwege führen heute zum Gipfelkreuz und wieder herunter, ein Waldpfad und eine Forststraße. Dabei nähert man sich Passagen mit so romantischen Namen wie Höllenmühle und Bärenfalle. Die Runde dauert kaum mehr als zwei Stunden. Man könnte sie aber auch verlängern ins Reintal hinein, bis auf die Felsspitzen und Scharten der Vilser Gruppe, einem südlichen Vorgebirge der Lechtaler Alpen.

Weiter hinein ins Tal des wilden, windungsreichen Gebirgsflusses erreicht man Elbigenalp, das sich gern „Residenzdorf der Königin" nennen lässt. Dort verbrachte die Königin-Mutter, zwischen 1869 und 1889, jeden Sommer in einem stattlichen

Haus, das sie sich von dem wohlhabenden und wohltätigen Graveur, Lithograf und Sammler Anton Falger, „unterthänigst widmen“ ließ. Sie erweiterte es dann, immerhin brachte sie oft über 30 Personen und 17 Pferde aus Hohenschwangau mit. Nach ihrem Tod am 17. Mai 1889 kam es testamentarisch in den Besitz der Gemeinde.

In diesem heutigen „Hotel Post“ stehen noch ein paar Möbel und ein Kachelofen von damals in den „Königinzimmern“. Altwirt Johann Spieß erinnert sich an Erzählungen aus seiner Jugendzeit. So soll sich Prinz Otto mit den Dorfbuben beim „Stoßbudeln“, einem Kegelspiel, vergnügt haben, während der ältere Prinz Ludwig ein einziges Mal bis zum Dorfrand gekommen, aber an der Lechbrücke umgekehrt sei. Mutter und Sohn verband von einem gewissen Zeitpunkt an eine Hass-Liebe; der spätere „Märchenkönig“ soll, wie aus mehreren Biografien hervorgeht, die Mutter als „preußische Gebärmaschine“ bezeichnet haben und sie ihn als „überspannt“.

Das Pfarrarchiv verwahrt vier unveröffentlichte Tagebücher der Königin-Mutter. Sie enthalten allerdings, wie uns Pfarrer Otto Walch verriet, im Wesentlichen nur

Wanderer können den hier immer noch ungezähmten Lech auch auf Hängebrücken überqueren

Abschriften von Predigten des damaligen Kaplans, der die preußische Protestantin nicht nur über Schnee- und Eisfelder geführt hat, sondern auch „in den Schooß der kath. Kirche zurück“ (Zeitungszitat). Außerdem hat die „Schmerzensmutter“, wie sie sich nach dem Unglück ihrer beiden Söhne selbst nannte, Bibelzitate und Glaubensbekenntnisse mit roter Tinte hineingeschrieben und gepresste Alpenblumen dazugelegt.

Falger indes hinterließ seinem Heimatort neben dem historischen Haus auch einen fast unheimlichen Bilderzyklus („Totentanz“) sowie eine Kunstschule (heute eine bedeutende Schnitzschule), wo er jungen Menschen das Zeichnen beibrachte. Eine seiner Schülerinnen war Anna Stainer-Knittel, die später als Porträtmalerin, mehr aber noch – durch einen Roman und vier Filme – als „Geierwally“ berühmt wurde (sie hatte als 17-Jährige einen Horst ausgehoben, weil Adler die Schafe rissen).

Auch von Elbigenalp aus lässt sich eine königlich bayerisch-preußische Wanderung unternehmen. Prinz Otto (er wurde 1871 zum Kummer der Mutter als geisteskrank unter Kuratel gestellt) schilderte seiner Cousine Therese (sie wurde später eine bedeutende Ethnologin) in einem Brief eine Tour: über Bach, Holzgau (wo die Häuser wunderbare Lüftlmalerei schmückt) und Steeg (wo man damals übernachtete), dann vom Lechtal hinauf zum immer noch einsamen Bergdörflein Kaisers. Auch heute noch lässt sich diese landschaftlich reizvolle Strecke von etwa 16 Kilometern auf Wanderwegen abseits der Hauptstraße zurücklegen.

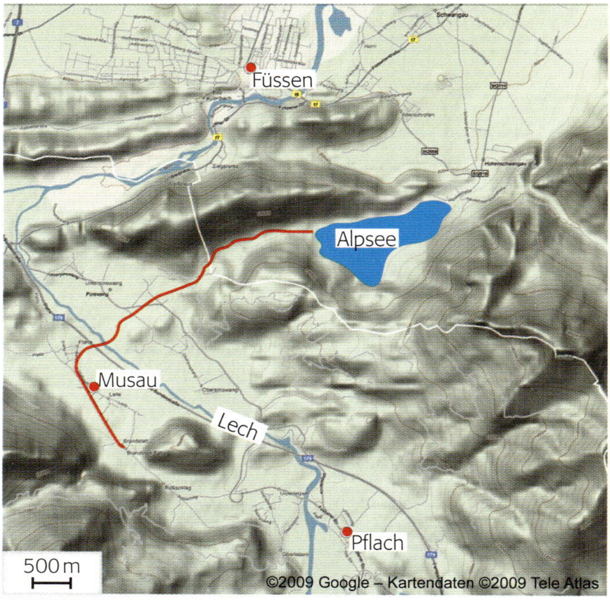

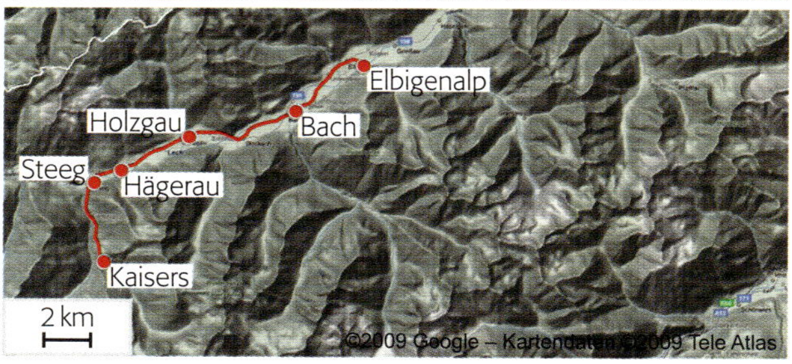

Auskunft: Tourismusbüro Elbigenalp, Tel. 0043/(0)5634/5315 • Gemeindeverwaltung Pinswang, Tel. 0043/(0)5677/8613

Literatur: Martha Schad: Bayerns Königinnen, 1993 • Marita A. Panzer und Elisabeth Plößl: Bavarias Töchter, 1997 • Hannes Heindl: Marie – Königin von Bayern, 1989 • Maximilian Dirrigl: Maximilian II., 1984

20. Viel besungen und bewandert

Mit Minnesängern, Grillparzer und Wildgans durch den Wienerwald

Auch Österreichs Nationalpoet Franz Grillparzer (1791 – 1872) wohnte in Mödling

Der Wienerwald ist die östlichste Gruppe der Nördlichen Kalkalpen, hundert Kilometer lang und siebzig Kilometer breit, das beliebteste Wander- und Erholungsgebiet für den Ballungsraum Wien, nur 15 Kilometer vom Stadtzentrum entfernt. Das alte Mödling ist sein Osttor. Wo sich das vielbesungene Waldgebirge ins hügelige Weinland des Donaubeckens senkt, ist gut wandern und sinnen. Viele Künstler haben das schon früh erkannt und getan.

Drei wandernde Minnesänger waren die Ersten, die Literatur und Musik nach „medlich" brachten. Im 13. Jahrhundert hatten sie am Herzogshof der Babenberger, den Vorgängern der Habsburger, so manches „lobeliche" Lied gesungen. An Walther von der Vogelweide erinnert eine Gedenktafel und an die Gründer des Staates Österreich ein von ihnen errichteter Karner, Mödlings ältestes Bauwerk. Nebenan trutzt die einstige Wehrkirche St. Othmar, die einmal von Ungarn und zweimal von Türken erstürmt wurde. 1683 haben sie den Großteil der dorthin geflüchteten Bevölkerung „niedergemetzelt", sagt eine Tafel.

Gleich oberhalb der Kirche wölbt sich der Wienerwald, zunächst in Gestalt des Jubiläumsparks. Lenkt man den Schritt südwärts, findet man am Aufstieg zum Schwarzen Turm an der Brühler Straße 52a den Hinweis, dass hier im Sommer 1842 der „große Dichter und Österreicher" Franz Grillparzer gewohnt habe; er verbrachte noch etliche Sommer in Mödling. Geht man vom Kirchplatz nach Norden, stößt man auf eine Villa, die seit 1918 einem anderen Dichter gehört hat, der österreichisches Selbstbewusstsein geprägt hat, der einer der bekanntesten Autoren seiner Zeit und zweimal Burgtheaterdirektor war.

Das Arbeits- und Wohnzimmer von Anton Wildgans ist für Interessenten zugänglich. Der inzwischen verstorbene Gottfried Wildgans, Jahrgang 1921, zeigte uns einmal die Totenmaske des Vaters, seine „Schnellschreibmaschine", auf der noch heute gespielte Stücke wie „Armut" und „Dies irae" entstanden sind, Fotos von Schnitzler, Zweig und anderen Gästen des Hauses, einen Globus, eine Mandoline und vier Spazierstöcke – Wildgans war bis zu seiner schweren Erkrankung (der er 1932 erlag) viel gewandert. Vom Schreibtisch wandert der Fensterblick auf St. Othmar. „An meinem Garten ragt ein Gotteshaus uralt / Mit grauen Mauern auf in gotischer Gestalt", zitiert der Sohn, der Elektroniker war, aber doch gern in den dichterischen Fußstapfen des Vaters wandelt: „Das Land liegt da, der Gipfel ist erklettert / Sanft führt der Weg zum Dorf der Menschen nieder."

Mödling bei Wien – das österreichische Weimar

Sanft führt der Weg erst einmal bergan. Er hat einen Namen: „Beethoven-Spazierweg". In Mödling schrieb Ludwig van Beethoven seine große Sonate für das Hammerklavier und großenteils die Missa solemnis, die denn auch seit 1920 in der Pfarrkirche St. Othmar regelmäßig aufgeführt wird, sowie die „Elf Mödlinger Tänze" speziell für die Musiker des noch existierenden, aber geschlossenen Wirtshauses „Zwei Raben" in der Brühl, seinem „göttlichen Briel".

Triebkräfte für den seelisch und wirtschaftlich bedrängten Beethoven: „Sehnsucht oder Verlangen, Befreiung oder Erfüllung!" So liest man es an einem Rastplatz des Weges, den sein Name schmückt. Er beginnt an der Goldenen Stiege (Parkplatz) und führt, vorbei an der Breiten Föhre, zunächst zum Kalvarienberg des Weindörfchens Gumpoldskirchen und weiter über Einöd bis zum Beethoven-Tempel bei Baden – genau am Rand des Wienerwaldes, mit mäßigen Höhenunterschieden, immer parallel zur Weinstraße und zur Südbahn, den Verkehrsadern. Man geht ungefähr drei Stunden. Unterwegs Zitate des Tonsetzers, der ja auch ein Wortschöpfer war und obendrein ein großer Naturfreund: „So wandle ich hier mit einem Stück Notenpapier in den Bergen, Klüften und Tälern umher."

In einer dieser Klüfte, im malerischen Hinterbrühl, bietet sich ein Naturspektakel von eigenem Reiz. Die „Seegrotte" ist aus einem alten Gipsbergwerk entstanden und seit 1932 durch Wege, Stege, elektrische Beleuchtung, ja sogar durch Motorboote auf „Europas größtem unterirdischen See" erschlossen. (Gegen Kriegsende montieren 2.000 Arbeiter dort unten den Düsenjäger He 162.) Von 1883 bis 1932 pendelte die erste elektrische Trambahn der Welt von Mödling nach Hinterbrühl; Kaiserin Elisabeth und viele große Künstler fuhren mit ihr in die „österreichische Schweiz", wie Ferdinand Raimund diese Landschaft nannte. Dem Bürgermeister Josef Schöffel war es gelungen, als einer der ersten Umweltschützer im Kampf gegen Spekulanten und

Betrüger den Wienerwald vor dem Abholzen zu retten – und sein Mödling 1875 zur Stadt zu machen.

Noch viele andere Entdeckungen wären zu machen in dieser „trauten Stadt im heitern Wienerwald“ (Wildgans). Mödling war ein kleines Weimar und ist es bis heute. In der sogenannten Schöffelvorstadt, ein früher sozialer Wohnungsbau, war der Lyriker Josef Weinheber als Waise aufgewachsen. In der Sprechtgasse 38, heute Sitz der „Literarischen Gesellschaft Mödling“, schrieb Franz Theodor Csokor, nach 1947 Präsident des österreichischen PEN-Clubs, einige seiner 27 Dramen und fünf Gedichtbände und fühlte „inbrünstigen Dank vor dieser in tausend Jahren gewachsenen und dennoch tief naturverhafteten Stadt“. In Mödling wohnten und arbeiteten die Musiker Arnold Schönberg, Anton Webern und Ernst Krenek, in Hinterbrühl der Jugendstiluniversalkünstler Joseph Olbricht und der Surrealist Rudolf Hausner.

Eine Wiege der Literatur ist das österreichische Weimar am Fuße des „wanderbaren“ Wienerwaldes geblieben, nicht nur dank der Gedenkstätten und Gesellschaften, die das Erbe der heimischen Dichter pflegen. Aus Mödling stammt auch der besonders erfolgreiche, 2009 verstorbene Johannes Mario Simmel. Und der mit dem Büchnerpreis bedachte Mundartpoet H. C. Artmann hat dort „ziemlech weit draust“ zeitweilig gewohnt und Gedichte „med ana schwazzn dintn“ geschrieben. Nach einer Wienerwaldwanderung hat er seinem „Engerl“ in Wien die Frühlingsstimmung vermittelt: „die ganzen berg rundherum stehn wie frischbadt in der sonn, alles ist so neu als wärs der erste tag und überall aus dem alten laub kommen die jungen primeln hervor.“

Auskunft: Stadt Mödling, Tel. 0043/(0)2236/400

Literatur: Higgs/Straub: Literarische Reisen durch Niederösterreich, 1997 • Niederösterreichisches Landesmuseum, Ausstellungskatalog, Dichter in Niederösterreich bis 1900 • Heinz Gumpelmayr, Reise Textbuch Wien, 1987

21. Zwischen Himmel und Hölle

Mit Hermann von Barth durch die wildeste Schlucht Tirols

Hermann von Barth, Pionier und Poet des Karwendelgebirges

„In diesen Schründen, in dieser Umwallung unnahbarer Wände und Zinnen, in dieser pfadlosen Welt der Zerstörung wäre wohl des Höllenfürsten würdigste Residenz!" Hundert Meter hinter dem Hallerangerhaus beginnt das Große Loch, das der bayerische Geologe, Jurist und Alpinschriftsteller Hermann Freiherr von Barth (1845–1876) gleichsam als Hölle beschrieben hat. Als „Österreichs Grand Canyon" hat es uns der Hallerangerhauswirt angepriesen. Noch zeigt es sich eher himmlisch schön als höllisch finster.

Ein paradiesischer Anblick schon beim Einstieg: Golden leuchtet jetzt unter der frühen Morgensonne die Speckkarspitze, der 2.621 m hohe Eckpfeiler am oberen Eingang des Tals, das in Tirol wohl das wildeste ist, obwohl es vom parallel verlaufenden Inntal nur durch eine Bergkette getrennt ist. Eine „Zyklopenmauer" nannte Barth diesen Berg, der als „unbesteigbar" galt. Er hat ihn, wie viele andere Karwendelgipfel, als Erster bestiegen, ausgerüstet mit Notizbuch, Karte, Fernrohr, Steigeisen und einer Flasche Wein.

Über einen stein- und blumengesprenkelten Anger gehen wir das Überschalljoch an, langsam, bewusst langsam. Denn es heißt Kräfte sparen für die etwa zehnstündige Tour. Allen kürzeren Zeitangaben von Wanderführern oder Einheimischen sollte man, wie sich zeigen wird, misstrauen.

Diesem alpinen Paradies folgt sogleich der Höllensturz. Wehe dem, der nicht die genaue Alpenvereinskarte zur Hand hat, der den winzigen Abstieg übersieht und dem breiteren Weg folgt, welcher an dem aus Steinbrocken hübsch zusammengefügten Knappenhäusl endet. Der stochert dann weglos bergab, über Latschengestrüpp, Geröll, rutschiges Gras und gestürzte Bäume, in der verzweifelten Hoffnung, irgendwo unten auf den Vomper Bach zu stoßen. Mit zerkratzten Armen und Gesichtern kommen wir auch endlich auf den richtigen Weg am wilden Wasser.

Wer in das Vomper Loch eindringt, taucht ein in ein Wechselbad der Gefühle. Durch herrliche Bergwiesen geht er auf einem Pfad, der oft nicht breiter ist als ein Paar Stiefel. Die vereinzelten Latschen, die uns oben in der Wildnis behindert hatten, erscheinen uns hier wie Ziergewächse eines Alpinums. Von den Zweitausendern zu beiden Seiten rinnen die Wasser in silbernen Bahnen. Doch einem Stück Paradies folgt immer wieder ein Stück Hölle.

Und immer wieder sind Einschnitte von teils ausgetrockneten, teils reißenden Nebenbächen mühsam zu überwinden. Die Drahtseilsicherung bei den Ab- und Aufstiegen

10, Andrea Camilleri
Herbst 2009

Neue Bücher

AUS DEM TEGERNSEER TAL UND DARÜBER HINAUS

Empfohlen von Gerhild Ilmberger, Buchhandlung Ilmberger, Münchner Straße 17a in Bad Wiessee.

Karl Stankiewitz: Ich näherte mich den Gebirgen – mit Fürsten und Dichtem durch die Alpen

Auf eine literarisch-historische Reise durch die Alpen führt uns Karl Stankiewitz in seinem neuesten Buch. Darin sind die gesamten Alpen vertreten, von Frankreich, der Schweiz und Österreich bis nach Italien und zu den Julischen Alpen in Slowenien. Mittendrin natürlich: Bayern. Wandern Sie mit König Maximilian II. von Bayrischzell auf den Wendelstein oder mit den Wittelsbacher Fürsten zu den Almen über dem Wildbad Kreuth. Besuchen Sie mit Ludwig Thoma den Tegernsee oder ... Es gibt viel zu erlesen und zu erwandem. Das Buch bietet neben aktuellen Karten mit eingezeichneten Routen auch eine Vielzahl von alten und neuen Fotos. Ein Lesebuch für Freunde der Berge, Geschichte und Literatur.

Volk Verlag München, ISBN 978-3-937200-58-3, 19,90 Euro

Das Vomper Loch: „Dort kochte und tobte es wie in einem Höllenstrudel"

ist meist gerissen, zerschlissen oder verrostet. Informiert waren wir halbwegs: Sein Vater noch habe den Steig gesichert, seinen jetzigen Zustand kenne er nicht, hatte uns ein älterer Mann im Gasthaus „Karwendelrast" am Vomperberg gesagt, wo wir das Auto für die Rückkehr abgestellt haben. Und der Wirt dieses gemütlichen Berggasthofes hatte gewarnt: Was auf den Karten wie eine Autobahn aussehe, sei in Wahrheit ziemlich verfallen und nicht ganz gefahrlos begehbar. Vielleicht lohnt eine Sanierung nicht bei den wenigen Wanderern im Vomper Loch, wo doch alle anderen Karwendeltäler erschlossen sind und einige regelrechten Durchgangsverkehr haben.

Der einzigen größeren Wandergruppe begegnen wir erstmals am Lochhüttl. Hier muss der Vomper Bach, da der Steg weggespült ist, barfuß überquert werden. Gelegenheit immerhin zu einem labenden Bad in der glasklaren Gumpe. Nur ein schmaler Riegel von hoch aufragenden Bergen trennt uns hier von der emsigen, aus Bayern per Auto zugänglichen Eng. Das hier ist eine andere Bergwelt, da hat sich seit Barths Alleingang so gut wie nichts verändert. Gut vorstellbar, dass diese Wände bei Unwetter oder auch schon bei Regen plötzlich zum Albtraum werden können, zur tatsächlichen Bedrohung.

Spätestens an der Bärenklamm könnte Barth das Tor zur Unterwelt gesehen haben. Sie ist absolut unzugänglich. „Dort unten kochte und tobte es wie in einem Höllenstrudel." Wieder müssen wir den Bach queren. Ein „Stoamandl" zeigt die Furt an, sie ist mit Hilfe der Stöcke trotz der Strömung durch Sprünge über zwei Steine mög-

Immer wieder ist der Weg versperrt durch Felsen und Bacheinschnitte

lich. Schon Barth hatte einen solchen „Steinmann" aufgeschichtet, um „nachfolgenden Touristen dadurch vielleicht den Weg auf den Culminationspunkt der Innthaler Kalkalpen zu bahnen".

Durch das Zwerchloch, ein weiteres wildes Nebental, lässt sich die Klamm umgehen. Inzwischen gibt es auch dort eine Art Steig. An einer natürlichen Badewanne inmitten natürlicher Steinfliesen können wir uns nach dem Abenteuer auf der „Katzenleiter" sogar noch einmal herrlich erholen.

Wer eine solche Tour, auch wenn sie „nur" durch ein Bergtal führt, allein nach der Karte oder einem Wanderführer plant, aber im Ernstfall keine ausreichende Bergerfahrung besitzt, für den ist das Vomper Loch eine Mausefalle: keine Einkehr, kein Mobiltelefon, kein Mensch, der helfen könnte. Vor über hundert Jahren schon gar nicht. Warnend hat Barth das Gefühl der Verlassenheit an die Nachfolgenden weitergegeben: „Ich war im Inneren des Thales, aus welchem der Sage nach kein Anderer, als des Weges seit langem Kundige sich in die freie Welt wieder herauszufinden vermöge."

Immer wieder scheint der Ausweg versperrt durch Bacheinschnitte, Kare, kleine Klammen, wo das Geröll gefährlich abrutscht. Es folgen aber auch herrliche Schattenstrecken unter hohen Buchen. Eine letzte Schwierigkeit noch am Soachgraben, wo die Trittleiter morsch herunterhängt.

Dann kommen uns noch drei verwegene Burschen mit Gummianzügen entgegen, sie wollen sich den Feierabend beim Canyoning in der abgrundtiefen Schlucht vertreiben. Hatten wir nicht gestern Abend einen Mountainbiker das Lafatscher Joch bergab humpeln gesehen? Je wilder die Bergwelt, desto wilder der Bergsport.

Zivilisation zeigt sich erst wieder an, als wir nach nun schon neun Stunden im Graben des Stubbachs ein wunderliches Plätzchen finden. Hier wurde eine Wunderquelle ergraben, mit „rechtsdrehendem Wasser"; man kann es trinken, kann duschen und in einem Kneipp-Becken die müden Füße kühlen. Bergfreund „Ferdinand" hat die kleine Wellness-Oase geschaffen und bittet, sie zu schützen. So gibt es überall in Tirol einfache Leute, Bastler und Rentner meist, die aus eigener Kraft und oft mit eigenem Geld draußen in der Natur manch Gutes tun für ihre Mitmenschen.

In der Ferne öffnet sich plötzlich der Blick ins Inntal, kommt schon das Kellerjoch über der Silberstadt Schwaz in Sicht. Gerettet, möchte man erleichtert rufen. Geschafft sind 17 Kilometer eines schweren, aber schönen Weges, der zwölf Kilometer Bachlänge in zahllosen Windungen und Steigungen begleitet. Viel dramatischer war es seinerzeit: „Das Spiel um's Leben, bis in seine acuteste Krisis getrieben, war schließlich doch gewonnen worden." Den noch jungen, großen Alpinisten Hermann von Barth hat das Erlebnis zu einem anderen Menschen gemacht: „Ich bin nicht mehr der kecke, vom Glück begünstigte Abenteurer. Ich hab's gewagt!"

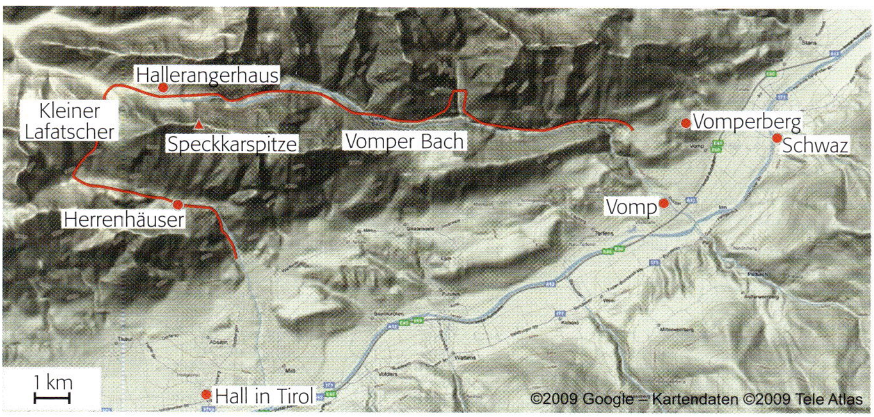

Auskunft: Tourismusverband Karwendel, Schwaz, Tel. 0043/(0)5242/63240 • Hallerangerhaus, Tel. 0043/(0)5213/5326

Literatur: Hermann von Barth: Aus den nördlichen Kalkalpen, 2008 • Jahrbuch des Deutschen Alpenvereins

22. „Auf Hand und Füssen"

Mit Eduard Mörike und Frau auf das Hochälpele im Bregenzerwald

„Die Gegenwart überfunkelt alles," schrieb Eduard Mörike (1804–1875). Ein Wanderweg im Bregenzerwald ist heute nach ihm benannt

Zwei Stunden lang stiegen sie „über Grasplätze durch dunklen Tannenwald, über Waldbäche, am Anhang hin, durch Einhagungen, alle 100 Schritte war es wieder anders". Eduard und Margarethe Mörike – von Letzterer stammt die sehr genaue Beschreibung – waren am 8. Juli 1857 früh um 9 Uhr „mit Brot und Schinken versehen" in Schwarzenberg losgezogen. Als „mittelschwere bis schwere Wanderung" wird die Tour zum Hochälpele und retour über das Bödele (Rückfahrt mit Bundesbus) im Programm der Vorarlberger Vereinigung „Natur & Leben" empfohlen. Denn die Wege sind immer noch „ihrer Steilheit wegen sehr gewunden", wenngleich es kaum noch nötig ist, wie die Mörikes „fast auf Hand und Füßen" zu gehen. Immerhin sind einige Zugänge asphaltiert und mehrere Bergbahnen leisten Aufstiegshilfe, aber nur zum Wintersport.

Zum 200. Geburtstag im Jahr 2004 hat die Vorarlberger Gemeinde Schwarzenberg einen Eduard-Mörike-Wanderweg eröffnet. Er führt zunächst zur Lustenauer Hütte, die 1.250 m hoch liegt und dem Alpenverein gehört. Etliche „Alpenwohnungen" waren seinerzeit und sind immer noch zu passieren. An zwei Sennhütten können die Wanderer – wie damals – bei der Käsebereitung zuschauen und kosten. „Laufende Bronnen" bieten erfrischendes, sauberes Quellwasser. Das Mittagessen aber muss nicht unbedingt bei den „hütenden Knechten" eingenommen werden, auch auf dem Hochälpelekopf (1.467 m) steht jetzt eine Alpenvereinshütte.

Ist man erst mal „fast dachgäh" (dachsteil) so weit hinaufgestiegen, dann blickt man „überall weit ins Land hinein … links die Schweizer Berge, rechts Bayern und Österreich, vor uns Württemberg und unten das liebliche Bregenz, Lindau, bis nach Friedrichshafen hinüber". Drei Stunden saßen Herr und Frau Mörike dort oben, auf dem östlichen Balkon des Bodenseebeckens.

Die unteren Etagen hatte der längst berühmte Lyriker und evangelische Pfarrer von Cleversulzbach schon 1846 in einer „Idylle vom Bodensee" verklärt. Im Sommer 1857 reiste er, nun mit seiner zweiten Frau, zum dritten und letzten Mal ans „Schwäbische Meer". Der Bregenzerwald muss den inzwischen pensionierten Vater zweier Töchter so beeindruckt haben, dass er, der Wortzauberer, zunächst nur wenige Worte fand: „Die Gegenwart überfunkelt alles, was man nur sagen könnte." Gretchen, eine Katholikin übrigens, zitiert diesen Ausruf in ihren überlieferten Briefen mit der Anmerkung: „Und darum schreibt er nichts, und er hat Recht."

Das Gasthaus zum Hirschen, gezeichnet vom Stammgast Mörike

Die „Macht und Pracht der Gebirge“ fand Eduard Mörike aber wenigstens als Randnotiz in einem der Briefe seiner Gattin bemerkenswert. Auch gibt es eine Eintragung im Lederbuch des Gasthofs zum Hirschen in Schwarzenberg und eine Bleistiftskizze, die der zeichnende Dichter am Zimmerfenster „über zwei Treppen“ zu Papier gebracht hat. Das Dorfbild, das sich dem heutigen Gast bietet, hat sich seither kaum verändert.

„Von allen Seiten reicht der Wald bis zu den Häusern herunter, und doch ist es frey und licht überall, weil er allenthalben mit freundlichen Wiesen durchbrochen ist, die mit zerstreuten hölzernen Häusern nach Schweizer Art in unendlicher Mannichfältigkeit besetzt sind.“ So notierte Frau Margarethe. Sie zählte 19 Häuser, viel mehr sind es immer noch nicht. Und das „Wirtshaus“, wo man logierte, ist immer noch „ganz von Holz mit Schuppenwänden“, also rundum schindelverkleidet.

Gegenüber die Pfarrkirche, errichtet über dem Grab der seligen Ilga. Das Ehepaar Mörike bestaunte die Apostelbilder von Angelika Kauffmann, der damals 16-jährigen Tochter eines Schwarzenberger Kirchenmalers. Sie war eine der bedeutendsten Künstlerinnen des späten 18. Jahrhunderts, hatte in Rom ein offenes Haus, pflegte Umgang mit damaligen Kulturtouristen, so auch mit Goethe. Den Bregenzerwald aber nannte sie ihr „Vaterland". Das Angelika-Kauffmann-Museum und ihr Alabastergrab sind Ziele heutiger Kulturwanderer.

Drei Wochen lang waren die Mörikes von Schwarzenberg aus gewandert, einmal gar den 20 Kilometer langen Weg bis Bregenz, den sie bei der Abreise noch im Zweispänner in vier Stunden zurückgelegt hatten. Von Gretchen wissen wir, dass Eduard die ganze Zeit seine „schwarzgrauen Sommerhosen" trug und unterwegs öfter Shakespeare las. Für einen Freund fertigte der Dichter auch „eine Art von Wegweiser mit kleinen subjektiven Notabene oder Musterkärtchen", also einen richtigen Wanderführer, der leider verschollen ist. So können wir nur den – da und dort allzu schwärmerischen – Tagebuch- und Briefnotizen seiner Frau folgen.

„Gegen Bezau zu" waren sie etwa am 5. Juli 1857 gegangen. Wahrscheinlich auf dem heute grün markierten Wanderweg Nr. 5, der hinter Rain ein „Sagenweg" wird und den Spuren der „drei seligen Geschwister" folgt. Ein Steg überquert die Bregenzer Aach nahe dem Stausee; früher hatte man eine Drahtseilbahn hinübergezogen. „Auf dem linken Ufer der Bregenzer Aach" waren sie gegangen, wohl über die alte Brücke, neben der jetzt eine neue den Wildfluss kreuzt.

Im Wald drüben wieder bergan, ist bald auf einer Lichtung namens Bezegg an einem Gedenkstein eine Inschrift zu entziffern. Hier stand bis 1805 das Parlament einer freien Bauernrepublik der Bregenzerwälder: ein Holzhaus auf acht Säulen, das nur über eine Leiter zugänglich war. Diese wurde erst wieder angelegt, wenn die 24 Volksvertreter ihre Beschlüsse gefasst hatten – bei Wasser und Brot.

„Käs und Brod" hatte Frau Margarethe eingepackt, als sie nach Bezau gingen. Wer fortan durch den Bregenzerwald wandert, kann sich an 30 Sorten Käse (viele preisgekrönt) gütlich tun. Mit Käsegala und Sennfesten wurde vor Jahren die „Bregenzerwälder Käsestraße" eröffnet. Nicht weniger als 60 Alphütten, Sennereien, landwirtschaftliche und handwerkliche Betriebe sowie „Käsewirte" halten die typischen Milcherzeugnisse feil. Die einheitlich beschilderte „Käsestraße" ist ein Produkt von „Natur & Leben im Bregenzerwald".

Mitbegründer dieser Gruppe ist Franz Fetz, der heutige Wirt im historischen „Hirschen", welcher immer noch als Gasthof firmiert, tatsächlich aber ein Gourmet- und Romantikhotel erster Güte ist. Bayernkönig Max II. war hier ebenso abgestiegen wie später Kanzler Kohl, Industrie- und Bankbosse. „Vortreffliche Kost", fand schon Frau Mörike. Das Dichterzimmer existiert noch, wenn auch nicht mehr blau tapeziert. Und Fetz führt gern auf die Spuren des Hochverehrten. Mit seinen Gästen besucht er Kunstausstellungen und Konzerte, auch die Bregenzer Festspiele oder die Schubertiade, hat doch Franz Schubert etliche Gedichte des einstigen Stammgastes Mörike vertont.

Einen großen Alpauftrieb hatte das Ehepaar Mörike auch erlebt: „Kuhgeläute überall, es ziehen aus allen Häusern die Leute mit dem Vieh fort auf die Hochalpen, die Männer und Buben tragen Regenschirme und Melkkübel." Heutigen Urlaubern empfiehlt sich der weithin bekannte Alpabtrieb jeweils am 16. September mit anschließendem

Bauernmarkt, der seit über 400 Jahren Besucher aus nah und fern anzieht. Mag sein, dass sich dort dann das schöne Bild bietet, das Eduard Mörike in seiner – früher allen schwäbischen Schulkindern vertrauten – Idylle „Der alte Turmhahn" beschrieben hat: „Dass auf dem G'sims da um dich säß / Mann, Weib, Kind, der ganze Käs".

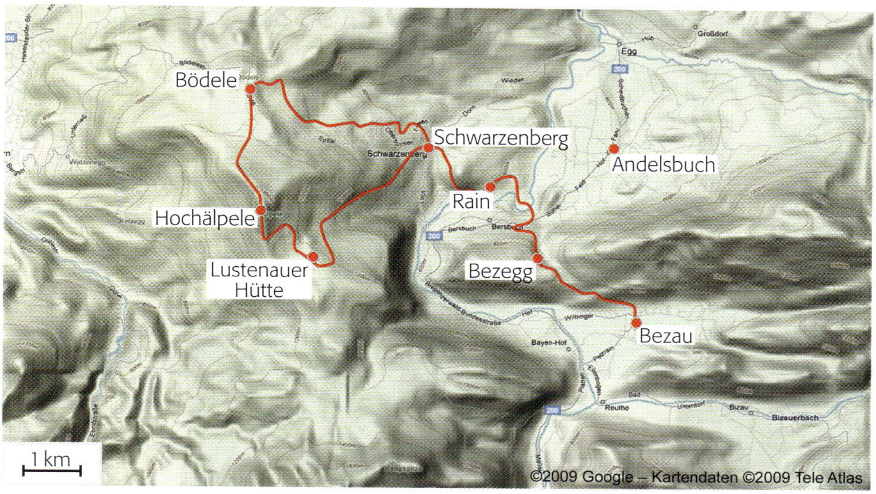

Auskunft: Tourismusbüro Schwarzenberg, Tel. 0043 / (0) 5512 / 3570

Literatur: Eduard Mörike: Alte unnennbare Tage – ausgewählte Gedichte. Hrsg. von Hermann Hesse

23. Das Almdörfl von Alpl

Mit Peter Rosegger durch seine „Waldheimat" in der Steiermark

Peter Rosegger (1843 – 1918), ihm ist ein Wanderweg in seiner „Waldheimat" gewidmet

Wanderkarten, Wanderführer, Wanderbücher, Wanderbilder, Wanderabzeichen, Wanderurkunden und vor allem Wandergeschichte – von den Wallfahrern über die Wandervogel- bis zur heutigen Weitwanderbewegung. Mitten in den steirischen Wäldern, drei Wanderstunden vom Autoanliegerdorf Krieglach entfernt, versteckt sich in einer Talsenke das erste Wandermuseum der Welt. Von 1902 bis 1975 hatten „arme Waldbauern und Holzknechtskinder in dem weltabgelegenen Alpl oben eine gute Schule" – so wollte es der Gründer und Stifter, der ein Dichter war. Als „Wehr gegen die Landflucht" hatte man sie „aus Liebesspenden erbaut". Doch zuletzt waren nur noch drei Schüler in das Haus aus dunkelbraunem Holz gegangen.

Das Giebelstübchen über dem Wandermuseum, eingerichtet mit Eisenbett, Schreibtisch und Hackbrett, erinnert an den Mäzen und Menschenfreund Peter Rosegger. Dorthin hatte er sich vom 60. Lebensjahr an immer wieder zur Arbeit oder zum Gespräch mit Freunden zurückgezogen. Rosegger war schon vor seinem Tod (am 26. Juni 1918) als Österreichs volkstümlichster Poet gefeiert worden; er war aber auch ein großer Pädagoge („ein Kind ist ein Buch, aus dem wir lesen und in das wir schreiben sollen") sowie ein begeisterter Wanderer („man fühlt sich tausend Meter höher – und höher schlägt das Herz").

Noch ein gutes Stück höher führt ein waldpädagogischer Lehrpfad mit 13 Stationen. An der ersten Serpentine erschreckt den Wanderer ein Zitat: „Je länger der so genannte Volkswohlstand dauert, je hässlicher wird das Land. Die Wälder werden abgeholzt, die Berge aufgeschürft, die Bäche abgeleitet, verunreinigt." Eine derart fatalistische Betrachtung der Natur und ihrer Gefährdung, vor dem Ersten Weltkrieg geschrieben und späteren Ökologen vorgreifend, hätte man wirklich nicht erwartet vom Dichter der „Waldheimat", der Stille und ungestörten Idylle.

„Waldheimat" nennt sich heute, gewiss werbewirksam, das ganze Hochplateau rund um das „Almdörfl" Alpl. Noch erscheint Roseggers engere Heimat unversehrt, „naturbelassen". Entgegen den finsteren Prognosen, wie sie der Schriftsteller weniger in seinen beschaulichen Büchern, wohl aber in seiner Monatsschrift „Heimgarten" (350 Ausgaben) immer wieder verkündet hatte: „Die Industrie, die unsere politischen und sozialen Verhältnisse von Grund aus ändert, wird auch unser grünes Heimatland ändern, wird eine Mondlandschaft aus ihm machen."

Roseggers Geburtshaus in Alpl ist heute ein Museum

Nein, die Steiermark ist das „grüne Herz Österreichs" geblieben, und nirgends grünt es grüner als in Roseggers Waldheimat. Auch wenn es dort längst nicht mehr „der Touristen mangelt", wie sich der Dichter sorgte, weil man damals schon gehofft hatte, dass Fremdenverkehr die Landflucht bannen und die Natur vor der gefräßigen Industrie schützen könnte.

Mehr als 30.000 Menschen besuchen alljährlich das armselige Gehöft, wo Peter Rosegger am 31. Juli 1843 geboren wurde und als jener „Waldbauernbub" aufwuchs, als den ihn später jedes Schulkind kennenlernen sollte. In einer halben Stunde steigt man von der Waldschule aus hinauf zu diesem 1.200 m hoch gelegenen Kluppeneggerhof, den ein steirischer Kulturverein als „weltliche Wallfahrtsstätte" bezeichnet. Es ist aber nur ein typischer Bergbauernhof: niedrige Stuben mit winzigen Fenstern und angebautem Stall, dazu eine schwärzliche Rauchkuchl. Darin Tisch und Uhrkasten, Wiege und Bett. Und ein paar vom „Waldbauernbübl" angefertigte Zeichnungen, zum Beispiel ein „Bilt aus dem Bauernstand", mit hartem t. Nur anderthalb Jahre hatte der Peter bei einem Wanderlehrer das Schreiben gelernt, danach ging er mit einem Schneider „auf die Stör" zu den Bauern.

„Ich habe kein Land gefunden in der weiten Welt, das so schön und glückselig wäre, als meine rauhe Bergeshöh' zwischen Wald und Wiesen." Das jedenfalls kann der Wanderer nachempfinden, wenn er von der Almhütte ins Land hinein schaut: Drüben die Felstürme der nordsteirischen Kalkalpen, rundum der große Wald des Teufelssteingebirges mit einigen Lichtungen, auf denen Höfe stehen; aber nur noch eines der einst 26 Gehöfte arbeitet als bäuerlicher Vollerwerbsbetrieb.

Wir steigen ab zum Kleinheidenbauer, der sich einst von der Leibeigenschaft freigekauft hatte und heute als „Schlagobersbauer" ein Wirtshaus mit gemütlichen Gästezimmern ist. Ein direkter Zugang für Wanderungen nach dem Rosegger-Motto: „Wenn ich durch meine heimatlichen Gegenden wandere, werde ich ganz ich. Da fühle ich eine ungelöste Einheit zwischen mir und den Bergen, Matten, Wäldern und Bächen, die um mich sind."

Die von Rosegger gestiftete Waldschule ist heute als Wandermuseum eingerichtet

Im „Waldheimathof" von Alpl aber, wohin der Rückweg führt, hat die Rosegger-Verehrung ihren vorläufigen touristischen Höhepunkt erreicht. Zwölf Hektar groß entstand eine „Märchenalm": mit Kleinkinderspielplatz und Indianerlager für die Größeren, mit Streichelgehege (6 Pferde, 4 Schweinchen, dazu Schafe, Ziegen, Geflügel, Kaninchen), mit Hochsitz, den man erklettern kann, um durchs Fernrohr ins Roseggerland zu blicken, mit einem Kinderkaufhaus, wo Bastelarbeiten der kleinen Gäste angeboten werden, mit einem Stollen, wo man Steine ausgraben und Gold waschen kann. Auf einem 2,5 Kilometer langen „Vorlesewanderweg" hören die Kinder zeitgenössische Nacherzählungen. Im Winter dient dieser Weg als Loipe und der Rückweg als Rodelbahn.

Und dazu ein Märchenwald. „Ohne Disneyfiguren und ohne Puppen", betont der Hotelier Hans Bruggraber nicht ohne Stolz. Er hatte 1987 die österreichische Kinderhotelgruppe (die inzwischen 77 Häuser betreut) initiiert. Im eigenen Haus veranstaltet er auch Kinderstammtische, Kinderkino und ein von der steirischen Eiche Arnold Schwarzenegger eigens entwickeltes Programm „Fit for Kids".

In seinem Märchenwald will er „richtigen Urwald" pflanzen, mit Gehölzen, die hier früher gewachsen waren. Natürlich muss der Natur- und Kinderfreund Peter Rosegger als geistiger Vater herhalten. Dabei hatte er, der frühe Umweltschützer, dergleichen Bemühungen durchaus skeptisch gesehen: „Heute wollen wir uns von den Sünden gegen die Natur mit einem Fleckchen ‚Naturschutzpark' loskaufen, um unseren Nachkommen zu zeigen, wie die Natur eigentlich aussieht. Aber die rechte Liebe ist das nicht." Geschrieben im Jahr 1914.

Die drei Stationen am Alpl, die sich so schön erwandern lassen, sind das Herzstück einer „Peter Rosegger Kulturstraße" mit einem guten Dutzend Ausstellungen und Museen. Dazu gehören, unten in Krieglach, das mit persönlichen Dokumenten ausgestattete Landhaus, das der Dichter nach eigenen Plänen erbauen ließ (im Sterbezimmer stehen die Zeiger der Pendeluhr auf halb zwölf, dem Todeszeitpunkt), das als Heimatmuseum eingerichtete Studierhäusl am Ende des Parks, das Grab mit dem schlichten Lärchenkreuz, auf dem nur sein Name steht, und das Waldbauernbubdenkmal.

Zur Route gehört auch das „weiße, lichte Kirchlein" von St. Kathrein am Hauenstein, wo seine Lehrzeit als „Schneiderpeterl" gewürdigt wird. Im Hauptort des Mürztals, in Mürzzuschlag, wären schließlich noch zu besichtigen: die evangelische Heilandskirche, für deren Bau Rosegger die nötigen Spenden gesammelt hat, was ihm damals als Abkehr vom katholischen Glauben verargt wurde, und das Roseggerstüberl beim einstigen Postwirt Toni Schruf, der sein enger Freund und einer der Skipioniere in Mitteleuropa war. Mürzzuschlag hat denn auch, neben einem Brahmsmuseum, die weltgrößte Sammlung von historischen Wintersportgeräten.

Von Krieglach aus führt ein Wanderweg zu einem Aussichtspunkt, den Rosegger als „Himmel" kannte, oft bestieg und durch einen Vers in Mundart dem regionalen Fremdenverkehr andiente. Auch wird hierorts im Sommer eine „Rosegger-Woche" veranstaltet. Schwerpunkt bildet dabei das Volksleben in der Steiermark. Vor so viel Kulturpflege hätte sich der Hochverehrte vielleicht in die weltabgeschiedenen Höhen seiner Waldheimat verkrochen, denn, Wanderer wissen es ohnedies, „die Überkultur sehnt sich nach dem rauhen Urleben der Berge".

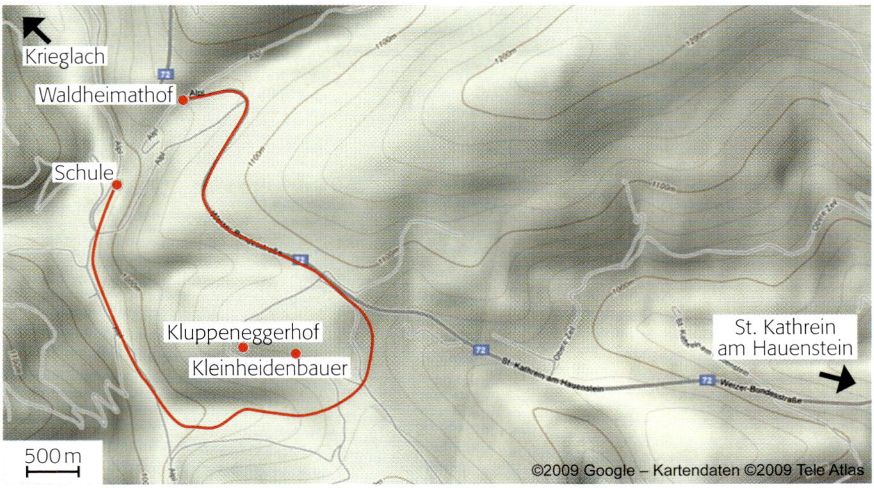

Auskunft: Tourismusregionalverband Waldheimat, Mürzzuschlag, Tel. 0043 / (0) 3852 / 4770

Literatur: Peter Rosegger: Als ich noch der Waldbauernbub war • Peter Rosegger: Aus meiner Waldheimat

24. Immer noch ein Alpenidyll

Ernest Hemingway war als Skiläufer vom Montafon begeistert

Es hängt ein Pferdehalfter an der Wand – früher waren Saumtiere mit schweren Lasten über die Bielerhöhe geführt worden. Zwei vergilbte Fotos daneben – Ernest Hemingway mit Freunden im Schnee. Am gemütlichen Kachelofen ein Spinnradl, eine Butterzentrifuge und ein Spielmagazin – allerdings ohne Pokerkarten. „Im Rauch beim Laternenlicht" hatten sie unablässig gespielt damals, im Winter 1926, als sie eine Woche lang im Madlenerhaus, auf 1.986 m Höhe, eingeschneit waren. Walter Lent, einer der ersten Skilehrer, hatte den Verdienst der ganzen Saison verpokert.

In seiner auch verfilmten Novelle „Schnee auf dem Kilimandscharo" hat der Literaturnobelpreisträger von 1954 die kleine Geschichte erzählt, indem er das Leben seines waidwunden Helden zurückspulte. Im fernen Afrika erinnerte sich der Sterbende auch an die „große Abfahrt" auf dem Gletscher oberhalb der Wiesbadener Hütte, „wo der Schnee so glatt aussah wie Zuckerguss und so trocken war wie Pulver". Und überhaupt waren sie allesamt „glücklich wie die Könige" – in jenen zwei Wintern im Montafon.

Glücklich kann sich der Montafon-Tourismus heute schätzen, in Hemingway einen so weltberühmten Werbeträger zu haben. An allen Ecken und Enden des 40 Kilometer langen Tales in Vorarlberg kann man, wenn man sucht, auf die Spuren des am 21. Juli 1899 in Oak Park bei Chicago geborenen Schriftstellers stoßen. Eines Autors, der zeitlebens auch ein Abenteurer war und in seinen besten Jahren ein begeisterter Skiläufer. Schneelandschaften haben ihn magisch angezogen.

Zuerst einmal in Schruns, wo er sich 1924 und ein Jahr später noch einmal mit Frau Hadley und Sohn „Bumby" und seine Kollegen John Dos Passos und Gerald Murphy einquartiert hatte. „Wir fuhren gegen Ende November hin und blieben beinahe bis Ostern", berichtet er in seinem letzten Buch „Paris – ein Fest fürs Leben". Darin und in einem dicken Album des Hotels „Taube" finden sich teils unveröffentlichte Notizen von Hemingways Aktivitäten. Diese bestanden im Wesentlichen aus der abschließenden Arbeit an seinem dann sehr erfolgreichen Roman „Fiesta", aus dem Lesen der „Buddenbrooks" von Thomas Mann („verdammt gut"), aus in Österreich verbotenen Pokerpartien (während die Gattin im Zimmer Klavier spielte) und Zechgelagen mit Einheimischen, die ihn wegen seines Bartes den „schwarzen kirschtrinkenden Christus" nannten, sowie aus ebenso ausgedehnten Skitouren.

Folgen wir den Spuren der Skitouristen in höhere Gefilde. Denn unten in Schruns (700 m) hatten Hemingway und seine Kollegen John Dos Passos und Gerald Murphy schon damals, als die Winter noch nicht so warm waren, nur bei „schweren Schneefällen" laufen können. Nächste Station: Gaschurn (1.000 m). Im heutigen Heimatmuseum, einem 300 Jahre alten Walserhaus, gibt es neben einer Vitrine mit Skibekleidung eine Ecke „Hemingway im Montafon". Im Posthotel „Rössle", wo sich der „writer" am 4. Jänner 1926 angemeldet hatte, schlief auch die reiche Amerikanerin

Skitour im Hochmontafon: v.l. neben einer Hotelsekretärin: Hemingway (1899–1961), Dos Passos und Murphy

Pauline Pfeiffer, die im Jahr darauf seine zweite Frau werden sollte. Peinlicherweise vergaß sie ihr Nachthemd, das ihr nach Paris nachgeschickt wurde.

Lifte und Seilbahnen gab es noch nicht. Auf die Berge stiegen sie mit Seehundsfellen unter den Brettern. „Wir konnten den Aufstieg weder erkaufen noch ein Billet zum Gipfel nehmen." Heute gehört die „Silvretta Nova", erreichbar von Gaschurn und St. Gallenkirch, zu den großen und anspruchsvollen Skigebieten Österreichs. Vier Seilbahnen und 21 Lifte erschließen gut hundert Pistenkilometer. Darunter eine 14 Kilometer lange Abfahrt ins Tal, wo Beschneiungsanlagen immer für ausreichend Schnee sorgen. Nichtskifahrern bieten sich auch zwei Höhenwanderwege sowie eine sechs Kilometer lange beleuchtete Rodelbahn. Ein bisschen Alpenromantik ist trotz technischen Aufrüstens geblieben. Vor allem aber bleibt das Hochmontafon ein Horst für winterliche Hochtouren.

Dos Passos, der gerade mit „Manhattan Transfer“ seinen literarischen Aufstieg geschafft hatte, ließ sich von „Hems neuem Hobby“ hoch und höher reißen: „Das schönste Ziel war das Madlenerhaus auf einer riesigen Schneehalde vier bis fünf Stunden oberhalb der Ortschaft, eine Art Skihütte, wo es ein prasselndes Kaminfeuer und etwas zu essen gab.“ Und nette Leute. Schneestürme hielten die amerikanisch-österreichische Gruppe tagelang fest auf der Bielerhöhe (2.036 m). Heute gelangt man dorthin auf einer kurvenreichen Panoramastraße, freilich nur im Sommer. Im Winter ist die Auffahrt etwas umständlicher: Erst mit der neuen Vermuntbahn ab Partenen (1.051 m), dann weiter mit dem Tunneltaxi. Nicht weniger als neun Gipfelziele, alle höher als 3.000 m, beschreibt der „Skitourenführer Vorarlberg“ ab Bielerhöhe; auch der höchste Berg im „Ländle“, der Piz Buin (3.312 m), ist von der Wiesbadener Hütte aus auf gefährlichem Gletscherweg mühsam erreichbar.

Im Madlenerhaus (1.986 m) mussten „Hem“ und die Kameraden wenigstens nicht hungern, dürsten oder frieren. Der Rösslewirt hatte noch vor Wintereinbruch allerlei Lebensmittel, „Rotwein in kleinen Fässern“ und Brennholz hinaufgeschafft. Draußen aber war es so kalt, „dass mein Glied erfroren war und mit Schnee wiederbelebt“ werden musste, wie der Story-Schreiber in einem Brief an einen Kollegen schwadronierte.

An einem schönen Tag, es war schon Frühling, fuhren Ernest und John von der Wiesbadener Hütte hinunter ins Paznaun nach Galtür. Hemingway beschreibt die makaber-komische Ankunft in dem – immer noch gemütlichen – Tiroler Bergdorf in seiner Kurzgeschichte „An Alpine Idyll“, wobei er im englischen Text die deutschen Wörter „schön“ und „Grüßgott“ verwendet. Diese Abfahrt durch das Ochsental zählt immer noch zu den großen Routen der Silvretta.

Im Februar 1999 hat das auf fast 1.600 m Seehöhe liegende Galtür traurige Berühmtheit erlangt. Eine riesige Lawine riss 31 Menschen in den Tod und die meisten Häuser nieder. Heute schützt eine Mauer das Dorf am Ende des Paznauntals. Ein „Alpinarium“ genanntes Museum erinnert an die Naturkatastrophe. Und ein „Silvapark“ mit eigenen Guides macht es Kindern und Könnern möglich, alle Spielarten des Skifahrens zu lernen und auszuüben.

Auch ganz oben, auf der Bielerhöhe, kommen nicht nur Tourengeher heute wie damals auf ihre Kosten. Langläufer finden dort ebenso ihr „alpines Idyll“ auf fünf Loipen, den höchstgelegenen weit und breit. Eine überquert den zugefrorenen Stausee, eine führt über den gekrümmten Damm, eine umrundet das Madlenerhaus und die schönste geht über ein paar Kuppen. Wind und Wolken, wie häufig über der Passhöhe, verwischen manchmal die Spuren, sodass sich der Langläufer nur noch an den Stangen im Schnee orientieren kann – oder an den Schemen des Madlenerhauses und der inzwischen dazu gruppierten Unterkunftshäuser.

Unten im Tal, wo inzwischen auch ein Funpark namens „Mountain Beach“ eröffnet wurde, mag der aus einsamen Höhen herunterkommende Skibergwanderer vielleicht ähnlich empfinden wie der übersensible, oft depressive Dichter, nämlich einen „Alptraum unter der Maske eines riesigen Spaßes“. 1926 nahm Hemingway für immer

Das nach einem Brand wiederaufgebaute Madlenerhaus auf der Bielerhöhe

Abschied von einem „Alpenidyll", das er zwei Jahre zuvor „leerbäuchig und ausgehöhlt hungrig" entdeckt hatte.

Es kamen nun andere Gäste. Es kam beispielsweise ein deutscher Marineoffizier, um in einer Weinstube Seeschlachten in Lichtbildern nachzuspielen („diese Sorte Schweinehund", hörte der Autor einen Gast ahnungsvoll sagen, werde Deutschland in 20 Jahren abermals zu Grunde richten). Es kam der gehobene Skitourismus. Es kam Geld ins Tal. „In diesem Jahr war es, dass die reichen Leute auftauchten." Die sind noch da, aber sie bleiben meist unten. Oben finden die anderen immer noch ein Alpenidyll.

Beinahe wäre es verschwunden wie so manches Stück Kultur in den Hochalpen. Ende Oktober 2001 wurde das seit 1884 bestehende Madlenerhaus durch einen Brand zu zwei Dritteln vernichtet. Die Alpenvereinssektion Wiesbaden hat es moderner und größer, aber im alten Hüttenstil wiederaufgebaut. Seit Juli 2003 findet der Bergsteiger jetzt dort oben am Silvrettastausee 50 Betten und 24 Matratzenlager. Und im Gastraum, der immerhin 65 Sitzplätze hat, auch ein „Hemingway-Corner".

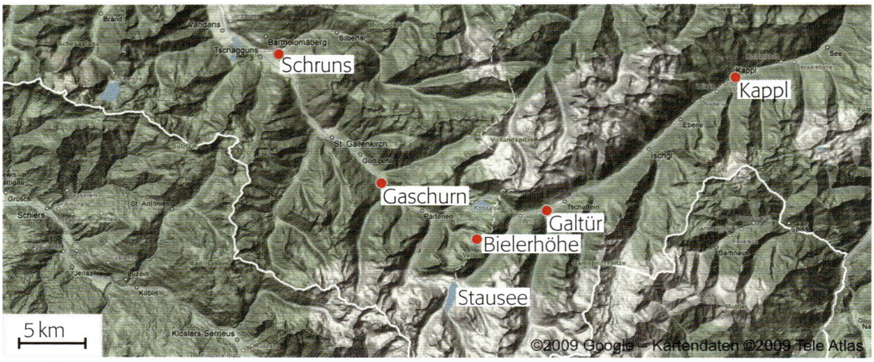

Auskunft: Montafon Tourismus, Schruns, Tel. 0043 / (0) 5556 / 72 25 30 • Madlenerhaus (DAV-Sektion Wiesbaden), Tel. 0043 / (0) 5558/4234

Literatur: Ernest Hemingway: Paris – ein Fest fürs Leben, 1987 • G. J. Wolf: Paradies ohne Wiederkehr – Hemingway im Montafon

25. Der Schatz am Seebensee

Mit Ludwig Ganghofer zu seinem Schloss Hubertus im Wetterstein

Kein Weg führt hinauf zur Ganghoferhütte, nur ein kaum kenntlicher und wenig begangener Wiesenpfad. Auch unten am See weist nichts auf den Mann hin, der hier eine Jagdstation hatte. Eine Metallplatte verrät lediglich, dass dort irgendwo der Vizeadmiral Kurt Utke im Alter von 77 Jahren abgestürzt war. Die unscheinbare Holzhütte im grenzübergreifenden Wettersteingebirge ist obendrein gänzlich versteckt hinter prächtigen Zirben.

Heimatdichter Ganghofer (1855–1920), klobig in Holz geschnitzt, findet man mitten in seinem Tiroler Jagdrevier

Während sich am See viele Touristen tummeln, die mit der Gondelbahn zur Ehrwalder Alm aufgefahren und – soweit sie nicht schon die Seebener Alm zur Umkehr genützt haben – in vielleicht zwei Stunden herübergewandert sind, herrscht rund um diese Hütte „Das Schweigen im Walde", wie der hierorts spielende, 1899 geschriebene und meistverfilmte Bestseller des Heimatdichters Ludwig Ganghofer betitelt ist.

Die Wanderer weggezaubert, bietet der 1.650 m hoch gelegene Seebensee noch dasselbe Bild von Ruhe und Schönheit wie damals (während der ebenfalls von Ganghofer beschriebene Igelsee im Sommer meist ausgetrocknet ist): „Ein kreisrundes Felsenbecken, erfüllt mit einer Flut von kristallener Klarheit, dass man jeden Steinblock und jeden versunkenen Baum auf dem Grunde deutlich unterscheiden konnte. Steinhalden und flache Almfelder umsäumten auf der einen Seite den See, auf der anderen wurde sein Ufer gebildet durch mächtige Felsklötze, durch schroffe Wände und steile Latschenbeete, zwischen deren vereinzelten Zirbenbäumen und Fichten das Schindeldach einer kleinen Hütte leuchtete."

Gebührend ehren und vermarkten statt verstecken wollen die Ehrwalder nunmehr ihren prominentesten Mitbürger, nachdem ihm die benachbarten Leutascher schon ein Denkmal und ein Museum errichtet haben. Obwohl dieser bayerische Patriot in dem Tiroler Zugspitzdorf Ehrwald nicht sonderlich beliebt war, wie die Bergwanderführerin Regina Poberschnigg von ihrem Ururopa überliefert bekam; der war einer der Jagdhilfen, denen Ganghofer in seinem auch heute noch viel gelesenen Hinterwaldroman Namen wie „Kluibenschädl" und „Praxmaler-Pepperl" verpasst hatte.

In Ehrwald wohnte der betuchte Doktor aus München von 1906 bis 1918, ehe ihn österreichische Gesetze und ein Haberfeldtreiben (einige Dörfler gönnten ihm das Hirschfleisch in der Notzeit nicht) an den Tegernsee vertrieben, im Haus am Kirchplatz 12, wo heute Regina Poberschnigg und ihr Kollege Peter Larcher (ein Weltmeis-

Ganghofers „Schloss Hubertus", benannt nach einem seiner Romane und heute Privatbesitz, liegt im Gaistal zwischen Ehrwald und Mittenwald

ter im Tiefschneefahren) allerlei Bergwanderungen auf den Spuren der um die Jahrhundertwende eingefallenen Münchner Künstler-Elite organisieren.

Spurensuchern, die sich dem literarischen Schatz am Seebensee nähern wollen, empfehlen die beiden Bergführer, nicht den Trampelpfad der Touristen zu benutzen, sondern lieber den Hohen Gang oder den Immensteig. Die beiden steilen, ausgesetzten Zugänge sind größtenteils stahlseilversichert und betreppt, doch sind Schwindelfreiheit und Trittsicherheit vorauszusetzen. Für geübte Alpinisten sei noch erwähnt, dass von einem Wasserfall aus auch ein Klettersteig hinaufführt. „... und tief aus dem Ehrwalder Tal hinauf summte das Brausen des Wasserfalls, der den Abstrom des Sees hinunterwarf über turmhohe Wände."

Viele Wege auch führen zur eigentlichen Kultstätte, zum Jagdhaus „Hubertus" bereits auf Leutascher Gemeindegebiet. Ganghofer hatte es, samt einem Jagdrevier so groß wie der heutige Nationalpark Berchtesgaden, dem Herzog von Oldenburg abgekauft und nach seinem 1895 erschienenen Roman „Schloss Hubertus" benannt. In diesem Jagdschloss, das von verschachtelten Holzschindeldächern gekrönt ist, entstanden „Das Schweigen im Walde", „Leben eines Optimisten" und „Der Ochsenkrieg". „Wenn ich nach müden, kranken Stadtmonaten hinaufreise zu meinem lieben, einsamen Waldhause, da droben im Wettersteingebirge, ich kann Euch nicht sagen, was in mir lebendig wird."

Er reiste meist mit seiner Landkutsche hinauf, vor die zwei Maultiere gespannt waren. Der moderne Stadtflüchtling kann die Hälfte des Weges durch die Ehrwaldalmbahn abkürzen und sogar – wofür es eine Sondergondel gibt – das Mountainbike mitnehmen, um anschließend 25 Kilometer weit bis in die Leutasch sanft abzu-

Der Seebensee: „Ein kreisrundes Felsenbecken, erfüllt mit einer Flut von kristallener Klarheit ..."

fahren und weiter nach Mittenwald und von dort über Garmisch-Partenkirchen nach Ehrwald zurückzufahren. (Im bayerischen Geigenmacherdorf gibt es schon seit 1957 eine nach Ganghofer benannte Jugendherberge.)

Zurück nach Tirol. Ein halbes Stündchen von der Bergbahn bergan gegangen, markiert ein Kapellchen die Grenze zwischen den Gemeinden Ehrwald und Leutasch. Diese waren sich früher spinnefeind – und sind es heute noch ein bisschen. Anno 1633 wollten die Ehrwalder hinüber nach Seefeld wallfahren – und wurden von den Leutaschern blutig zurückgewiesen. In ihrem Dorf wütete nämlich die Pest. Da konnten sie nun nur noch beten und wurden erhört. Zum Dank bauten sie die Pestkapelle unter der Wettersteinkante, die wiederum die Grenze zu Deutschland bildet. „Wie eine letzte steinerne Weltgrenze, stolz und steil… im Glanz der Sonne wie ein goldenes Gebilde."

Genau an dieser Kapelle, auf dem höchsten Punkt des Weges durch das Gaistal, warteten sehr viel später die Bauern mit ihren Pferden und Gespannen, um Ganghofers gut zahlende Gäste ins „Schloss Hubertus" zu kutschieren (das nun schon zu Leutasch gehört). Immerhin gab es dort nach der 1900 erfolgten Erweiterung 34 Gastbetten. „Ich bin das erstemal im Inneren des Gebirges und finde es äußerst wohltuend", meldete Hugo von Hofmannsthal seinen Eltern.

Der Komfort muss überwältigend gewesen sein. Selbst für so verwöhnte Gäste wie die Münchner „Malerfürsten" Kaulbach, Stuck, Böcklin und Defregger, für Starschauspieler wie Kainz, Possart und Moissi, für Musiker wie Richard Strauss, Bruno Walter und den Sänger Leo Slezak. Es kamen herauf der deutsche Reichskanzler Bethmann

Hollweg, der Verlagskönig Albert Langen, etliche Künstler des „Simplicissimus" sowie Ganghofers Kollegen Ricarda Huch, Rainer Maria Rilke, Karl Schönherr und natürlich Ludwig Thoma, der zwar nicht viel von der ziselierten Schreibe des „Zuckerbäckers" hielt, mit ihm aber außer dem Vornamen die Jagdlust und am Ende die Grabstätte in Rottach-Egern teilte. Thomas knapper Nachruf: „Um den Mann ist schade!"

Heute ist das „Hubertus" nur ausnahmsweise zugänglich. Das Holzhaus ist Eigentum der Österreichischen Bundesforste und an einen deutschen Privatjäger verpachtet, der es renoviert, aber das Äußere im Originalzustand belassen hat. Neugierige soll eine Tafel fern halten, auf der geschrieben steht: „Aus der früheren Zeit gibt es keine Sehenswürdigkeiten mehr".

Die gäbe es sehr wohl, weiß indes Regina. Riesige Geweihe und alte Gemälde hingen an den Wänden, ein Konferenztisch stehe da, um den sich 20 Jäger versammeln konnten. Dazu ein Gewehrkasten und originales Mobiliar. Es laufe sogar noch das kleine Kraftwerk, aus dem Ganghofer, der ein Jahr in einer Maschinenfabrik bei Augsburg gearbeitet hatte, umweltschonend Strom bezog für seine Duschboiler und für einen Kessel, in dem das Hirschhorn ausgekocht wurde. Auch von der Kegelbahn bestehe noch ein Stück. Ziemlich zugewachsen ist der Tennisplatz- auch das gab es damals schon „im Innern des Gebirges".

So bleibt dem Suchenden nur die Wand mit den vergilbten Bildern in der benachbarten Tillfußalm. Sie zeigen den erfolgreichsten Heimatschriftsteller deutscher Sprache mehrfach: lorbeerumkränzt, hoch zu Ross, die Zither schlagend, mit erlegtem Wild, auf dem Austragsbankerl kurz vor seinem Tod am 24. Juli 1920 – und immer in der Hirschledernen, in der er sogar dem deutschen Kaiser gegenübergetreten war. Oft noch wird es auf der Tillfußalm so lebendig, wie es der Dichter fast angewidert erzählt: „In der Sennhütte schien die weinfröhliche Stimmung in bedenkliche Wärme zu geraten." Auch gilt nach wie vor Hofmannsthals Mitteilung: „Die Kost ist ausgezeichnet". Doch geschah es in letzter Zeit nur selten, dass die junge Wirtin „den unerwarteten Gast mit einem trillernden Juchschrei empfing".

In solcher Stimmung sollte der Gast als Rückweg lieber nicht den schwierigen Steig über das Steinerne Hüttl wählen (wo des Dichters Held dem märchenhaften „Fräulein Burgi" begegnet war), sondern den Fahrweg am Gaisbach entlang über den Igelsee. Wenn dieser nicht gerade gesperrt ist wegen Dreharbeiten für den „Bergdoktor" – mit dem aber nicht Dr. Ludwig Ganghofer gemeint ist, sondern eine nicht enden wollende Fernsehserie. Am Bankerl vor dem trockenen See mit bimmelnden Kühen mag der Heimwanderer an entsprechender Stelle sich an Romansprücherln ergötzen wie: „A Tagerl is dös heut!" Oder er kann den Dichter ernst nehmen mit seinem „Bild, das einem für Schönheit der Natur empfänglichen Menschen die Seele mit Staunen erfüllen mußte".

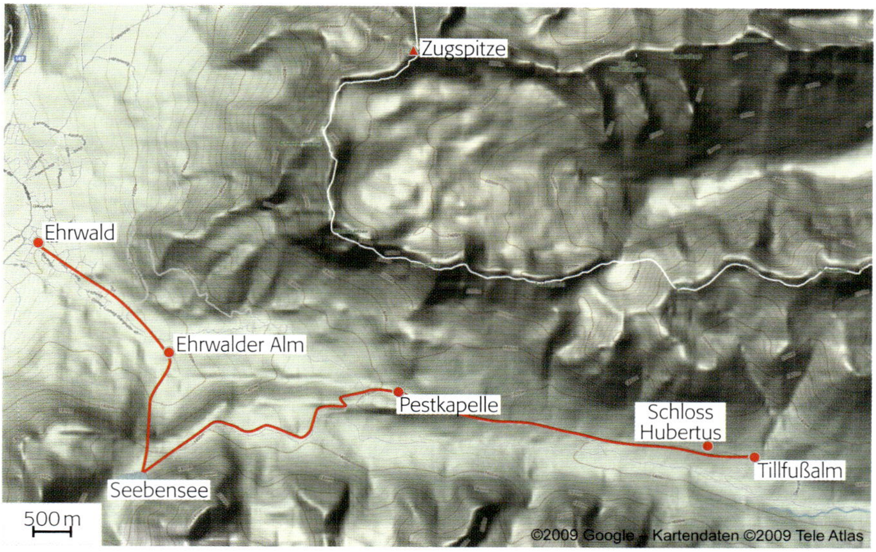

Auskunft: Tourismusverband Ehrwald, Tel. 0043 / (0) 5673 / 2395, Tourismusverband Leutasch, Tel. 0043 / (0) 5214 / 6303 • In Ehrwald finden alle paar Jahre „Ludwig-Ganghofer-Kulturtage" statt mit Vorträgen, Filmen und Führungen. In Leutasch gibt es ein Ganghofer-Museum

Literatur: Ludwig Ganghofer: Schloss Hubertus

26. Das Weisse Rössl als Pegasus

Der Wolfgangsee macht Dichtkunst neben der Operette zum Leitthema

Unübersehbar galoppiert das Weiße Rössl durch die uralte Urlaubslandschaft am Wolfgangsee: auf Fahnen und Firmenschildern, in Marzipan und Lebkuchen, Elfenbein und Porzellan, als Tonplakette, Schaufensterdekoration und Schaukelpferd. Vor allem aber trabt das renommierte Ross an allen Ecken und Enden der neun alten Bürgerhäuser am Seeufer, die seit 1878 peu a peu zum wohl berühmtesten Hotelkomplex des Salzkammerguts zusammengefügt wurden.

Längst hat Rösslwirt Helmut Peter, der nebenbei auch als Ehrenpräsident des Österreichischen Hotelierverbandes recht findig ist, Mittel und Wege gefunden, um die lästig gewordenen „Sehleute" (manche hätten „recht ausg'schamt" nach dem Liebesnest des Operettenpärchens gefragt) von den gut zahlenden Gästen zu trennen. Dass am „Weissen Rössl" das Glück vor der Tür stehe, ist auch nicht mehr wahr. Vielmehr stehen da oft dicke, den Zugang zur Schiffsstation blockierende Autos, denen auffallend oft Japaner „on romantic tour" entsteigen. Auf der anderen Seite, am (angeblich trinkbaren) Wasser, hat Peter ein „Spa im See" geschaffen, mit einem ständig auf 30 Grad erwärmten, im See schwimmenden, sprudelnden Pool.

Längst mutiert das „Weisse Rössl" zum Pegasus, zum Symbol der Dichtkunst. Gemeint ist nicht unbedingt das mehrmals verfilmte, nach der Dreigroschenoper immer noch im deutschen Sprachraum meistgespielte Bühnenstück „Im weißen Rössl", das alljährlich ab Mai im Michael-Pacher-Haus en suite gespielt wird. Operettenkönig Ralph Benatzky, hier nie ohne Doktortitel erwähnt, hat ein Ehrengrab neben dem Romantikhotel. Die Textdichter indes, Oscar Blumenthal, Gustav Kadelburg und Robert Gilbert, müssen der örtlichen Ehrung vorerst entbehren.

Eine ganze Schwadron von viel bekannteren Schriftstellern hat man ausgehoben; sie sollen fortan für den gehobenen Kulturtourismus eingesetzt werden. Neuerdings bittet der gehobene Gastronom Peter schon mal zum Galadiner inklusive Lesung in sein Romantikrestaurant. Mit gehobener Stimme rezitiert er, der auch gerne den Operetten-Kaiser mimt, dann einige der „Bergpsalmen" des reiselustigen, romantisierenden Joseph Victor von Scheffel (1826–1886): „Sei gegrüßt mir, einsamer Abersee / spärlich umwohnter, spärlich umfahrner, hochwaldumkrönter". Diese Feststellung ist freilich ebenso überholt wie jener Psalm: „Noch sind wir Menschen dir seltene Gäste / noch kennt uns kaum deiner Wälder Gewild."

Vergeblich allerdings suchen die längst nicht mehr seltenen Gäste in der Pilgerstraße 14 das gelbe Haus aus dem Jahr 1654, in dem der deutsche Dichter, wie eine Marmortafel bekundete, im Kriegsjahr 1870 gewohnt und das vielstrophige Werk geschaffen hat. Das Haus wurde aufgekauft und abgerissen und gehört jetzt zu „Europe's first Event Resort", dem bereits das auf mächtigem Fels thronende Schloss Eilesstein weichen musste. Dazu gehören auch 400 Betten in Designerräumen, ein Business Cor-

Inbegriff einer romantischen Landschaft: der Wolfgangsee, 19. Jahrhundert

ner, Wellness Facilities, eine Art Glasboot mit Seilzug, eine schwebende Showbühne. Gegenüber gähnen eine Hochgarage und ein Tunnel, der immerhin den Ort vom Verkehr ziemlich befreit hat.

Die Bergpsalmen erzählen die Legende vom heiligen Wolfgang, den Scheffel nur „Falkenschluchtklausner" nennt. Davon künden auch Kopien von Gemälden aus der Alten Pinakothek in München und sehr viel ältere Votivtafeln. Erstere finden sich im „Rössl", Letztere nebenan in der Pfarrkirche, die außerdem die recht poetischen letzten Worte des Heiligen sowie – die eigentliche Attraktion – den großartigen gotischen Pacher-Altar aufweist. Am Pilgerbrunnen vor der Wallfahrtskirche beginnt der – von Behinderten ausgestaltete – Wolfgangsweg, einer von elf neuen Themenwegen im Salzkammergut, die „Geschichte zum Anfassen" vermitteln wollen.

Etwa sieben Kilometer weit führt dieser Steig auf dem alten Aber- oder Pilgerweg, der am Falkensteinsattel 795 Höhenmeter erreicht, zur Schiffsstation Fürberg. An historischen Höhlen, Kapellen und Andachtsstellen berichten Texte von der Entdeckung der Seeeinsamkeit durch den Regensburger Bischof („Gelobt sei Gott, von dieser Felsenzacke, so sprach St. Wolfgang, wirf ich meine Hacke. Und wo ich werde diese schauen, so werd ich eigenhändig eine Hütte bauen."). Das Hackl des Heiligen ist am Wolfgangsee mindestens so symbolträchtig wie das Rössl.

Das „Weisse Rössl", heute ein weithin berühmtes Romantikhotel, war früher eingezwängt zwischen der Dorfkirche mit dem berühmten Pacher-Altar und dem Seeufer mit Schiffsanleger

Schauriges wird auf dem Weg erzählt von den Märschen der Pilger (bis zu 70.000 jährlich kamen schon im 15. Jahrhundert). Viele kasteiten sich, indem sie nackt, barfuss, mit Linsen in den Latschen oder Eisenketten um den Hals keuchten und beteten. Noch heute sollte man auf dem steilen Steig Scheffels Warnung beachten: „Die Wanderung wird schlüpfrig und glatt." Ein Abstecher zum Scheffelblick lohnt, am Scheffeldenkmal kommt man ohnehin vorbei, ehe man die Bucht erreicht, die wegen der versunkenen Bäume und Felsstrukturen unter Wasser ein Paradies der Taucher ist.

Wer nun nicht gleich mit dem Schiff – der museumsreife Raddampfer „Kaiser Franz Joseph" empfiehlt sich Nostalgikern – nach St. Wolfgang zurückfahren will, kann von Fürberg aus noch eine halbe Stunde weiter gehen bis zur nächsten Station. In einem der idyllischen Häuschen am Brunnwinkl hat der Münchner Zoologe Karl Frisch 1970 die „Sprache der Bienen" erforscht und dafür den Nobelpreis bekommen.

In St. Gilgen entdeckt man das Haus der Dichterin Marie von Ebner-Eschenbach (1830–1916). Viel hat sie geschrieben: Romane, Novellen, Märchen, Dramen (das „Waldfräulein" skandalierte in Wien). Auch über den frühen Fremdenverkehr hierorts hat die böhmische Gräfin Dubsky schon freie Gedanken geäußert: „Ich liebe viele Menschen, aber die Vielen liebe ich nicht." Stammgast Helmut Kohl konnte noch nicht gemeint sein. Vor dem Haus, das jetzt einer Krankenkasse als Bildungszentrum dient, erwartet ein Fußmassageautomat müde Wanderer.

Der Tourismus der Literaten hat sich hauptsächlich in St. Wolfgang abgespielt. Genauer gesagt: im Ortsteil Ried. Hilde Spiel (1911–1990), die „Grande Dame des Wortes", wohnte in dem Haus am Dittelbach, einem „Wildgewässer" das die Bundesländer Oberösterreich und Salzburg trennt. Und ihr Kollege Alexander Lernet-Holenia (1897–1976) besaß das von kleinen Löwen bewachte Nachbarhaus an der Margaretenstraße 118. In den 70er Jahren präsidierten die beiden Autoren dem österreichischen PEN-Club und hatten jede Menge Literaten, Theater- und Filmprominenz zu Gast.

„Wir sitzen vormittags in der Imbissstube Furian, tafeln abends im Weissen Rössl oder naschen spätabends in der Konditorei Wallner Zwetschkenfleck und Himbeeren", erinnerte sich die 1936 emigrierte Hilde Spiel. Den jungen, noch kaum bekannten Thomas Bernhard stellte sie ihrem Nachbarn als „Rumpelstilzchen" vor. Hermann Kesten traf man in St. Gilgen, Thomas Mann in Strobl, Golo Mann und Melvin Lasky in der Villa Tyrol, die ebenso aus dem Ortsbild von St. Wolfgang verschwunden ist wie das legendäre „Furian", in dessen Gästebuch Hans Habe schrieb, es sei wie der Sunset Boulevard von Hollywood. Von dort kamen Robert Siodmak, Fritz Rotter, Hans Jacoby und Robert Jungk.

„Es kamen die Ausgestoßenen zurück, salzkammertrunken seit eh und je." Nur Elias Canetti, der im „Wiesbauer" wohnte, reiste bald wieder ab: Hier sei Hitler allerorten noch lebendig. Und auch Lernet-Holenia machte böses Blut, weil er die „Touristen in ihren lächerlichen Trachten" noch lächerlicher machte, einen Wiener handgreiflich und die Auswüchse des Fremdenverkehrs literarisch watschte, im Furian „Knödel mit Saft" bestellte und überhaupt allerhand Schabernack trieb.

In einem Spottvers behauptete das von Rilke entdeckte Enfant terrible, der Bürgermeister („selbstverständlich ÖVP") habe ein Kondom („selbstverständlich unbenützt") ins Wasser geworfen, nur damit man glaube, „in diesem Ort wäre etwas los" . Alsbald ist denn, im Gedicht, tatsächlich „der Teufel los": Riesenbusse aus Gelsenkirchen brechen ein, ein Schnellboot kommt vorbei „mit einem dicken Kind auf Wasserskiern".

Eher angenehm erinnert sich heute die Nachbarin vom Rosenhof an den kauzigen „Herrn Baron" (er entstammte angeblich den Habsburgern) mit seinem Dackel Franz, der es nicht übers Herz gebracht habe, seine sichtbehindernden Bäume kappen zu lassen. Den Ulmenpark, der die beiden Villen umgab, sucht man inzwischen vergebens. Die Erben haben radikal abgeholzt (worüber die Spiel den Essay „Der Baumfrevel" schrieb) und den Grund einem Japaner verkauft. Dieser ließ „Seeresidenzen" aufrichten, die wie warme Semmeln weggingen.

Inzwischen hat Lernet-Holenia das nun wohl doch fällige Denkmal bekommen: An der Schiffsstation von Ried, zu Fuß in einer halben Stunde erreichbar, werkelt Arno Perfaller, ehrenamtlicher Kulturreferent und eigentlich Anzeigenleiter, an einem „Literaturpark" mit Lesearena. Darin ein eher poetischer als polemischer Text des so lange verfemten, mit dem Kleist-Preis ausgezeichneten Lernet-Holenia, als

Wolfgangsee vom Südufer aus, im Hintergrund über St. Wolfgang der Schafberg

Alu-Installation transparent gegen den See hingestellt: „Wir kehrten wieder / da zerrann der letzte Schnee / und nun duftet schon der Flieder / blüht auch bald Jasmin am See / Was verfloss ist schon verflossen / doch es folgen wunderbar / immer wieder Schnee und Rosen / aufeinander Jahr um Jahr."

Die leichtmetallische Lichtgestalt eines weiteren Literaten steht daneben: Leo Perutz (1882–1957). Er wohnte vor dem Krieg im Grandhotel von St. Wolfgang (es ist auch weg), war damals schon Wasserskifahrer und mit seinen fantastischen, spannenden Romanen („Der schwedische Reiter") einer der meistgelesenen Schriftsteller. Nach der Emigration kam er nur noch auf Ferien von Tel Aviv an den Wolfgangsee, wo er einst dem Lernet bei der Vermarktung seines ersten Romans („Ich war Jack Mortimer") geholfen hatte.

Ein solches Denkmal bekam auch Hilde Spiel, die ihre entstellte Wahlheimat schon drei Jahre vor ihrem Tod verlassen hatte. Immerhin hinterließ sie eine Liebeserklärung, die dem einstmals einsamen und heiligen, später nur noch weltberühmten, allmählich aber wieder kulturbewussten Ort durchaus als Werbebotschaft dienen könnte: „St. Wolfgang lässt uns nicht mehr los, umhüllt uns mit seiner vielleicht trügerischen, aber doch so tröstlichen Atmosphäre in einer – vielleicht nur scheinbar – gleichgestimmten Glückseligkeit".

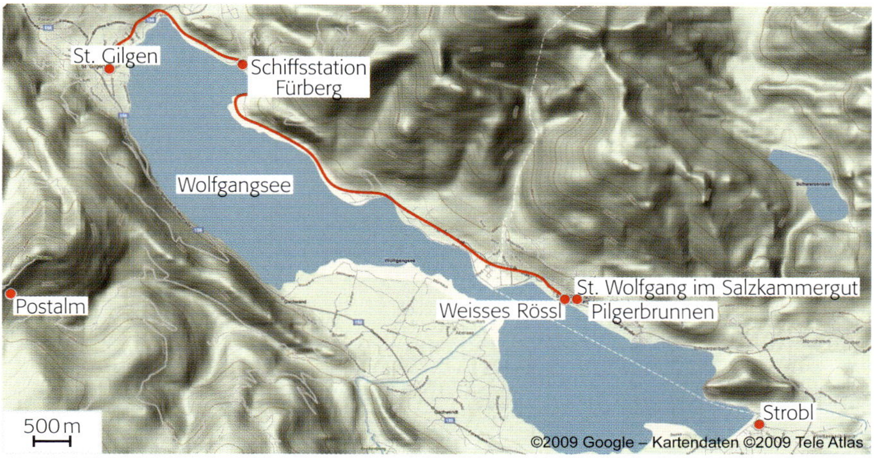

Auskunft: Kurdirektion St. Wolfgang, Tel. 0043/(0)6138/8003, 0043/(0)6138/2239 • Romantikhotel im Weissen Rössl, Tel. 0043/(0)6138/23060

Literatur: Hilde Spiel: Welche Welt ist meine Welt, 1990 • Alexander Lernet-Holenia: Das lyrische Gesamtwerk, 1989 • Dietmar Grieser: Nachsommertraum, 1993 • Rother Wanderführer Salzkammergut, 2007

27. Das grosse Tintenfass

Mit Grillparzer, Hofmannsthal, Wassermann, Torberg in Altaussee

Erzherzog Johann war der Erste, von dem bekannt ist, dass er das zu seiner Steiermark gehörende Ausseerland durchwanderte und beschrieb. „Auf mannichfaltigen Weegen und Steigen" hat der große Alpinist aus dem Hause Habsburg, wie er 1810 „eigenhändig" aufzeichnete, diesen „herrlichen Garten durchkreuzt", hat sogar Gehzeiten und Topografisches zum Besten gegeben. Da er gleichzeitig seinen Kammermaler beauftragte, die „ganze Gegend" auf Aquarellen und Zeichnungen festzuhalten, konnte es nicht ausbleiben, dass alsbald die Künstler zu Scharen anreisten in die geografische Mitte des heutigen Staates Österreich.

„Aussee bleibt mir das Schönste," schrieb schon der schwermütige Lyriker Nikolaus Lenau (1802–1850) seiner Freundin Sophie Löwenthal an einem – wie so oft hier – verregneten Julisonntag anno 1840, gleich nach einem Spaziergang, „den ich nie vergessen werde". Um diese Zeit war das Seenland im steirischen Salzkammergut schon Feriendomizil von Adeligen, Wissenschaftlern, Literaten aus der Wiener Gesellschaft. Zu ihnen gehörten Franz Grillparzer (1791–1872), der angesichts des bekannten „Schnürlregens" ein Epigramm über „Regen und Unmut" verfasste, und Adalbert Stifter (1805–1868), der den Altausseer See nicht nur in Worten pries, sondern auch mit Pinsel und Öl. Man traf sich im „Seehaus", das sich der Dichter Zedlitz bauen konnte. Als späteres Parkhotel ist es 1960 abgetragen worden.

Doch vieles erinnert noch an die zahlreichen Dichter, Maler, Tonkünstler: Villen, die sie bewohnt oder zum Gedankenaustausch besucht hatten: Wege, die sie begangen oder beschrieben haben, die jetzt als vier Kilometer lange „Via Artis" und als Rundwanderweg mit 13 Stationen markiert und vernetzt sind; im Mittelpunkt stehen ein in Österreich einzigartiges Literaturmuseum mit anspruchsvollem Programm sowie ortsbezogene Bücher und Ausstellungen, Urlaubspauschalen mit mehrere Themenwanderungen.

Oder auch nur ein paar Lieblingsplätze – wie etwa der Lenau-Hügel, wo der ruhelose, innerlich zerrissene Niembsch Edler von Strehlenau (wie er wirklich hieß) seine Seelenruhe fand durch die „unerschöpfliche Schönheit" zwischen Dachstein und Totem Gebirge. Vom Bankerl am Gedenkstein erblickt man über das Tal der Traun den Tressenstein, der auch eine Aussichtswarte hat.

Die Via Artis führt hinüber nach Obertressen. Im Haus Nr. 14 hatte Hugo von Hofmannsthal, nach mehreren arbeitsreichen Sommern dort, seine „bleibende Adresse" von 1908 bis 1928, kurz vor seinem Tod. Die damalige Wirtin hatte dem Dichter, der gerade seinen „Jedermann" entwarf, das abgelegene Haus zur Gänze überlassen. Denn er „liebte das Primitive sehr ... eine flackernde Kerze, ein Schindeldach, auf das der Regen trommelt, eine enge Holztreppe, eine schiefe Dachkammer". Viel ist seither anscheinend nicht renoviert worden.

Bad Aussee (Bild) und Altaussee waren schon im 19. Jahrhundert eine beliebte Sommerfrische für die „bessern Leut", für Dichter, Maler und Komponisten

Obertressen, von Bad Aussee her über die „Himmelsleiter" erreichbar, war auch Domizil von Frank Thiess und Sigmund Freud, nach dem die Höhenstraße benannt ist. „Das Dorf im Gebirge" nannte Hofmannsthal eine seiner damaligen Erzählungen; sie handelte von den Anfängen des Fremdenverkehrs. Im November 1896 redigierte den Text der aus Fürth stammende Jakob Wassermann (1873–1934) in München für den „Simplicissimus".

Wassermann war von der Beschreibung so begeistert, dass er im folgenden Sommer mit dem Rad zu seinem Freund nach Altaussee fuhr und sich dort 1919 – nach regelmäßigen Aufenthalten – für „dauernd niederließ". Viele seiner Werke entstanden in diesem „Tal im steirischen Gebirge", auch der in 35 Sprachen übersetzte Bestseller „Der Fall Maurizius". Immerhin konnte er eine Prachtvilla mieten, die heute der Schauspieler Klaus Maria Brandauer bewohnt.

Nur ein paar Schritte sind es zum „Seewirt", vor dem sich allezeit die feinsten Autos drängen. Um die Jahrhundertwende war das Haus, schon seit 1890 einer der ersten Gastbetriebe im Salzkammergut, die beliebteste aller Dichterherbergen in der k. u. k. Monarchie. In den Gästebüchern finden sich unter vielen anderen Theodor Herzl (1860–1904), der geistige Vater des „Judenstaates" Israel, der seinen Freund

In das „große Tintenfass", den Ausseer See, tauchen auf dieser Karikatur ihre Federn: v.l. Jakob Wassermann, Hugo von Hofmannsthal, Raoul Auernheimer und Arthur Schnitzler

Arthur Schnitzler (1862–1931) im See auf einer Plätte sein Lustspiel „Die Glosse" vorgelesen hat („jetzt, wo ma net aussteigen können", spöttelte ein Dritter).

Als Gäste gemeldet waren Hermann Bahr (1863–1934), Fritz von Herzmanovsky-Orlando (1877–1954) und Ludwig Ganghofer (1855–1920), später noch Thomas Mann (1875–1955), Robert Neumann (1897–1975) und Eugen Roth (1895–1976). Neu eingerichtet wurden im Hotel drei „Literaturzimmer": für Wassermann, Torberg und Barbara Frischmuth, jeweils mit Schriften dieser Künstler, mit Lesesessel und Leselampe. Auch in der alten, schönen Villa Salis hat die Obfrau des Museums, Marianne Goertz, mehrere Dichterzimmer liebevoll eingerichtet.

Andere Literaturgrößen wohnten ringsum, im Ortsteil Fischerndorf, in Privatquartieren, kürzer und länger. „Saisonniers" nannte man sie, im Gegensatz zu den Dauerbewohnern. „Es lag nahe, den schwarzen See mit einem riesigen Tintenfass zu vergleichen, in das die im Kreis herumsitzenden Dichter ihre Federkiele tauchten", erinnert sich Raoul Auernheimer (1876–1948) im „Wirtshaus zur verlorenen Zeit"; dazu gibt es eine hübsche Karikatur mit vier berühmten Herren.

Als die ganz Großen der Literatur schon verstorben oder durch den bis zum „Anschluss" von 1938 dauernden Austro-Faschismus emigriert waren, im Herbst 1935, zog noch Hermann Broch für zehn Monate im Grieshoferhaus ein, wo er im März 1938 verhaftet wurde. Auch er hat dort an einem Roman über ein Bergdorf gearbeitet („Die Verzauberung"), in das aber nicht der Tourismus einbricht, sondern ein völkisch-religiöser Massenwahn. Ein Faltblatt, das die Künstlerwege skizziert, bittet heutige Wanderer, die Wohnstätten nur von außen zu betrachten. Nicht einmal die „Schnitzler-Stube" in der Villa Fischerndorf Nr. 6 ist zugänglich.

In Fischerndorf beginnt der sieben Kilometer lange Seerundweg, den so viele Schriftsteller gegangen sind, oft gemeinsam, einige haben ihre Eindrücke in Zeilen geformt. Wanderer waren sie ja alle. Wassermann, seit 1923 Besitzer einer eigenen Seevilla, machte jeden Morgen seine Spaziergänge, stets in Gedanken versunken: „Von meinem zwanzigsten Jahr ab war das Wandern ein Teil meiner Existenz." Schnitzler verzeichnete fast alle Ausflugsziele in der Umgebung, vom Grundlsee auf der einen Seite bis zur Blaa-Alm auf der anderen, den Tressenstein und immer wieder die Runde um den Altausseer See.

In einem sehnsuchtsvollen Gedicht fragt der aus der Königsgartenvilla entflohene Friedrich Torberg noch 1942 im fernen Kalifornien: „Gelten noch die alten Strecken? / Streben Gipfel noch zur Höh? / Ruht im bergumhegten Becken / noch der Altausseer See?" Und noch 1985 in Los Angeles erinnert sich Gina Kaus, die 1938 wie so viele aus ihrem steirischen Paradies vertrieben wurde, an die Zwei-Stunden-Tour um den See, „über Wiesen und durch die Wälder" und an das Erlebnis der „völligen Übereinstimmung mit einer Landschaft". Ein zeitgenössischer Wanderführer zählt diesen Rundweg zu den klassischen Tourenprogrammen im Salzkammergut. Wo der Weg auf die Trisselwand zustößt und sich südwärts wendet, liegt eine liebliche Alm, Jausenstation und Schiffsanlegestelle.

Zurück nach Altaussee gelangt man über einen Weg, der nach Johannes Brahms benannt ist. An dessen ortnahem Ende, in der „Seevilla", waren einige der bekanntesten Klavierstücke entstanden und sogar uraufgeführt worden. Rainer Maria Rilke, damals bei einer „Cousine" zu Besuch, war als „irgendein junger Mensch" bei einer Wanderung, erzählt er, „auf so elementare Art vorwärts gestoben", dass er beinahe einen alten, starken Herrn, der behäbig den Abgang herunterkam, umgerannt hätte. Es war Brahms. Zusammenstöße oder Begegnungen mit Prominenten könnten dem Urlauber heute noch passieren; die Seevilla füllt eine ganze Prospektseite mit großen Gästenamen.

Im Literaturmuseum Altaussee, das im ehemaligen Kur- und Amtshaus mit täuschend ähnlichen Wachsfiguren und einem schönen Garten neu inszeniert wurde, erlauben Fotos, Briefe, Bücher, Aufsätze, Kritiken, persönliche Dinge eine intime Begegnung mit etlichen dieser schreibenden, malenden, komponierenden, singenden, darstellenden Künstler, die einst am großen Tintenfass versammelt waren. Gegründet hat dieses Museum ein Mann, der selbst der literarischen Würdigung wert wäre: der Gendarmerieinspektor Alois Mayrhuber. Als unermüdlicher Heimatforscher hat er die „Künstler im Ausseerland" ausgekundschaftet, ihr Wirken in Essays und Büchern beschrieben, Ausstellungen organisiert. Am 23. Februar 1984 wurden er und ein Postbeamter bei einem Raubüberfall ermordet.

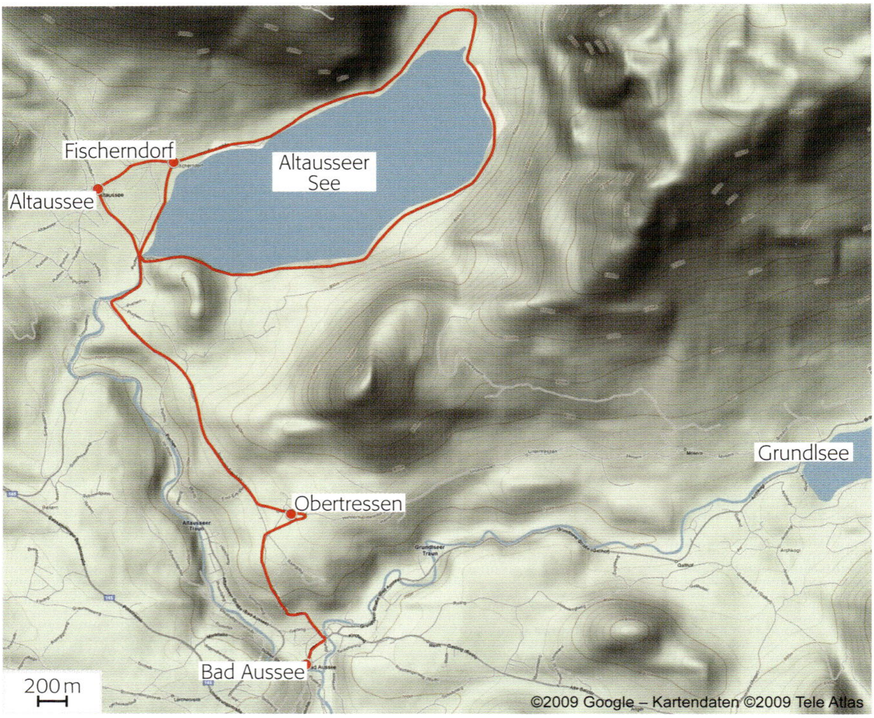

Auskunft: Tourismusverband Ausseerland, Tel. 0043 / (0) 3622 / 71643 • Literaturmuseum Altaussee, Tel. 0043 / (0) 664 / 444 10 69. Hier sind eine Broschüre „Via Artis" und Faltblätter mit Wegbeschreibungen und Künstlerverzeichnis erhältlich

Literatur: Alois Mayrhuber: Künstler im Ausseerland • Friedrich Langer: Ausseer Regenbüchlein • Dietmar Grieser: Nachsommertraum • Hermann Broch. Eine Biographie, Kommentierte Werkausgabe, 1975 – 1981, hrsg. von Paul Michael Lützeler, Frankfurt • Salzkammergut, Wanderführer

28. Ruhepunkt eines Ruhelosen

Mit Thomas Bernhard, Joseph Mohr und Heinrich Waggerl im Pongau

Jeden Tag sei er diesen Weg gegangen, bei Kälte mit Mantel und Wollmütze. Alois Reiter, Obmann des örtlichen Museumsvereins, erinnert sich noch gut an Thomas Bernhard. Mit ihm sang er im Kirchenchor, als jener schon der produktivste und zugleich umstrittenste Schriftsteller des modernen Österreich war.

Auf Spuren des Dichters Thomas Bernhard (1931 – 1989) wurde ein nach ihm benannter Dorfrundweg in St. Veit angelegt

Dies war dem kleinen Thomas gewiss nicht in die Wiege gesungen worden. Am 9. Februar 1931 wurde er als unehelicher Sohn des Tischlergesellen Alois Zuckerstätter im niederländischen Heerlen im Kloster für gefallene Mädchen geboren; sein Vater hatte sich „davongestohlen", seine Mutter war dorthin aus ihrem Dorf geflohen.

Auch das Leben des „Weltverbesserers" und „Untergehers" – typische Titel seiner vielen Dramen – war eine einzige Flucht. Ruhelos wanderte er zwischen Polen und Südspanien, wollte gar als Entwicklungshelfer nach Westafrika gehen, kaufte vielerorts in Österreich alte Häuser, die er nur sporadisch bewohnte. Immer wieder kehrte er aber zurück in ein kleines, hoch gelegenes Dorf im Salzburger Pongau, wo er Ruhe suchte und fand. Dreißig Jahre verbrachte er Urlaubstage in St. Veit. Immer zusammen mit Hedwig Stavianicek, die er seinen „Lebensmenschen" nannte, die er hier kennengelernt hatte und die ihn in die literarischen Zirkel von Wien einführte.

Vor einigen Jahren hat St. Veit seinem Stammgast einen Wanderweg gewidmet, heutigen Urlaubern zur Freude und zur Erinnerung an einen Dichter, der so erfolgreich und literarisch einflussreich und doch so unglücklich war. Einige Tage nach seinem 58. Geburtstag starb er im nahen Gmunden, wo es ein Thomas-Bernhard-Archiv gibt. Auch in St. Veit, im Seelackenmuseum, wurden drei Räume mit Bildern und anderen Erinnerungsstücken ausgestattet.

Das Museum liegt am zwei Kilometer langen „Thomas-Bernhard-Wanderweg". Dieser führt vom Parkplatz weg zunächst zur Heilstätte. Der 18-jährige, lungenkranke Kaufmannsgehilfe aus der Landeshauptstadt war dort zwischen Januar 1949 und Januar 1951 – „hilfesuchend mit nichts als der Hoffnungslosigkeit konfrontiert", berichtete er später in einer seiner schonungslosen Autobiografien. Um sich geistig am Leben zu halten, lernte er Italienisch und begann zu dichten. „Ich existierte nur, wenn ich schrieb."

Es waren noch recht pubertäre Gedichte, von denen einige in einer Salzburger Zeitung erschienen. Literarische Fingerübungen, so wie er musikalische Fingerübungen in der Pfarrkirche von St. Veit anstellte, wo er sich mit der älteren Stavianicek

In der Kirche von St. Veit übte sich der Patient aus der Lungenheilanstalt an der Orgel, dort freundete er sich auch mit zwei Frauen an

und mit der Organistin Anna Janka anfreundete. Einer jener Frühtexte liegt im Museum: „Die Erde geht im weißen Kleid / durch diese stille Weihnachtszeit. / Und auf dem neuen Silberschnee / träumt lang das wundersame Reh."

Idylle oder schon Satire? Viel später, 1981, schildert Bernhard seine qualvollen Erlebnisse in der Lungenheilanstalt Grafenhof in „Die Kälte – eine Isolation", während ihn das gegenüberliegende Schloss Schernberg, ein Pflegeheim für geistig und körperlich Behinderte, zu dem Lyrikband „Die Irren – die Häftlinge" anregte.

Zwar hat Bernhard die Aufführung und Veröffentlichung seiner Werke samt Nachlass, Briefen und sogar Zetteln noch zwei Tage vor seinem qualvollen Tod „innerhalb des österreichischen Staates, wie immer dieser Staat sich kennzeichnet", in seinem Testament rigoros verboten. Aber sobald dieses Testament einmal gelockert sei, hofft Museumsleiter Reiter, werde man auch die Lieder zur Aufführung bringen, die der „Kapellmeisterfreund" des Kranken, Rudolf Brändle, nach dessen Texten vertont hat. Gesungen hat er oft, später auch als Urlauber, in der Anstaltskapelle mit den hübschen Wandmalereien und der Kassettendecke.

Jedem Besucher zugänglich sind inzwischen auch das Thomas-Bernhard-Café in der heutigen Rehabilitationsklinik, an dessen Tür „Zehn Regeln für Gesundheitssportler" angeschlagen sind, und der Garten mit dem Forellenteich. Angehäuft ist ein

Berg von Sekundärliteratur: von der kulinarischen Bernhard-Lektüre bis zur Satire „Der Bernhardiner – ein wilder Hund".

Die Malereien stammen vom einheimischen Künstler Rudolf Holz, den Bernhard im Armenhaus von St. Veit kennengelernt hat. Ihn verewigte er in seinem Roman „Frost", der ihm den Durchbruch und den ersten von vielen Literaturpreisen brachte. Sein Förderer war Carl Zuckmayer, in dessen Henndorfer „Wiesmühl" der Bub Thomas immer Schokolade bekommen hatte. Nur ungern erwähnt Bernhard-Freund Reiter jenen Skandalroman, der im Kurort St. Veit und mehr noch im benachbarten Weng böses Blut gemacht hat. „Das ist kein guter Menschenschlag hier", lässt er den Maler im Wenger Wirtshaus über die Landbevölkerung sagen. „Ein hoher Prozentsatz der jüngeren Leute sitzt immer im Gefängnis."

Die Berge seien „ganz große Zeugen ganz großer Schmerzen", sagt der Maler auch. Im Süden der Hügel, wo die Urlaubsorte St. Veit, Weng und Goldegg liegen, ragt das Heukareck vor dem Nationalpark Hohe Tauern 2.000 m hoch wie ein Wachtturm auf. Wie Bernhard, Tbc-krank, auf der offenen Holzterrasse beobachtete, warf der Berg „vier Monate lang ununterbrochen seine Schatten auf das unter der Heilstätte liegende Tal von Schwarzach" .

Der Dichter und der „Staatsfeind" hat halt in seinem Leben alles immer nur schwarz gesehen. Obwohl er sich gegen Ende seines leidvollen Aufenthaltes in St. Veit „für das Gesundwerden entschieden" und dort einen Ruhepunkt in seinem ruhelosen Leben gefunden hat. Mag das Tal unten auch oft schattig sein, die Höhen sind es nicht. Immerhin empfehlen sie sich den Touristen heute als „Salzburger Sonnenterrasse".

Die poetischen Spaziergänge in Pongau lassen sich fortsetzen in Wagrain, nur zwanzig Autominuten von Schwarzach-St. Veit entfernt. Dorthin pilgern viele vor allem um Weihnachten zu einem Grab mit wunderschönem Gitterkreuz aus Schmiedeeisen direkt neben der frühgotischen Pfarrkirche. Hier ruht der Dichter des innigen Liedes „Stille Nacht, heilige Nacht", seinen Namen trägt die Schule gegenüber: Joseph Mohr. Ein paar Schritte weiter ist Karl Heinrich Waggerl begraben. Er war einer der meistgelesenen Schriftsteller Österreichs, aber auch ein Pionier und ein früher Kritiker des Fremdenverkehrs, der das Dorf inzwischen voll erfasst hat.

Wagrain ist heute Mittelpunkt eines riesigen Skiraumes. Acht Orte, wurden durch Skischaukeln miteinander vernetzt zur Skiarena „Amadé". Vor allem Wagrain nutzt den Namen des Salzburger Musikgenies, über dessen alpine Neigungen indes nichts bekannt ist: Das Erlebnisbad heißt „Wasserwelt Amadé" und die Gondelbahn „Flying Mozart".

Nur bei gründlicher Forschung lässt sich ein Bezug zwischen Mozart und Mohr herstellen. Das Weihnachtslied, das um die Welt gehen sollte, galt nämlich zuerst als anonym, nachdem es Lehrer Mohr geschrieben hatte, von seinem Freund Franz Xaver Gruber vertonen ließ und mit ihm zusammen zur Christmette 1818 in Oberndorf bei Salzburg gesungen hatte. Vom Leipziger Gewandhaus-Verleger Friese in einem Büchlein mit „Volksliedern aus Timi" aufgenommen, wurde Mozart als Urheber vermutet.

Heinrich Waggerl (1897 – 1973) in seinem blühenden Garten in Wagrain. Wie Bernhard war auch Waggerl lungenkrank

Als „ächtes Tyroler Lied“ trugen es die „Zillertaler Nationalsänger“ bis nach Amerika hinüber.

Am 11. Dezember 1792 als unehelicher Sohn des Salzburger Scharfrichters geboren, war Mohr erst 1837, noch ruhmlos, als Pfarrvikar nach Wagrain gekommen. Eine kleine Ausstellung an der Friedhofsmauer dokumentiert sein segensreiches Wirken als Vikar, Pädagoge und Sozialreformer. Er veranlasste den Neubau der Schule, in der sich damals die Kinder eine einzige Stube teilen mussten. Er sorgte durch Spenden und einen Ausgleichsfonds dafür, dass auch Kinder armer Leute sie besuchen konnten. Er setzte in der Kirche den deutschsprachigen Gesang durch. Anfang Dezember 1848 starb der Schöpfer des „Stille Nacht, heilige Nacht“ an Lungenlähmung, nachdem ihn, wie er schrieb, „die letzten Jahre meines Hierseyns schwer heimgesucht“ hatten. Die Schule und eine Straße sind nach ihm benannt.

Wird Joseph Mohrs „ewiges Lied“ heute nachweislich in 230 Sprachen gesungen, so sind die Bücher des Karl Heinrich Waggerl („Brot“, „Schweres Blut“, „Mütter“, „Liebe Dinge“ u.a.) in über ein Dutzend Sprachen übersetzt und in mehr als fünf Millionen Exemplaren verkauft worden. Waggerl, der 1923 wegen eines Lungenleidens aus dem Schuldienst ausgeschieden war, hat mit Reformideen versucht, dieses „kümmerliche Dorf“ zu einer Stätte des Geistes zu machen. Außerhalb der Schule wollte er die Jugend für „irgendetwas Großes, weithin Hallendes“ begeistern. Er gründete ein Theater, einen Fotoclub, den Skiclub und eine Spielzeugfabrik.

In seinem idyllischen Haus am Kirchboden – heute ein Museum mit Hörstationen und Video – hat Waggerl nicht nur gedichtet, sondern auch gemalt, gezeichnet, fotografiert (ein Akt löste vor kurzem noch einen kleinen Skandal aus), gebastelt und gesammelt. Auch für öffentliche Belange engagierte er sich, zeitweise als Bürgermeister. 1929 entwarf er die ersten Werbetexte und Prospekte für den Winterfremdenverkehr. Arbeitslose Wagrainer schleppten den Gästen das Skigepäck zur Koglalm. Heute bringt es der Ort, den Waggerl als „schönen, stillen Fleck Erde“ beschrieben hat, auf 5.500 der insgesamt 33.500 Gästebetten in der großen „Salzburger Sportwelt“ (der Name Amadé wurde abgelegt)und auf 20 ortseigene Lifte.

Bevor er am 4. November 1973 starb und auf dem Dorffriedhof beigesetzt wurde, mokierte sich Waggerl noch über die Hektik auf „beinharten Pisten“ und schwärmte in Erinnerung vom früheren Tourenskilauf, als man noch ausgezogen war, „den Winterwald nach seinen Geheimnissen zu durchforschen oder glückselig die erste Spur in den Pulverschnee eines Almbodens zu ziehen“. Das Leben und Wirken von Joseph Mohr in Wagrain dokumentiert eine eigene Abteilung im Waggerlmuseum.

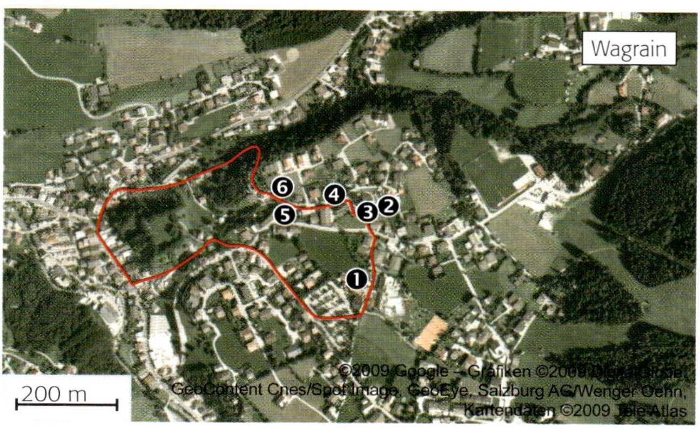

1. Waggerlkasterl
2. Grabstätte Mohr
3. Grabstätte Waggerl
4. Joseph-Mohr-Schule
5. Waggerl-Haus
6. Waggerl-Wiese

Auskunft: Tourismusverband Wagrain, Tel. 0043/(0)6413/84480 • Tourismusgemeinschaft Salzburger Sonnenterrasse, St. Veit, Tel. 0043/(0)6415/7488 • Das Seelackenmuseum mit den Thomas-Bernhard-Räumen ist im Winter nur für Gruppen nach Anmeldung geöffnet

Literatur: Thomas Bernhard: Die Kälte. Eine Isolation

29. Gebirge und Tal versöhnt

Mit Handke, Brecht, Trakl und Zweig auf Salzburger Stadtbergen

Wie ein grüner Kranz liegen sie um die Altstadt von Salzburg: der Rainberg, der Kapuzinerberg und der Mönchsberg, dem sich Festungsberg und Nonnberg anschließen. Allesamt „Inselberge", gebildet aus eiszeitlichen Aufschüttungen des Salzachbeckens, teils bewaldet, teils bebaut. Sie transportieren das Gebirge mitten hinein in die Großstadt, verleihen ihr, wie keiner sonst am Alpensaum, ein einzigartiges, unverwechselbar alpines Profil. Zwei dieser „Stadtberge" sind eng mit der Literaturgeschichte verbunden.

Der Mönchsberg wölbt sich in einer Länge von zwei Kilometern etwa sechzig Meter über der Altstadt. Den Anstieg sollte man am Treppchen hinter der 1453 geweihten Kirche im Stadtteil Mülln beginnen. Durch die Monikapforte, einer der ältesten Befestigungsanlagen der Stadt, erreicht man eine „Felsenbucht" und ein „kleines Gebäude, gemauert und doch budenhaft", wie der zeitgenössische Dichter Peter Handke den Übungsplatz der Salzburger Armbrustschützen schildert. Gleich danach umfängt den wandernden Spurensucher ein lieblicher Laubwald, die geschäftige Stadt entschwindet seinem Blick.

„Der Chinese des Schmerzes", so Handkes Romantitel, stellt denn auch fest: „Überhaupt hat der Berg, auch wenn er allseits von der Stadt umgeben ist, ganz und gar nichts von einem ‚Stadtberg': einmal von den Spaziergängern verlassen, versetzt der Felsrücken… zurück in die Wildnis." Auf der Karolinenhöhe, 506 m über dem Meer, entdeckt der fiktive Lehrer Loser an einer Buche ein Hakenkreuz; wütend schlägt er den Schmierer mit einem Stein nieder und beseitigt die Leiche. Der 1942 in Kärnten geborene Handke, der sich als hiesiger „Orts-Schriftsteller" begriff, hatte von 1979 bis 1988 am Mönchsberg 17 gewohnt, im sogenannten Konstantinturm.

In diesem weinumrankten, etwas verfallenen Gemäuer und im Haus Nr. 18 daneben haben sich viele Dichter die Türklinke in die Hand gegeben. Peter Rosegger, Hermann Bahr, Richard Billinger, Stefan Zweig und Joseph Roth waren hier Gäste des wohlhabenden Salzburger Schriftstellers Alois Grasmayr. Nach dem Zweiten Weltkrieg wohnte Gottfried von Einem, der auch Opern für die Festspiele schuf, in diesem „Elfenbeinturm". Er war es, der den damals noch in Zürich lebenden Bertolt Brecht als Mitarbeiter für sein „Großes Welttheater" gewinnen und an die Salzach holen wollte, in sein Haus auf dem Mönchsberg.

Tatsächlich hatte der USA-Heimkehrer im Oktober 1948 (Tagebuchnotiz: „stadt wirkt ausgepowert, erschöpft") und im Sommer 1949 bei dem befreundeten Musiker seine Zelte aufgeschlagen, um sich Papiere zu besorgen und am „Salzburger Totentanz" zu schreiben. Brecht wollte sich, noch als er in Ost-Berlin wohnte, endgültig in Salzburg niederlassen. Er bekam auch 1950 die österreichische Staatsbürgerschaft (und behielt sie bis zum Tod), die Übersiedlung aber wurde ihm durch üble Stimmungs-

Salzburg, Blick über die Salzach auf den Kapuzinerberg

mache Wiener Kulturträger, voran Hans Weigel und Friedrich Torberg, dann doch verleidet. Erst 1968 wurde Brechts (bisher wenig bekanntes) Mysterienspiel von der alternativen Salzburger „Sommerszene" uraufgeführt.

„Wo im Schatten herbstlicher Ulmen / der verfallene Pfad herab steigt", da steigen wir auch – das beliebte Aussichtscafé Winkler passierend – direkt über den Dächern der Festspielhäuser vom Mönchsberg herab. Der Pfad ist mit Versen von Georg Trakl markiert. Er endet im stimmungsvollen Friedhof von St. Peter (mit anschließendem Felsenbierkeller). Hier unten wieder ein angerissenen Text von Trakl, der als Lehrling in der nahen Engel-Apotheke seine ersten Gedichte geschrieben hatte: „Ringsum ist Felseneinsamkeit / Des Todes bleiche Blumen schauern / Auf Gräbern, die im Dunkel trauern / Doch diese Trauer hat kein Lied." Im Alter von nur 27 Jahren hat sich der Dichter das Leben genommen.

290 Stufen führen auf dem Stefan-Zweig-Weg zum ehemaligen Kloster

Um zum zweiten Salzburger Dichterberg zu kommen, durchquert man nun das barocke, verkehrsfreie Herz der Stadt – Kapitel-, Dom- und Residenzplatz, Alter Markt, Rathausplatz – und geht über die Staatsbrücke ein kurzes Stück die Linzer Gasse hinauf. Bei Hausnummer 14 zweigt ein Gässchen ab, das sich auf den 638 m hohen Kapuzinerberg hinauf windet. Die Salzburger nennen es nach wie vor „Prügelweg". Erst 1995 und nach peinlichem Zögern der Verantwortlichen hat der alte, steile Karrenweg den Namen des Dichters Stefan Zweig bekommen.

Der Weg führt mit 290 Stufen zum gelben Haus Nr. 5. Der bereits sehr erfolgreiche Stefan Zweig hatte das sogenannte Trompeter- oder Paschinger-Schlößl 1919 von einem Kriegsgewinnler erworben. Salzburg erschien ihm als „der richtige Abstoßpunkt nach Europa". Und in einem Rückblick pries er seine Wahlheimatstadt: „Gebirge und Tal söhnten sich in ihr friedlich aus." Jedoch: Salzburgs Verhalten zur persona Zweig war nach 1945 lange Zeit ebenso schäbig wie zu Brecht.

Salzburg-Panorama mit umliegenden Bergen

Um das Haus auf dem Kapuzinerberg (das heute unzugänglich ist) ranken sich unschöne Geschichten. Hier schrieb Zweig den größten Teil seiner Werke, hier kämpft er zusammen mit anderen Intellektuellen für die „geistige Einheit Europas", hier hatte der Chronist der „Welt von gestern" seine Kollegen Hofmannsthal, Wassermann, Werfel, Wells, Joyce, Emil Ludwig, Thomas Mann und namhafte Musiker zu Gast. Bis ihn 1934 der Austro-Faschismus aus Österreich vertrieb. 1942 nahm sich der empfindsame Dichter zusammen mit seiner Frau im brasilianischen Exil das Leben. (Siehe auch das Kapitel 10.)

Vorbei am Kapuzinerkloster, vor dem immerhin eine Stefan-Zweig-Porträtbüste steht, kommen wir auf der Imbergstiege wieder hinunter ans Salzachufer, genau am Hotel Stein, Giselakai 5. Joseph Roth hatte hier lange sein Salzburger Quartier, Zweig zahlte dem alkoholkranken Kollegen die Miete. Nebenan, am Haus Nr. 9, erinnert eine Gedenktafel daran, dass hier am 11. Dezember 1792 Joseph Mohr geboren wurde; als rebellischer Schullehrer in Oberndorf schrieb er den Text für das schönste aller Weihnachtslieder: „Stille Nacht, Heilige Nacht."

1. Kirche im Stadtteil Mülln
2. Armbrustschützenstand
3. Mönchsberg 17 (Konstantinturm)
4. Friedhof St. Peter
5. Kapitelplatz
6. Domplatz
7. Residenzplatz
8. Alter Markt
9. Rathausplatz
10. Linzer Gasse
11. Stefan-Zweig-Weg am Kapuzinerberg
12. Hotel Stein

Auskunft: Literaturhaus Salzburg, Tel. 0043 / (0) 662 / 42 24 11

Literatur: Salzburger Literatouren, 2001

Italien

30. Das Tor zum Süden

Mit Fürsten und Dichtern über den Brenner nach Sterzing und Bozen

Wasserscheide, Wetterscheide, Völkerschleuse, Staatsgrenze, niedrigster und bis heute wichtigster Alpenübergang: der Brenner, 1.375 m über dem Meer. 802 führten jüdische Händler einen Elefanten, ein Geschenk des Kalifen Harun-al-Raschid an Karl den Großen, über diesen Alpeneinschnitt nach Aachen. Als Kaiser Otto I. um die Mitte des 9. Jahrhunderts zur Krönung nach Rom zog, konnte er bereits eine vom römischen Kaiser Maximinus gut ausgebaute Passstraße benutzen. Es folgten weitere Krönungsreisen und nicht weniger als 77 Heerzüge deutscher Fürsten über diesen Einschnitt im Alpenhauptkamm.

Im Mittelalter ergoss sich ein großer Teil des Handelsverkehrs zwischen Augsburg und Venedig durch das Dorf Brenner (der Name ist abgeleitet von einem Keltenstamm, den die Historie abwechselnd als Brecconen, Breuni oder Brenni bezeichnet). Doch schon seit dem Ende des 15. Jahrhunderts strömten auch Forschungsreisende, Maler (Dürer schuf 1494 jenseits des Brenner seine ersten Landschafts-Aquarelle) und namhafte Dichter durch das „Hochtor zum Süden" und die Talfurche des Eisack.

Dem Verfasser der berühmten „Essays", Michel de Montaigne gefiel es auf dem Brenner noch „sehr gut, weil die Landschaft so abwechslungsreich war," wie er (oder sein Sekretär) im Reisetagebuch von 1580 notierte. „Der Staub aber, unser ständiger Wegbegleiter auf dem Weg über den Pass, hing schwer in der Luft und war fast unerträglich." Ohne Halt fuhr er weiter bis Sterzing, wozu er zehn Stunden brauchte.

Das Abendessen und vor allem die Weißweine schmeckten dem französischen Winzersohn ebenfalls „sehr gut". Lobend erwähnt Montaigne, die getäfelten Speise- und Schlafzimmer. In der Bischofsstadt Brixen bewundert er zwei schöne Kirchen und die Holzbrücke über den reißenden Gebirgsfluss. Dabei hatte man ihn zuhause in Bordeaux (dessen Bürgermeister er bald wurde) vor dem „schwierigen Alpenübergang" gewarnt, vor „seltsamen Sitten und Gewohnheiten" der Bergbewohner, vor „barbarischen Unterkunftsmöglichkeiten".

Zahllose Fürsten, Dichter und andere Reisende haben die schöne Stadt Sterzing im Laufe von Jahrhunderten durchquert

Am 9. September 1786 speiste im Posthaus auf dem Brenner ein Reisender, der eigentlich übernachten wollte (eine Tafel am Eingang erinnert an ihn). Doch der Posthalter brauchte die Pferde am nächsten Morgen zum Einfahren von Heu. Deshalb machte sich der Fremde, der unter dem Namen Philipp Moeller reiste, in Wirklichkeit aber Johann Wolfgang von Goethe hieß, noch um 7 Uhr abends wieder auf den Weg. Trotzdem war der 37-jährige Geheime Legationsrat aus Weimar wohlgemut, er wollte ja so schnell wie möglich sein Traum-Arkadien erreichen.

„Die Atmosphäre ward Herr der Wolke und der Abend gar schön," setzte er ins Tagebuch. Gar bald aber schlief der Postillon ein. Ohne seine Lenkung liefen die Pferde „den schnellsten Trab bergunter", sie kannten den Weg. Die Passstraße hatte Kaiserin Maria Theresia 1777 derart ausbauen lassen, dass sie nicht nur für Saumtiere, sondern auch für Wagen ganz gut befahrbar war. So rollte denn die Geisterkutsche Goethes in nur zwei Stunden nach Sterzing. Um Mitternacht war man in Mittewald, kurz vor Gossensaß. Goethe fand „alles in tiefem Schlafe, außer dem Postillon", der ihn im Wachzustand gleich weiter kutschierte nach Brixen und Kollmann. Freilich tat es ihm leid, „diese herrlichen Gegenden mit der entsetzlichen Schnelle und bei Nacht wie im Fluge zu durchreisen" (siehe Kapitel 39).

Am Abend des 4. Dezember 1840 fuhr Hans Christian Andersen „in der Diligance den Berg hinauf". Um 12 Uhr nachts passierte er den Brenner. Der Mond ließ die

Eisblumen am Fenster strahlen. Doch der Märchendichter aus Dänemark spürte die Kälte kaum, weil der Kutscher den Wagen mit Heu angefüllt hatte. Andersen steckte die Füße hinein, über die er isländische Strümpfe gezogen hatte. Auch wärmte ihn der Gedanke an Italien, dem die Kutsche entgegenrollte. „Und doch froren dem Postillon Wangen und Nase derart, dass sie dieselben Farben hatten wie die Morgenwolke."

Eine „herrliche Sommernacht" hingegen erlebte Ludwig Steub, als er 1848 mit dem Postwagen „über den weltberühmten Brenner" fuhr. Dorf, Kirche und Posthaus erwarteten ihn „in mondbeglänzter Zaubernacht". Schlummernd nun fuhr der bayerische Advokat und Alpen-Poet hinunter nach dem „alten, gotischen Gossensass, wo einst die großen Bergwerke, die ältesten Tirols, betrieben wurden". In Sterzing wachte er auf und ging, die Anschluss-Postkutsche erwartend, „in der geisterhaft schimmernden Hauptstraße auf und ab". Hinter Brixen schauten dann schon „die Kastanien und Weinreben als Vorboten des Südens zum Wagenfenster herein".

Am 21. Dezember 1867 wollte der Reiseschriftsteller Heinrich Noé von Innsbruck nach Bozen fahren, mit der kurz zuvor erst eröffneten Eisenbahn. Doch die war wegen Schneewehen und Lawinen drei Tage lang stillgelegt. „Des müßigen Wartens satt, machte ich mich endlich auf, die Brennerhöhe zu erreichen, bis nahe wohin die Wagenzüge von Süden her verkehrten." Doch er fand überall am Wegesrand nur andere „Schiffbrüchige", die sich gefoppt fühlten, und schließlich auf den Schienen „einige grün angestrichene Bretter, welche dort aus einem Schneehaufen hervorschauen", sowie Soldaten aus Franzensfeste beim Schneeschaufeln.

Sieben Sommer verbrachte Henrik Ibsen, während er in München wohnte, in Gossensaß. Das Pflerschtal erinnerte ihn mit seinen steilen Felsregionen an die Fjordlandschaft seiner norwegischen Heimat. Im Gasthof der Familie Gröbner, mit der er sich anfreundete, schrieb er schon beim ersten Aufenthalt 1876 sein Stück „Stützen der Gesellschaft", weitere wichtige Werke folgten im „Schweizerhaus".

Penibel wie er war, stand Ibsen täglich um halb 7 Uhr auf, um erst mal Tintenfass und Feder im Dorfbrunnen zu reinigen. Am liebsten arbeitete er nachts, bei einem oder zwei Glas Wein oder Schnaps. Tagsüber pflegte er, immer in Samtrock und Zylinder, spazieren zu gehen, vorzugsweise am Eisack oder am Pflerscherbach entlang, gedankenverloren, redefaul, oft mit Kieselsteinen spielend. Die Dörfler kannten ihn bald als „Bachmandl".

Inzwischen war er so berühmt und nicht zuletzt dank seiner florierte der Kurort dermaßen, dass man einem Bergwaldplätzchen oberhalb des Kreuzbachls seinen Namen gab. Nachdem man den 62-jährigen, etwas gehbehinderten Ehrengast bei seinem Besuch im Juli 1889 mit einer Sänfte hinauf getragen und mit Musik und Ansprachen gefeiert hatte, lernte er in seinem Stammhotel die 27-jährige Wienerin Emilie Bardach kennen und lieben, er kostete den „Maisommer eines Septemberlebens" bis zur Neige, er wollte sie zu seiner „Mitarbeiterin" machen.

Doch die Ankunft von Ehefrau und Sohn machte der Affäre ein abruptes Ende. Ibsen brachte sein verehrtes Fräulein noch zum Bahnhof und schrieb ins Stammbuch:

Bozen ist die Hauptstadt Südtirols und seit dem frühen Mittelalter die wichtigste Durchgangsstation aller Italienreisenden

„Hohes schmerzliches Glück – um das Unerreichbare zu erringen." Emilie fand sich 1892 verewigt in „Baumeister Solness", dann auch in „Wenn wir Toten erwachen" und, zusammen mit der Gattin und anderen Urlaubsbekanntschaften, in Ibsens Hauptwerk „Hedda Gabler". Noch im hohen Alter erinnerte sie sich an eine gemeinsame Wanderung „im Schneegestöber gegen den Brenner".

„Frischen Schnee" fand auch Otto Julius Bierbaum auf dem Brenner. Der Lyriker und Redakteur aus München saß 1902 jedoch bereits im Automobil und guckte voll Mitleid hinüber zu den Leuten, die sich weiterhin der Eisenbahn anvertrauten, „nur weil sie die Möglichkeit haben, damit schnell vorwärts zu kommen". Die schwarzen, geschlossenen Wagen kamen ihm vor wie „aneinandergekoppelte, rußige Käfige". In Franzensfeste spürte Bierbaum bereits warme Winde als „Anhauch des Südens". Zwischen Brixen und Bozen endlich, stimmte er mit Steub überein, „vereinigt sich der Reiz der nördlichen Landschaft mit dem der südlichen".

Abseits der Autobahn, längst die Hauptschlagader der Ostalpen, lassen sich die Wege jener Dichter und einige Relikte aus ihrer Zeit (Gasthöfe, Poststationen, Festungen, Hospize) immer noch aufspüren und besichtigen, sobald man einmal herausgefunden hat aus dem – seit Öffnung der EU-Grenzen noch hässlicher gewordenen – Ort namens „Brennero" mit seiner planlosen Ansammlung von Rangiergleisen, Lokomotivremisen, Bunkern, verlassenen Wohn- und Dienstkasernen von Zöllnern und Carabinieri, mit nagelneuen Outlet-Centers, Supermärkten und allerletzten Ramschbuden.

Etappenweise, meist störfrei und beschaulich wandert der literarische Spurensucher auf dem teilweise neu angelegten Jakobsweg vom Pass über das totenstill gewordene Brennerbad (wo zur Zeit wieder nach lukrativem Thermalwasser gebohrt wird), dann der Bahntrasse entlang über Gossensaß (hier gibt es ein Henrik-Ibsen-Museum, während das Grandhotel Gröbner 1945 nach einer Explosion amerikanischer Munition abgebrannt ist) zum historisch wie kulturell bedeutsamen Drehkreuz Sterzing; von Brixen bis Waidbruck empfiehlt sich auch der sehr schöne Keschtenweg über das hoch gelegene Feldthurns und das sehenswerte Kloster Seben. Bis Bozen wären ab Brenner, ohne lohnende Abstecher und Umwege, insgesamt knapp 90 Kilometer zu gehen – oder auch streckenweise zu fahren.

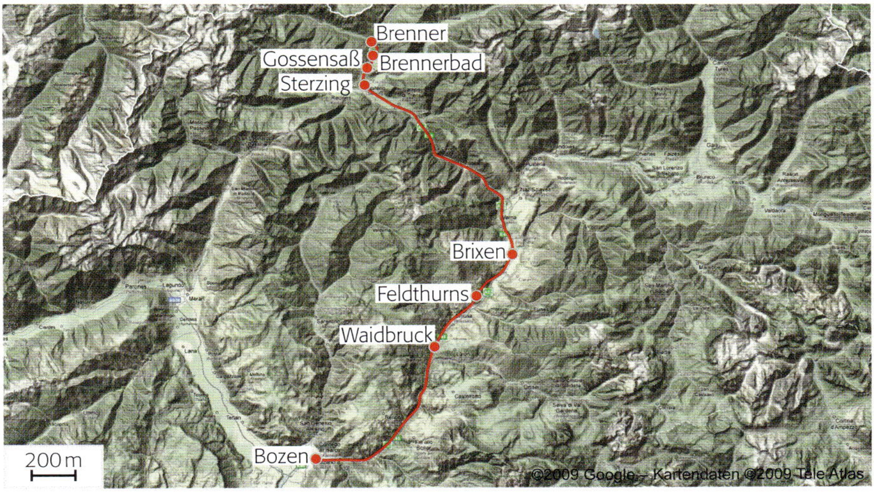

Auskunft: Tourismusverband Sterzing, Tel. 0039/(0)472/765325

Litreratur: Schlandt/Haberler: Tirol in alten Reisebildern, 1973 • Uwe Oster: Wege über die Alpen, 2006 • Guido Seyerle: Der Goethe-Weg über die Alpen, 2006 • Robert Fergurson: Henrik Ibsen Biographie, 1998 • Günther Ennemoser, Rede zum 100. Geburtstag von Henrik Ibsen am 23. Mai 2006 in Gossensaß • Heinrich Noè: Erzählungen und Bilder, 1873

31. Lieber Tirol als Thron

Mit dem Sachsenkönig Friedrich August III. von der Seiser Alm zur Sella

König Friedrich August III. von Sachsen (1865–1932)

Beide hießen Friedrich August, beide waren Sachsenkönige, beide liebten und bewanderten die Berge, beide wurden von privaten Schicksalsschlägen heimgesucht. Friedrich August II. (1797–1854) bestieg verschiedene Gipfel der Hohen Tatra und der Julischen Alpen und – um das Geheimnis des fließenden Eises zu erkunden – den Unteraargletscher in den Berner Alpen; in Tirol verunglückte er tödlich.

Sachsens letzter, sehr beliebter König war wohl noch um einiges besessener von den Bergen der Welt. Schon als Kronprinz hatte er vier Kontinente bereist, von Südbrasilien bis zum heutigen Sri Lanka. Ein Schädelbasisbruch, den er 1899 bei einer Parforcejagd erlitt, und die Scheidung von seiner Frau, der österreichischen Erzherzogin Luisa, die im Dezember 1902 mit einem belgischen Prinzenerzieher durchgebrannt war, hinderten diesen Friedrich August nicht, in jeder Sommersaison nach Tirol zu fahren. Er intensivierte seine Bergtouren sogar noch, nachdem er 1904 König geworden war.

Dicht an der Südgrenze der damaligen k.u.k. Monarchie, auf der Seiseralmhütte (ein Nachbau, 1.900 m, steht heute Selbstversorgern offen), hatte er seinen Hauptstützpunkt. Im südlichen Tirol besaß er zudem einige Blockhütten. Bei längeren Bergwanderungen übernachtete er mit seinen Freunden auch gern in Hütten des (1869 gegründeten) Alpenvereins.

Der König war Ehrenmitglied der Sektionen Leipzig und Dresden. Seine größte alpinistische Leistung hat er eigenhändig am 25. Juni 1913 in einem Hüttenbuch vermerkt: „Besteigung des Cevedale bei herrlichem Wetter, trotzdem am Tage vorher ein sibirischer Schneesturm herrschte.“ Der dreigipflige Berg in der Ortlergruppe ist immerhin 3.757 m hoch. Ein weiteres Ziel war eine Hütte auf dem Montasch in den Julischen Alpen.

Um unterwegs unerkannt zu bleiben, übte er stets größte Zurückhaltung, was Verhalten, Begleitung und Bekleidung betraf. Dieser Herrscher war ein Mann des Volkes, das seine Freundlichkeit sogar in Gassenhauern würdigte. Mit Seinesgleichen verkehrte er gleich leutselig; so soll er bei einem Manöver dem Kaiser lauthals verkündet haben, er müsse mal – sächsisch ausgesprochen – „binkeln“. Sachsen galt als „rotes Königreich“, nirgendwo sonst im Reich, außer in Hamburg, gab es mehr SPD-Wähler.

Friedrich August III. war auch ein Freund des Friedens. Sogar in den Krisentagen vor Ausbruch des Ersten Weltkrieges zog es dieser Monarch vor, tagelang in den Tiroler Bergen herumzusteigen, mit Hüttenübernachtungen im Ahrntal und – wovon so-

Leuchtende Dolomitentürme, auf dem historischen Bild von der Seiser Alm aus zu sehen

gar ein Foto existiert – im Stubaital, meist in Begleitung des männlichen Teils seiner siebenköpfigen Kinderschar. Als ihm im November 1918 die Revolution gemeldet wurde, soll er mit dem berühmt gewordenen „nu, dann macht doch eiern Dreck alleene." seine Abdankung erklärt haben.

Eine Wanderung auf den Spuren dieses Sachsenkönigs (der im Gegensatz zu anderen fürstlichen Bergsteigern leider keine Aufzeichnungen hinterlassen hat) starten wir am besten auf der Seiser Alm. Auf dieser größten und heute wohl auch beliebtesten Hochalm Europas hatte Friedrich August nach 1900 mehrmals Aufenthalt genommen und meist ausgedehnte Dolomiten-Touren begonnen. Von der Bushaltestelle Saltria (1.690 m) bringt uns ein Lift zur Williamshütte (2.100 m). Über die Zallinger Hütte steigen wir auf zum Plattkofel auf dem Fassajoch (2.301 m), wo wir den Friedrich-August-Weg erreichen.

Der König hatte 1910 angeregt, diesen alten Hirtenpfad an der Südflanke des Langkofelmassivs für Touristen auszubauen und zu markieren. Generationen von Bergfreunden haben ihn inzwischen als wahren Königsweg erlebt. Mit sanftem Auf

Die drei Söhne des Sachsen-Königs Friedrich August III., mit einem Bergführer

und Ab führt er immer an den besonnten, grünen Hängen entlang, öffnet immer wieder den Blick auf Felstürme und tiefe Täler. Eine Genusstour mit einem sagenhaften Panorama, das die komplette Dolomiten-Szene zwischen Rosengarten, dem Felsturm der Sella und der (noch) permanent weißen Krone der Marmolada im Hintergrund umgreift.

„Friedrich August III., König und Bergsteiger, 1865–1932" lesen wir auf einem Schwarzweißbild im mühelos erreichten Rifugio Federico Augusto (2.298 m). Die erst 1974 erbaute Privathütte hat 55 Schlafplätze, sie wird in jedem Dolomiten-Führer lobend erwähnt. Bergsteiger finden nahebei Routen bis zum 6. Grad. Uns bleibt nach der Stärkung noch ein leichter Aufstieg zur Forcella Rodella. An diesem Pass endet der Friedrich-August-Weg und wir könnten nach etwa zwei Stunden Gehzeit (ohne Aufenthalte) in Richtung Seiser Alm zurückgehen.

Doch es bieten sich etliche Varianten an. Etwa der kurze, leichte Abstieg zur Sellajochhütte (2.180 m), wo auch die Busse aus dem Grödnertal halten. Von dieser Passhöhe aus wäre eine volle Umrundung des Langkofels (3.181 m) über die Comici-Hütte möglich (was bis zum Fassajoch etwa vier Stunden dauern würde). Mit Hilfe einer Gondelbahn könnte man auch über die – bei Extremskifahrern beliebte – Lang-

kofelscharte nach Saltria zurückgehen (was sechs Gehstunden bedeuten würde). Auf jeden Fall empfiehlt sich vom Sellajoch aus ein gut einstündiger Spaziergang in die „Steinerne Stadt", einem Gewirr aus abgestürzten, hausgroßen, mit Zirben bewachsenen Felsbrocken.

Der Langkofel bei Sonnenuntergang, oft gemalte und fotografierte Kulisse der Künstler

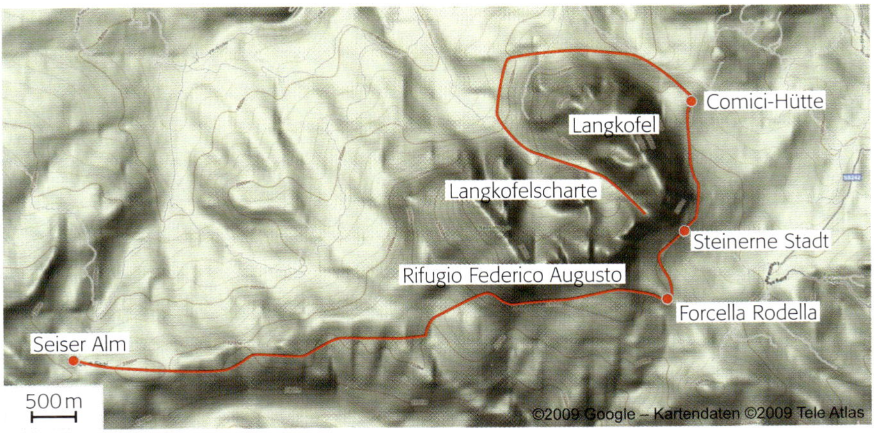

Auskunft: Seis am Schlern, Tel. 0039 / (0) 471 / 70 70 24 • Friedrich-August-Hütte, Tel. 0039 / (0) 462 / 76 49 19

Literatur: Walter Fellmann: Sachsens letzter König, 1994 • Albrecht Kittler, Der sächsische König Friedrich August III. als Bergsteiger, Dresden 2008 • Franz Hauleitner, Dolomiten, 1985 • Hans Kammerlander und Hanspaul Menara, Genusswandern in Südtirol, 2003 • Reinhardt Kuntzke, Wandern in den Dolomiten, 1999

32. König Laurins Felsengarten

Eine poetische Bergtour vom Rosengarten zum Karersee in Südtirol

Sanft schwebt der Sessellift über die Hochalm. Schon die Auffahrt zum Höhenweg ist ein Hochgenuss. Links der Skinhead des Schlern, rechts die Zinnen des Latemar, hinter uns das Bozner Becken und die lange Kette der Sarntaler Alpen. Frontal, atemberaubend nah: der Rosengarten, die Krone der Dolomiten. Noch umhüllen Wolkenschleier ihre bizarren Zacken. Noch liegt Schatten über der Westflanke, die erst am Abend das berühmte Glühen bis Bozen hinein bringen wird.

Unter den letzten Lärchen vor der Kölner Hütte (2.339 m) empfängt uns ein köstliches Kuhglockenkonzert. Die Ouvertüre zu einer sagenhaften, literarischen Bergtour. Fremdartig mutet es zuerst an. „Keisersmorn" offeriert heute die Hütte an der Bergstation in einem Mix der beiden Sprachen, die hier aneinander stoßen. „Nit bliwe staan", mahnt ein Holländer seine Begleiterin unter einem riesigen Geröllfeld zum schnellen Weitergehen. „Rolling Stones", könnte die Warnung auch heißen.

Aus Felswänden, die wie in einem Grand Canyon durch vielfarbige Schichten aufgebaut sind, quillt überall Wasser. Kare und Klüfte bilden die Kulisse einer Szenerie von einzigartigem Reiz. Gewiss gehört der Hirzelsteig zu den schönsten Höhenwegen Südtirols. Benannt hat ihn Welschnofen in Dankbarkeit nach dem Leipziger Kaufmann Dr. Georg Hirzel, der viel Geld für den Ausbau von Höhenwanderwegen und für den Wiederaufbau des 1910 abgebrannten Grand Hotels am Karersee spendiert hat. Sanft abfallend führt der seit dem Morgen besonnte Steig sieben Kilometer lang bis zum nächsten Lift mit Hütte immer knapp unter den Schrofen des Rosengartens.

König Laurins Felsengarten. Seine Zwerge sollen hier ihr Unwesen getrieben haben, sogenannte „Pigmäer", am Karersee trieb es eine Nixe. Voller Sagen sind die Chroniken von Welschnofen. Unter der Rotwand (2.806 m), wo Kletterer in klassischen Posen zu beobachten sind, lässt sich eine davon nachempfinden: Auf der früheren Alm habe einmal ein „Felsmännlein" um Nachtquartier gebeten, sei aber abgewiesen worden und habe ein schweres Unwetter herbeigeflucht; seither gibt es keine Rotwandalm mehr, keine grünen Felder, nur noch nackte Felsen. Auch klafft in der Rotwandspitze ein Loch, in das der Teufel eine „lasterhafte Weibsperson vertragen" hat, steht im ersten Gebietsführer von 1899.

Solche Landschaften haben in der vortouristischen Zeit die Menschen im Gebirge eher geschreckt als gelockt. Die Schlucht neben der Lifttrasse, so die Wanderkarte, heißt immer noch „In der Höll". Doch seit Langem ist diese Bergwildnis, die bei einem Wutausbruch des Zwergenkönigs entstanden sein soll, bestens erschlossen durch Panoramastraßen, Aufstiegshilfen (kleineren Formats), Wanderbusse, Klettersteige. Der einst so schreckeneinflößende Rosengarten ist, wie der Name suggeriert, lieblich geworden.

Schreckliches soll sich auch drüben am Latemar zugetragen haben. Die nicht minder berühmte Berggruppe kommt voll ins Blickfeld, wenn man an der Paolinahütte

Das hoch gelegene Dorf Welschnofen am Fuße der viel besungenen Gebirgsgruppe des Rosengarten

(2.125 m) in den Abwärtslift steigt. Wo Geröllhalden und Lahnen gegen Norden abfallen, sollen die Welschnofener in frühen Zeiten bei der Viehweide ein lustiges und lasterhaftes Leben geführt haben. Weshalb Blitz, Hagel und Erdbeben ihre saftigen Almen mit Mann und Vieh zerstörten und die wilde, heute sogenannte „Gepleng" hinterließen über dem Karerpass.

Eine moderne, deutlich italienisch dominierte Siedlung ist in jüngerer Zeit dicht unter dem 1.745 m hohen Karerpass gewachsen. Ihr Kristallisationskern ist das aus dem Jahr 1896 stammende Grand Hotel. Längst ist es eine exklusive „Residence" mit Apartements, Hotelservice und Sportanlagen. Reste der historischen Einrichtung und große Namen in den Gästebüchern lassen immerhin die Welt von gestern erahnen, den Beginn eines sehr gehobenen Alpentourismus.

Arthur Schnitzler, der immer wieder aus Wien kam, hat diese „dekadente Gesellschaft", diese „fröhliche Apokalypse" in einem seiner Bühnenstücke beschrieben. Karl May, Gast aus Radebeul, hat die Eggentaler Schlucht, durch die jetzt eine immer noch aufregende Autostraße führt, in den „Schluchten des Balkans" und das Tschamintal bei Tiers, wo jetzt ein Steinadler seinen Horst hat, im „Land des Tschamikin" zum Vorbild genommen.

Agatha Christie, die Krimi-Königin aus London, hat das „Hotel im Tannenwald", das „Felsenlabyrinth" des Latemar und die „ganze wildromantische Landschaft" – wie in einer der vielen Sagen – in „Die großen Vier" nachempfunden: „Kreuz und quer wanden wir uns durch die zahllosen Schluchten hindurch, der Ort glich einem Irr-

Der grandiose Karersee, eine Perle Südtirols. Das einstige Grand Hotel (unten) hat sich längst in eine betriebsame „Residenz" mit vielen Eigentumswohnungen und Hotelservice verwandelt

garten, der von einem Teufel erdacht zu sein schien." Zum Malen, nicht zum Schreiben war der Hotelgast und britische Ex-Premier Winston Churchill im August 1949 hinuntergewandert zum Karersee. Der liegt einen Kilometer entfernt auf 1.520 m Meereshöhe im Wald, durch den Venedigermännchen ihr Gold schleppten. „Ein bunter Märchenspiegel, die Perle von Tirol", schwärmte der Südtiroler Heimatforscher Karl Felix Wolff. Der Perle mangelt es manchmal an Wasser; die bleichen Berge Südtirols dürsten.

Überstrahlt wird der Glanz der guten alten Zeit im Grand Hotel von einem Gast: der Kaiserin, Alpinistin und Dichterin Elisabeth von Österreich, die in den Tiefen von Bergseen ihre Seele mit lyrischer Wehmut gespiegelt sah. Ein Jahr nach der Hoteleröffnung und ein Jahr vor dem tödlichen Anschlag eines Anarchisten am Ufer eines anderen Alpensees hatte Sisi den Sommer 1897 am Karersee verbracht. Auf ihren Wanderungen begleitete sie der Bergführer Georg Huck, hierorts bekannt als „Strutzerjörg" und von der Kaiserin „Seppl" genannt. Als sie in einen Kuhfladen trat, knurrte der Tiroler: „Du muasch holt aufpassn, wo du hinschteigst, auch wenn du a Kaiserin bisch."

Wir steigen ihr nach auf ihrem Lieblingswanderweg. Er heißt heute „Elisabeth-Promenade“ und führt vom Grand Hotel Karersee über die Pension Simhilde, die an eine vom Zwergenkönig Laurin geraubte Adelstochter erinnert, den Gasthof Schönblick (alte Meierei), ebenfalls eine Jausenstation, vorbei zum ehemaligen Zenayhof. An ihrem „Lieblingsaussichtspunkt“ hat man der Kaiserin zehn Jahre nach ihrem Besuch ein Denkmal gesetzt. Das Wortteil „Aussicht“ trifft heute nicht mehr in vollem Ausmaß zu, denn der schöne Blick ins Bachtal ist halt dem Wanderer inzwischen durch hochgeschossene Bäume verwehrt. Doch gibt es rundum noch genug Schönes zu sehen – und in der Literatur nachzulesen. Wenn man Glück hat, leuchtet sogar der Regenbogen, den der verliebte Zauberer für die Nixe von den Türmen des Latemar in den Karersee gespannt hat.

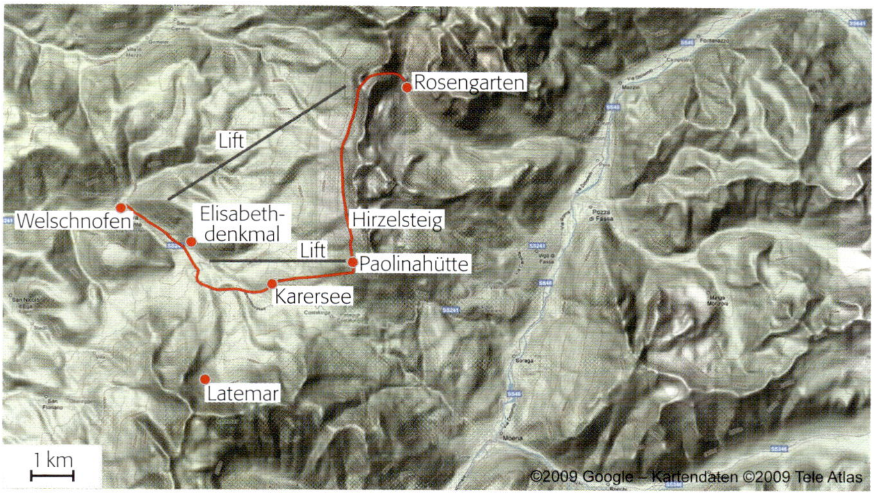

Auskunft: Tourismusverband Welschnofen, Tel. 0039 / (0) 471 / 61 31 26

Literatur: Karl Felix Wolff, Dolomitensagen • Eduard Pichler: Welschnofen – von der alten Zeit: Herrschaften und Untertanen

33. Ausflug ins Paradies

Von Burgen und Bergen des Burggrafenamtes schwärmten die Dichter

Was Tausende von Touristen vom frühen Frühling bis in den späten Herbst hinein dort tagtäglich empfinden – Hunderte von Schriftstellern, natürlich auch Maler, Edelleute, Kaufleute und andere frühere Reisende aus dem Großbürgertum, haben es genau so oder noch viel intensiver erlebt und geschildert. „Schöneres wie Meran ist kaum zu denken", schrieb beispielsweise Stefan Zweig, in der Ergriffenheit die Grammatikregeln missachtend, an eine Künstlerfreundin in Wien. Er meinte nicht nur die damals schon viel besuchte Passerstadt selbst, sondern die oft bewanderte Umgebung, aus der er „wahre Ekstasen vermelden" konnte.

In zwei Tageswanderungen wollen wir versuchen, die überschäumenden Gefühle so vieler Dichter nachzuempfinden. Auffallend oft taucht bei ihnen, die hier wohnten oder zur Kur weilten, das Wort „Paradies" auf. Beide literarischen Rundtouren berühren einige der ältesten und schönsten Flecken des Meraner Landes, des sogenannten Burggrafenamtes. Beide beginnen in Orten, die mit dem Stadtbus gut erreichbar sind und nach jeweils sanften Abstiegen in der Stadt enden.

Allerdings sind bildungsbeflissene Wanderer unterwegs weitgehend auf sich selbst gestellt. Leider ist der offizielle Südtirol-Tourismus, seit er strengen Marketing-Regeln unterworfen ist, offenbar nicht mehr in der Lage, Kulturwanderprogramme solcher Art zu pflegen und zu vermarkten. Kulturtourismus findet nur noch in schönen, hochglänzenden, mehrsprachigen Prospekten statt. Klar, traditionelle Highlights tun's ja auch schon.

Wie etwa unser Ausgangspunkt Schenna – schön und gut genug für einen Ausflug: das Schloss von 1350, das Erzherzog Johann von Österreich mit seiner Gemahlin bewohnte und jetzt den Grafen von Meran gehört, das Mausoleum mit seiner Grabstätte, die romanische Pfarrkirche. Doch schnell treibt uns sonntäglicher Touristenrummel – der Bus fährt heute nicht – hinauf zum Verdinser Waal, einem der von lauschigen Wegen gesäumten, historischen Bewässerungskanälchen. In 45 Minuten steigt man durch einen Hain voller Äpfel, die in allen Farbnuancen von Rot, Gelb und Grün reifen. Im Spätsommer und Herbst hatten früher „Saltner" mit furchteinflößendem Aussehen die Trauben zu schützen. Heute genügt der Hinweis: „Dem Bauern die Ernte, dem Wanderer die Landschaft."

Was für eine wunderbare Landschaft! Die grünen Täler der silberglitzernden Gebirgsflüsse Etsch und Passer präsentieren sich vom Waalweg aus. Aber noch viel weiter schweift darüber der Blick, bis zu den schneebedeckten Bergen des Schnalstals und des Ultentals. In diesem „letzten Tal", in einer inzwischen verwahrlosten, aber mit einer Gedenktafel versehenen Kuranstalt von Mitterbad, hatten schon Kaiserin Elisabeth und der junge Bismarck gekurt, ehe Thomas Mann kam und 1901 einem Freund brieflich mitteilte, nach ein paar „Vorübungen" käme nächstens eine Gipfelbesteigung

Schloss Labers, einst eine Absteige der Dichter, heute ein Firstclass-Hotel

„und später, als Hauptcoup, eine veritable Gletscherpartie an die Reihe“. Stolz fügte der Wahlmünchner hinzu: „Gell, da schaugst!“ So hoch wollen wir aber nicht hinaus.

Immer wieder schaut man zurück, immer wieder „hinaus in das wellige, starkfarbige Land“, wie es Lion Feuchtwanger mit Hinweis auf Schenna in seinem Roman „Die hässliche Herzogin Margarete Maultasch“ sah. Ein Apfelbäumchen, das eine rote Hibiskusblüte umrankt, weist oberhalb von St. Georgen nach Schloss Goyen. Düster ist es, halb verfallen, romantisch. Gut kann man sich dort „das Trinele“ vorstellen, das der romantisierende Felix Dahn 1881 im „Kampf um Rom“ auf der Balustrade erscheinen ließ, eine geschlungene Flechtenkrone ihres goldbraunen Haares auf dem Haupt, sonnenbestrahlt durch das rebenumrankte Erkerfenster. Ein Holländer hat das kürzlich restaurierte Schloss seit 1927 im Besitz, der Zutritt ist verboten. Hohe Zypressen bewachen den Eingang.

Durch riesige Hortensienbüsche rund um den Felssporn wandern wir weiter ins Naiftal. Oft war Arthur Schnitzler bei seinen Meraner Kuraufenthalten durch dieses Tal gewandert, allein, mit Freund Felix Salten und wohl noch lieber mit der Freundin Olga Waisnix. Im Briefwechsel mit ihr sind die Stationen genau verzeichnet, auch das „liebe weiße Haus mit dem braunen Balcon im Naiftal“. Eine Straße zwängt sich jetzt hindurch, der Zubringer zur Iflinger-Seilbahn. Diese zwischen dem Gasthof Kiendl und der Einsiedelei querend, tragen wir unseren Rucksack durch die Hintertür ins Schloss Labers, während vorn Normalgäste mit dicken Autos vorfahren.

Das Schloss ist eines der gastronomischen Aushängeschilder des Meraner Landes – und eine Dichterhochburg ohnegleichen. Seine Geschichte könnte einen Roman abgeben. Als tirolisches Lehen bis ins 11. Jahrhundert zurückreichend, hatte 1843 der geniale bayerische Baumeister Leo von Klenze den Ansitz erworben, um ihn für seinen König Ludwig I. herzurichten; dem war der romantische Ort dann aber doch zu weit von der Münchner Residenz entfernt.

Aus seiner Wahlheimat München kam 1861 der Berliner Schriftsteller Paul Heyse als einer der ersten Kurgäste mit seiner todkranken Frau Grete ins Meraner Gebiet, das ihm „schon wie ein Jenseits, ein wahrer Garten Gottes" erschien. Hier schrieb er seinen historischen Roman „Ludwig der Baier" zu Ende. Weil ihm bei einem zweiten Aufenthalt im Herbst 1897 das „Spießruten laufen durch ein mir ganz gleichgültiges, neugieriges Gewühl von Herren und Damen" missfiel, quartierte er sich auf Labers ein. Da hatte er erst recht Grund zum Jubel: „Jeder Blick aus dem Fenster ist schon wie ein Ausflug ins Paradies."

Den anmutigen Ansitz zweihundert Meter über Meran hatte inzwischen ein reicher Mann aus Kopenhagen, Adolf Neubert, gekauft und im Stil einer Ritterburg zum ersten Schlosshotel Tirols gemacht, damals schon mit elektrischem Licht und mit Liften. Meran firmierte nun als „Curort von europäischem Rufe". Und Paul Heyse, der 1910 als dritter Schriftsteller deutscher Sprache den Nobelpreis für Literatur bekam, dankte der gastlichen Stadt mit einem „Auf Schloss Labers" benannten Gedicht: „Vom luftigen Altan, an dessen Brustwehr, / In Efeu dicht gehüllt, ein Bienenschwarm / Geschäftig summend um die Blüthen schwirrt / Gern schau' ich nieder wenn der Tag verblasst, / Zu meinen Füßen senkt die Halde sich / Mit ihrer Rebengärten Überschwang, / Noch glühend von der Sonne Feuerkuss."

Dreimal, zwischen 1908 und 1913, wohnte Stefan Zweig aus Wien in dem „wunderbaren Schloss, allerdings mehr Einöd als ich dachte". Zur Stadt und zurück musste er anderthalb Stunden gehen, weshalb er sich abends immer „eingesperrt wie in einer Raubritterburg" fühlte, zumal ihm die Gesellschaft „wohlanständig, norddeutsch und unsäglich langweilig" erschien. An sein „liebes Fräulein Eugenie" meldete er aber auch, dass er vor lauter Freude den ganzen Tag herumrenne, statt zu arbeiten; er ging treppauf, treppab und fuhr mit dem Lift durch das alte Gemäuer. Immerhin fand er noch genug Zeit für eine Novelle „Herbstwinter", die trunken ist von Landschaftsmetaphern: „Alle Elemente der Schönheit sind nicht nur verteilt im Meraner Tal, sondern auch vereint. So klar und rein entfaltet sich hier der Fächer der Farben, nichts befeindet sich, alle Gegensätze sind harmonisch gelöst."

Viermal sogar trug sich Gertrud von Le Fort in das Gästebuch von Labers ein. Denn keine andere Landschaft der Erde, mit Ausnahme ihrer Heimat am Müritzstrand, hat jemals ihre „Liebe so unzerstörbar besessen wie Südtirol". Ihre Erzählung „Die Damen von Galanta" spielt hier und wurde hier geschrieben. Schlösser und Burgen umgreift die Schriftstellerin, die zum Katholizismus konvertierte, in einem schönen Gedicht mit dem Titel „Tirol": „Da schlafen wohl dreißig Schlösser / In ihrem

Blick auf Meran, das seit dem 19. Jahrhundert als Kurort geschätzt wird. Die Abbildung zeigt die Lage inmitten eines Talkessels, umgeben von Bergen, an der Taleinfahrt des Passeiertals, des Vinschgaus und des Ultentals.

Efeugrab – / Wohl dreißig Glockentürme / Träumen die Etsch hinab."

Der jetzige Schlossherr, Jörg Stapf-Neubert, hat diese Dokumente auf einer Auktion in Wien ergattert und versucht, an die Kulturtradition seines Familienhotels anzuknüpfen: durch Klavierkonzerte etwa, durch Freilichttheater im Schlosshof, auch die bayerische „Grattleroper" hat die mondänen Gäste entzückt. Außer den drei alten Gästebüchern und den ersteigerten Schriftstücken hütet er noch ein Geheimnis: Hinter den zwei Meter dicken Mauern seines Kellers sollen sich Hinweise auf die Zeit von 1943 bis 1945 verstecken, als Labers unter dem SS-Sturmbannführer Friedrich Schwend angeblich Hitlers Falschgeldzentrale und danach Geldquelle der Nazihelferorganisation „Odessa" war.

Abwärts durch eine Laube von dicken, blauen Trauben auf jahrhundertealtem Pflaster, erreichen wir in einem Viertelstündchen das nächste Schloss. Rametz bietet einen Blick in das „Weingeschehen von früher und heute" und in einer „Önothek" wird täglich um 16.30 Uhr direkt vermarktet. Vielleicht haben solche Traubenkuren gefördert, dass der freiherrliche Erstbesitzer im 18. Jahrhundert – wie der bayerische Tirol-Bewanderer Ludwig Steub erkundet hat – noch gegen Ende seines 104 Jahre währenden Lebens ein Kind gezeugt haben soll. Ähnliches wird ja auch dem Labers-Gast Luis Trenker zugeschrieben.

Über St. Valentin (Schnitzler wanderte dorthin nach einem Tete-a-Tete im Lesesaal des Kurhauses) ist Schloss Trautmannsdorf nach weiteren 15 Minuten erreicht. Kaiserin Elisabeth, die auch Reiterin, Alpinistin und Dichterin war, hielt sich hier auf und wanderte hinauf nach Labers, wo zur Erinnerung eine volksfestbunte Kopie des berühmten Sisi-Bildes mit Edelweißblüten im langen Haar hängt. 2001 wurde in Trautmannsdorf ein musterhaft inszeniertes Museum für Tourismus und ein wunderschöner Botanischer Garten eröffnet.

Die Literaturtour endet im Meraner Stadtteil Obermais. Dort stehen weitere Schlösser sowie vier Villen, die uns nach der 8-km-Höhenwanderung doch noch interessieren sollten. In der „Villa Kirchlechner", St.-Georgen-Straße 25, bewohnte ab 1906 der lungenkranke Christian Morgenstern aus München eine Giebelstube mit Balkon. In vielen Briefen und vor allem Gedichten, einige im Band „Mensch Wanderer" zusammengefasst, ließ er seiner Liebe zu Meran freien, melancholischen Lauf: „Dunkle Laubengänge / empfangen mich und der milchig bleiche / Mond und das taubenweiche / Hochgebirg und verflogne Violenklänge." Gestorben ist er am 31. März 1914 in der Meraner Helioburg am Winkelweg, wo eine Tafel an ihn erinnert.

Am Winkelweg 6 wurde der nierenkranke, depressive, von Morgensterns Skurrilität angesteckte Fritz von Herzmanovsky-Orlando aus Wien während des Ersten Weltkriegs „von der Gegend ganz stark angeregt". Und auch er blickte vom Balkon aus auf „all die alten Schlösser" und auf das „duftumwobene Hochgebirge", und er fühlte: „Die schwärenden Seelenhühneraugen, die die Weltendisharmonie drückten, verharschen." In der Ottoburg, Brennerstraße 12, schrieb der schwer lungenkranke, depressive Franz Kafka aus Prag am 10. April 1910 auf dem Balkon einen Brief an Freund Max Brod: „Das Grün herum ist schön, Vögel und Eidechsen kommen zu mir."

Im Hotel Nido, Gilmweg 6, stellte der greise Lyriker Wilhelm Lehmann – 40 Jahre zuvor hatte er den Kleist-Preis bekommen – 1963 in seinem Gedicht „Meran" die schlichte Frage: „Gibt es ein Paradies? Suche das Land". Im Ortsteil Untermais war der junge Rene Rilke, der sich später Rainer Maria nannte, im April 1897 mit seiner Mutter buchstäblich abgestiegen vom Schloss Lebenberg über der Etsch. „Diese vielen Burgen auf Hang und Hügel", berichtete er dem schon länger berühmten Ludwig Ganghofer, „harren keiner Hirten mehr; sie sind wie gutmütige Alterchen, die ... in die weißen Dörfer blinzeln."

Die zweite Runde findet jenseits der Passer statt. Der schönste Weg nach Schloss Tirol schwingt sich herab vom Tiroler Kreuz (Busstation und Gasthof). Ein Trimmdichpfad zunächst. Unter einer Lärche eine große eiserne Liege, die Wanderer gern zur Rast in der Horizontalen nutzen. Das Schloss, das bei der Annäherung von oben immer gewaltiger wird, ist das historische Herz des einst viel größeren Landes und ein großes „Thema" der Literaten. Annette Kolb aus München, um eine der noch nicht genannten Persönlichkeiten aus dem Tagebuch zu zitieren, träumte sich am Abend ihres langen Lebens noch einmal dorthin, „mit ausgebreiteten Armen, blutjung, allein, hoch oben stehend auf Schloss Tirol; dort wo die letzten Berge des Nordens sich

Schloss Tirol in einer sehr dramatisierten Zeichnung aus dem 19. Jahrhundert

so südlich hinstrecken und das Herz eines Minnelandes zum ganzen Himmel schlägt".

Im Landesmuseum, das im Schloss 2003 neu eingeweiht wurde, ist eine kleine Auswahl von Büchern über Meran und Südtirol ausgestellt, neben vielen Erinnerungen an den Volkshelden Andreas Hofer. Das „Pflegezentrum für Vogelfauna" unter dem Schloss und das stets übervölkerte Dorf Tirol aussparend, steigen wir steil ab zur Brunnenburg, in der sich ein Bauernmuseum befindet. Ezra Pound, Amerikas faschistenfreundlicher Lyriker, hat nach dem Krieg in dem auf das Jahr 1241 zurückgreifenden Gemäuer sein Lebenswerk vollendet, die „Cantos" (ortsbezogen: „Der Tempel heilig ist / weil er nicht in Verkauf steht"). Seine Tochter Mary de Rachewitz erhält die baufällige Burg durch kulturelle Veranstaltungen auf hohem Niveau.

Den alten und sagenhaft schönen Tappeinerweg geht's dann weiter bergab. 247 verschiedene Nadelbäume, Laubbäume und Sträucher sind da beschrieben, nicht zu reden von den vielen Blumen, Reben und holzgeschnitzten Kunstwerken. „Hier am Segenbichl fand A. Hofers letztes Gefecht statt", gedenkt eine Tafel des 16. November 1809. Der Weg mündet an der Pfarrkirche in Steinach, der „freundlichen, luftigen, reinlichen Vorstadt" (Paul Heyse). Den „hochstämmigen Rosenbaum" finden wir aber nicht mehr in den engen Gassen mit den kleinen Läden und Tavernen.

Ein paar Schritte weiter, am Ende der Gilfpromenade, entsteht eine „Promenade der Poesie" mit eingravierten Gedichtzeilen. Meran hat sich auf diesen Teil seiner Tradition besonnen und verleiht seit 1993 einen Lyrikpreis. Zuletzt hatten sich über 400 deutschsprachige Autoren beteiligt. Ihre Texte sind natürlich bei Weitem nicht so romantisch und verklärend wie die ihrer namhaften Vorgänger, und schon gar nicht landschaftsbezogen. Am ehesten noch beim Finalisten von 2000, Christoph W. Bauer aus Innsbruck: „wenn die alpen in gestochen scharfen sätzen / aus magazinen prahlen fliehen die gipfel/vor den ohren der touristen."

Wie anders mutete uns doch eben noch der Text auf einer Tafel am Tappeinerweg an: „Blüht nicht zu früh, ach blüht erst wenn ich komme. Gottfried Benn.“ Der deutsche Schriftsteller, auch er mehrfach preisgekrönt, hatte im April 1952 Quartier bezogen im Hotel Westend an der Passerpromenade, um sich „zu erholen, zu verjüngen, zu entschlacken“, wie der 66-Jährige an Ernst Jünger schrieb. Nach 16 Kurtagen zog er Bilanz: „Keine Frau könnte aufkommen gegen den Ort, die Blüten, die Sonne und den Espresso.“

Das verschnörkelte, altmodisch eingerichtete Haus in Bahnhofsnähe bietet sich geradezu an als Basislager für literarische Wanderungen oder als deren Endstation. Die Seniorchefin hat viele Erinnerungen und einige Schriftstücke parat. Und im Gästebuch lässt sich lesen, dass hier immer noch einer gewissen Dichtkunst gefrönt wird. „Am Waalweg eilt das Wasser lustig / im Abend sind die Wandrer durstig“, hat jemand eingetragen. Womit wir wieder am Anfang unserer Wanderungen durch das Land der Poesie beiderseits der Passer wären.

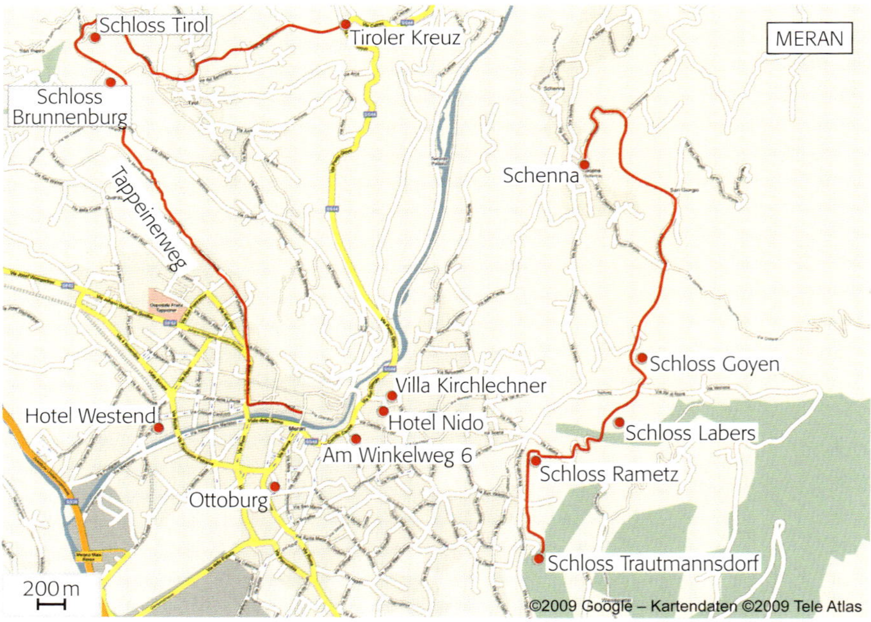

Auskunft: Kurverwaltung Meran, Tel. 0039/(0)473/272000 • Schlosshotel Labers, Meran, Tel. 0039/(0)473/234484

Literatur: Ferruccio DelleCave: Meran – ein literarischer Spaziergang durch die Passerstadt, Bozen • Annette Kolb: 1907–1964 Zeitbilder • Lyrik im Gespräch, herausgegeben von der Gemeinde und der Kurverwaltung Meran

34. „Eingehegter Sonnenfrieden“

Mit Kafka, den Brüdern Mann und Gabriele d'Annunzio am Gardasee

Es liegt im schönen Land Italien
am Fuß der Alpen,
die bei Tyrol das deutsche Land umschließen,
ein See, der heißt Benaco.
Dante Alighieri, Göttliche Komödie

Wenn die letzten Flaneure des Nachmittags ihr Gelato ausgelöffelt und die letzten Ausflugsdampfer des Tages brummend angelegt haben, kommen plötzlich ein paar Wildgänse angewatschelt, um die Krümel unter den Terrassentischen zu picken. Die blaue Stunde im alten Fährhafen von Riva ist die schönste Tageszeit im fjordartigen Norden des Gardasees. Dann wird der geschichtsträchtige Platz mit den gotischen Bogengängen zur Abendbühne für die Touristen. Die steil aufragende Rocchetta mit der beleuchteten Burgruine aus venezianischer Zeit und der jüngeren Bergkapelle bildet die 1.250 m hohe Kulisse. Hier verlief bis 1919 die Grenze der österreichisch-ungarischen Monarchie und hier endete das alte Tirol, hier enden auch die Alpen.

Seine ganze gelbe Front bietet das Grandhotel Sole dem Hafenbecken dar; auf seinen geäderten weißen und schwarzen Marmorfliesen spiegelt sich das Spiel der Wellen. Aus ganz Europa kamen schon früher die Gäste in das Hotel „Imperial zur Sonne“. Viele aus dem Hochadel (sogar Kaiser Franz Joseph), viele aus der geistigen Welt: Friedrich Nietzsche, Franz Kafka, Max und Otto Brod, Thomas und Heinrich Mann, dann noch der exzentrische Gabriele d'Annunzio, der weiter südlich am See, über Gardone, sein höchst eigenwilliges „Vittoriale“ hatte und dessen Leibarchitekt Giancarlo Maroni die alte „Sonne“ von Riva in den 20er Jahren umbaute; die wassernahen Terrassen blieben.

Die Spuren der Dichter rund um den 52 Kilometer langen See, der früher nach der wohl durch einen Bergrutsch untergegangenen Stadt Benaco benannt wurde, hat der Münchner Literaturwissenschaftler Dirk Heißerer erforscht, in einem Buch beschrieben und touristisch aufbereitet für geführte Exkursionen. Aber auch auf eigene Faust lassen sich solche Spuren finden, Literatur und Gebietskarte vorausgesetzt. Sie konzentrieren sich, was die Erkundung erleichtert, im nördlichen, zum Trentino gehörenden Teil der Gardasee-Region, rund um Riva, Arco und Torbole – am Fuß der Alpen.

Im Februar 1880 reiste der vielfach kranke Friedrich Nietzsche aus Naumburg nach Riva, „um in meine einzige Existenzform, die des Spazierengehens, zurückzufallen“. Zusammen mit seinem Freund Heinrich Köselitz stieg er, ständig philosophierend, „am Felsen und am See hin“. Am liebsten jedoch durch „schöne Olivenwälder und Schatten“; von der Spiaggia dei Olivi nahe dem „Hotel du Lac“ schickte er seiner Mutter ein Lichtbild. Im selben Jahr erschien „Der Wanderer und sein Schatten“ als Nachtrag seines frühen Hauptwerkes „Menschliches, Allzumenschliches“. Auch die

Die Schlossruine von Arco – einst gezeichnet von Dürer, später bestiegen von Kafka

Rohfassung von „Aurora“ soll Nietzsche in Riva fertig gestellt haben.

Vier Aufenthalte von Thomas Mann in Riva sind zwischen 1901 und 1904 nachgewiesen, während sein Bruder Heinrich schon seit 1893 bis zum Ersten Weltkrieg fast jedes Jahr mehrere Monate am damals schon in der mondänen Welt bekannten See verbrachte. „Es hat etwas sonderbar Rührendes, wenn man nach langer unruhevoller Zeit zum ersten Male wieder in diesem sacht flüsternden und plätschernden, von ernsten Bergen eingehegten Sonnenfrieden umhergleitet“, schreibt Thomas Mann in einem Brief. Für zehn Gulden monatlich hatte er einen „weiß-blauen Lohengrin-Nachen“ gemietet.

Vor dem Rudern, in aller Frühe schon, nahm er das Manuskript, an dem er gerade „schusterte“. Es wurden die kompletten Novellen „Tristan“ und „Tonio Kröger“. Heinrich Mann – man wechselte, einzeln oder gemeinsam, vom alten Hotel in ein gehobenes Sanatorium – schuf dort Teile seiner besten Werke: „Im Schlaraffenland“, „Professor Unrat“, „Die kleine Stadt“, „In einer Familie“ . Ausgedehnte Spaziergänge zum Wasserfall von Varone, den bereits italienische Dichter besungen hatten, unterbrachen die jeweilige Arbeit. Eindrücke davon finden sich in Notizen beider Brüder. Die „enge Schlucht aus Felsmassen gebildet, bauchig, nackt, glitschig“, in der sich das Wasser 80 m tief ergießt, erreichte Thomas Mann in einer Stunde Gehzeit. Den magenkranken Wahlmünchner begeisterte nicht nur das Naturschauspiel, sondern auch der Blick auf den See und auf den gewaltigen Felssturz an seiner Nordspitze, den schon Dante in der „Göttlichen Komödie“ fasziniert erwähnt hatte.

Den Weg von Riva zum Kurort Arco schaffte Thomas Mann, der notorische Spaziergänger, nach eigener Angabe auch in einer Stunde. Er ist heute allerdings für Wan-

Riva am Nordufer des Gardasees, früher viel besucht von den Dichtern, heute von den gewöhnlichen Touristen

derer nicht mehr geeignet, weil völlig zugebaut. Ein weiterer Dichter, Rainer Maria Rilke aus Prag, hatte dort im März 1878 bei seiner Mutter in einer Villa an der Via Capitelli 2 gewohnt – und in späteren Jahren immer wieder. Täglich stieg er über „einsame Pfade" zur 200 m hoch gelegenen, schon von Dürer gezeichneten Schlossruine von Arco und schrieb Verse wie diesen: „Um einsame Castelle / um Gärten blütenwarm / schlingt die sonnenhelle / Uferwelle / ihren Liebesarm." Am schönsten aber erschienen dem damaligen Münchner Kunststudenten der kaskadenreiche Ponale-Wasserfall und die Schlucht zur Mittagsstunde, „zu welcher Zeit die Sonne ins enge Tal fällt und die zerstäubten Wasser in Regenbogenpracht ersprühen".

Am nördlichen Ende des Burg- und Kletterberges von Arco beginnt ein immer noch nicht verbauter, allenfalls von Mountainbikern mitbenutzter Wanderweg in Richtung Ceniga. Er führt – und führte auch Rilke – zur Einsiedelei San Paolo, die an einer Felswand klebt und uralte, kürzlich aufgefrischte Fresken hat. Noch heute ist des Dichters Bericht an eine seiner vielen Freundinnen nachvollziehbar: „Unwirtliche Stufen steigen sacht zu dem wildverwachsenen Eingang, durch dessen Gitter man das Innere einer Kapelle sieht ... Ein von gleichmäßiger uralter Dämmerung beherrschtes Starrsein." Viele frühen Gedichte und Briefe sowie ein Zeitungsartikel des Wanderers Rilke sind voller Erinnerungen an die schönen Tage von Arco; den Hafen von Riva hat er sogar gezeichnet.

Im nahen Nago, Ausgangspunkt herrlicher Wanderungen, rundet sich das Panorama: von den Dolomiten im Norden und dem breiten Sarcatal bis weit in den Süden über den größten See Italiens. Der Lyriker Georg Trakl aus Salzburg hatte in diesem gesegneten, rotweinreichen Bergdorf in der Osterwoche des Wendejahres 1914 Genesung gesucht, krank von Schwermut und Kokain. Eingeladen war er von einem Tiroler Freund, dem Poeten und Philosophen Carl Dallago. Bei einem Ausflug, im Vorgarten eines Gasthauses hoch über Torbole, ersann Trakl eines seiner letzten großen Gedichte vor seinem nahenden Tod, den „Gesang einer gefangenen Amsel", den dann Anton Webern vertonte: „Dunkler Odem im grünen Gezweig! Blaue Blümchen umschweben das Antlitz / Des Einsamen, den goldnen Schritt / Ersterbend unter dem Oelbaum."

Ölbäume säumen die steile Serpentinenstraße, die sich vom Nago-Pass nach Torbole hinunterwindet. Diesen Weg war auch der Geheimrat Johann Wolfgang von Goethe am 12. September 1786 kutschiert. Auf seiner „Italienischen Reise" lockte ihn vor Verona „ein köstliches Schauspiel, der Gardasee, den wollte ich nicht versäumen" (siehe Kapitel 39). Ein mit Steinen belegter, von Mäuerchen geschützter Weg lockt immer noch Wanderer; nicht versäumen sollten sie unterwegs die Überreste einer Burg des 12. Jahrhunderts und einer Festung der Donaumonarchie, die hier ihre – 1914 heftig umkämpfte – Südgrenze hatte.

Auskunft: Ingarda, Tel. 0039/(0)464/554444

Literatur: Dirk Heißerer: Meeresbrausen, Sonnenglanz – Poeten am Gardasee, 1999

Bayern

35. „Alles in neuem Reiz“

Mit König Maximilian II. von Bayrischzell auf den Wendelstein

Ich habe,“ sprach der König, „schon manche schöne Reise in ferne Länder gemacht, deren Eindrücke überraschender und gewaltiger auf mich gewirkt haben, aber keine, die mir so andauernd innige Befriedigung gewährt hatte, wie diese durch meine heimischen Berge und Wälder, die mir samt ihren Bewohnern größtenteils von früh auf schon so gut bekannt waren, dass ich kaum etwas Neues sehen konnte; und doch ist mir diesmal alles in ganz neuem Reiz erschienen, wie ein liebes Buch, in dem man schon oft geblättert und das man nun zum ersten Male Zeit gefunden, im Zusammenhang zu lesen in traulicher Gesellschaft.“

Was der ebenso reiselustige wie bodenständige und volksnahe Bayern-König Maximilian II. im Sommer 1858 so innig empfunden und einem seiner Reisebegleiter, dem Schriftsteller Friedrich Bodenstedt, am Ende mit diesen Worten zu Protokoll gegeben hat, kann jedermann ohne Beschwer – und auch ohne die damalige Logistik mit Pferden, Kutschen und vorauseilenden Boten – mindestens etappenweise nachvollziehen: auf dem vom Deutschen Alpenverein eingerichteten „Maximiliansweg“.

Fünf Wochen lang war Max II. mit seinem Gefolge, darunter Gelehrte und Generäle, zwischen Lindau und Berchtesgaden unterwegs gewesen. Mehrmals unterbrachen dringende Staatsgeschäfte die berühmte „Fußreise Seiner Majestät“. In 20 Tagesetappen mit Gehzeiten von jeweils gut fünf Stunden und gelegentlichen Varianten bietet sich die rund 240 Kilometer lange Route heute an. Sie ist beschildert und folgt großenteils dem orange markierten Europäischen Fernwanderweg E 4.

Am 14. Juli 1858 brach die königliche Gesellschaft in Bayrischzell auf, um den Wendelstein zu besteigen. Voran der „alte Schulze des freundlichen Dörfchens“ – der aus Niedersachsen stammende Bodenstedt meinte den Bürgermeister Nikolaus Auracher, der sich einige Auszeichnungen aus dem Napoleonischen Krieg an die Joppe geheftet hatte. Bald aber trug der König dem Bürgermeister auf, er möge das Ross zu Tale führen.

Mit seiner preußischen Gemahlin Marie und einem Gefolge von Prominenten ritt und stieg König Max II. (1811–1864) im Sommer 1858 auf den schon berühmten Aussichtsberg Wendelstein

Bodenstedt notiert einen kurzen Dialog: „Ich bin der König von Bayern und du bist der König von Bayrischzell." – „Ja" sagte derselbe, „so hoaßn mi d'Leut." Das Gebirgs-Bayerisch übersetzte der Weggefährte Franz von Kobell, der mit dem „Brandner Kaspar" die bayerische Dialektdichtung begründet hat.

Bei jeder Rast unterwegs erklang „bald von unten herauf, bald von oben herunter," ein Lied, das Dorflehrer Johann Evangelist Hager für den „Kini" intoniert hat. Die erste der vier Strophen: „Glaubt mia, dass i oft moa / über mein Wendelstoa / geht mir koa anderer Platz / er is mei höchster Schatz." Animiert hatten den Lehrer der populäre, zitherspielende Herzog Max in Bayern und Franz von Kobell.

Der Maximiliansweg beginnt heute an der Königslinde von Bayrischzell, die man bald nach dem Ereignis gepflanzt hatte. Den ersten Teil des Aufstiegs hat der König – wie ein Bild aus dem Archiv der Wendelsteinbahn beweist – auf seinem Leibpferd zurückgelegt, begleitet auch von seiner aus Berlin stammenden Gemahlin Marie, die ihm an Bergbegeisterung kaum nachstand (siehe Kapitel 19).

In einer halben Stunde war die Peterbaueralm am Parapluie erreicht. Dort standen seinerzeit Trachtenverein, Blaskapelle, Gebirgsschützen und viele Ehrengäste bereit. Die „Fährlichkeiten" auf den weiteren, „an steilen Felswänden hinlaufenden Pfaden"

Die aus der Barockzeit stammende Kapelle auf dem Wendelstein-Gipfel, die der Königs-Begleiter Bodenstedt erwähnt, ist inzwischen mehrmals renoviert worden; wichtige technische Anlagen kamen hinzu

sind längst entschärft. Dafür sorgten ein Almbauer, die Naturschutzbehörden des Landkreises Miesbach sowie eine spendable Rosenheimer Brauerei.

„Erst nach vierstündigem Klettern erreichen wir den einsam in die Luft ragenden Gipfel, auf welchem eine kleine Kapelle steht, die rundum so wenig freien Raum übrig lässt, das man sich an die Wände drücken muss, um mit einiger Sicherheit die herrlichen Fernblicke in die Tiroler und Schweizer Alpenwelt zu genießen mit ihren schimmernden Gletschern." Die Kapelle auf dem 1.838 m hohen Gipfel, der von allen Bergen am Alpenrand wohl die schönste Aussicht bietet, hatte der Sixen-Bauer schon 1718 gebaut, sie ist mehrmals renoviert worden.

Der Rückweg führte über die Lärcheralm; sie war 1997 niedergebrannt und vom Besitzer wieder aufgebaut worden. Hier hatte man für die fürstliche Gesellschaft einen Hammel geschlachtet und im großen Kessel gekocht. „Nach der Mahlzeit verlangte der König auch Schmalznudeln von der Sennerin." Dann durfte der Münchner Fotograf Max Endreß die Gruppe ablichten; ein Abzug soll sich noch lange in der Hütte befunden haben, ist aber verschwunden.

Und wieder jauchzte und jodelte es von allen Seiten, aber nicht wild durcheinander, sondern immer wie Gruß und Gegengruß. Zwei der schönen Dirndln („der verkörperte Auszug aller Gebirgspoesie", schwärmte das „Nordlicht" Bodenstedt) bekamen vom „Kini" höchstpersönlich Champagner kredenzt. Dem heutigen Wanderer wird auf der Lärcheralm wenigstens „Milch und Brotzeit" angeboten. Eine Marmortafel mit Inschrift, die der Münchner Hof später geschickt hatte, wurde – wie der frühere Zeller Kurdirektor Klaus Sterr bedauert – „unverantwortlicherweise zertrümmert".

Als die Wanderer aus der Residenzstadt – im Oberland nannte man sie „die Herrischen" – bei Dunkelheit endlich müde ins Tal kamen, leuchteten ihnen Burschen mit Fackeln ins Nachtquartier, wobei sie ein großes M bildeten. Bayerisch zünftig ging es dann zu. „Dirndln, jetzt müaßsts no oans singa," forderte der Zellerbauer. Der König winkte ab: „Aber lieber Mann, die Madln sind doch auch müde, lass es gut sein." Darauf der Zellerbauer, so die Chronik: „Na, na, Kini! Die Schindluada soll'n nur singa, an Kini ham ma bloß oamoi bei ins." Und dann, so darf vermutet werden, sangen und jodelten sie noch eins und noch eins.

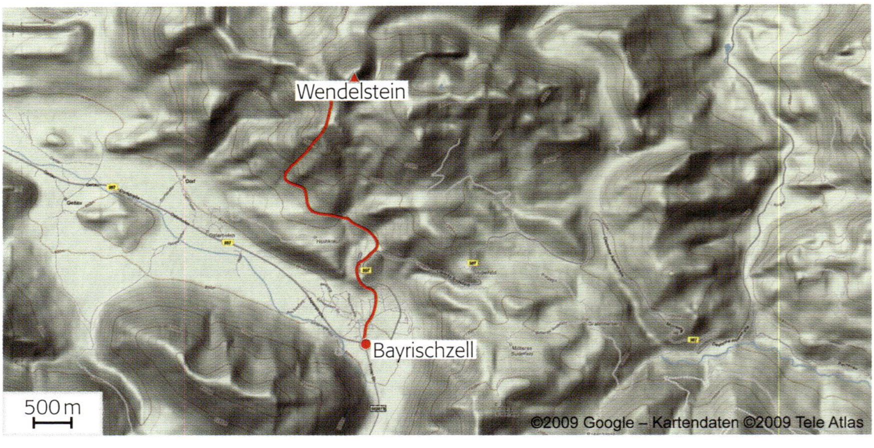

Auskunft: Gästeinformation Bayrischzell, Tel. 0049 / (0) 8023 / 648 • Wendelsteinbahn Tel. 0049 / (0) 8034 / 308-0

Literatur: Manfred Kittel: Maximiliansweg, 1991 (das Buch enthält historische Hinweise, Karten, Entfernungszeiten, Schwierigkeitsgrade und Abstiegsmöglichkeiten) • Friedrich Bodenstedt: Eines Königs Reise, 1985

36. Zur „gezähmten Sennerin“

Mit Wittelsbacher Fürsten zu den Almen über dem Wildbad Kreuth

Bayerns erster König, Max I. Joseph, war „kein Freund von Entdeckungsreisen“, wie seine Gemahlin Karoline bekundete. Dennoch entdeckte er in einem „von der Natur so reizvoll ausgestatteten Thalgrund“ tief im Süden seines Landes ein Alpenidyll, das seine Schönheit unverfälscht bis zum heutigen Tag bewahrt hat: das Wildbad Kreuth, dessen heruntergekommenes, aus klösterlichem Besitz des 16. Jahrhunderts stammendes Badhaus er 1817 aufkaufte, um es als „Molkekuranstalt“ für jedermann auszustatten und durch Neubauten zu ergänzen.

Generationen von Wittelsbachern, deren Sommerresidenz seit der Säkularisation das Schloss von Tegernsee war, fanden in der heilen Bergwelt von Wildbad Kreuth nicht nur einen Quell der Gesundheit, sondern auch ein Ruhe ausströmendes Reduit und ein ideales Jagdrevier. Und sie teilten dies immer schon mit Kurgästen, auch mit minderbemittelten Kranken, für die es etwa 50 Freiplätze gab. Nach dem Tode ihres Gemahls ließ die couragierte Königin Karoline 115 Zimmer mit 216 Betten einrichten, „vom geschmackvollsten bis herunter zu den gewöhnlichen Erfordernissen der Wohnungen der Landleute“, so eine Chronik von 1829. Vormittags wurden Ziegenmolke und Kräutersäfte getrunken, nachmittags wanderte man oft hinauf zur Stunden entfernten Königsalm oder auf die Hohlensteinalm, „wo sich eine gezähmte Sennerin befindet, die auf Fremde ein- und abgerichtet ist“, so beschrieb der Dialektdichter Karl Stieler 1880 den Tag im Alpenbad. Die Rohmilch wurde jeweils am frühen Morgen von der Königsalm und der etwas näher gelegenen Gaisalm angeliefert.

Auf diese Almen hinauf führte damals schon ein breiter Weg, den die Fürsten und ihre Freunde hoch zu Ross, mit dem Einspänner oder auch zu Fuß zurücklegten. Prinz Carl, der jüngere Bruder von König Ludwig I., kutschierte gern selber. Bei einem Spazierritt nach Egern aber stolperte sein Pferd; russische Sommergäste, die in Kreuth zeitweise dominierten, errichteten an der Stelle des tödlichen Unfalls eine Gedächtniskapelle.

Herzog Carl Theodor in Bayern, ein Bruder der österreichischen Kaiserin Elisabeth und hervorragender Augenarzt, starb im Winter 1909 im sturmumtosten, von hohem Schnee bedeckten Wildbad Kreuth. Zwei Jäger trugen den Toten die Treppe des Kurhauses hinab. Sein Sohn, Herzog Ludwig Wilhelm, zog sich in das mit Felsbrocken beschwerte Holzhaus „auf der Schanz“ zurück und pflegte bayerische Volkskultur. So förderte er den Volksliedersammler „Kiem Pauli“. Zu Pirsch und Plausch kam bisweilen auch der Volksdichter Ludwig Thoma per Fahrrad herüber von seinem Ansitz auf der Tuften. Einmal stieg er mit dem Herzog über die Hohlensteinalm auf den Weißbachkopf unter der Halserspitz. Thoma in einem Brief vom November 1920: „Abends sechs Uhr beim Herzog am Ofentisch. Kaffee und Nudeln. Und eine wundervolle Müdigkeit …“

Die Hohlensteinalm ist heute Station der gern begangenen „Blaubergrunde“. Man erreicht sie vom Hauptparkplatz aus über das Ausflugsziel Siebenhütten, eine anmuti-

Auf dieser alten Ansicht ist bereits die Größe der Kuranlagen von Wildbad Kreuth erkenntlich

ge Ansammlung uralter, bewirtschafteter Hütten. Nach knapp einer Stunde Gehzeit sollte man den gleichen Weg zurückgehen, wenn man die 8-Stunden-Wanderung über die Halserspitz und zurück durch die Wolfsschlucht nicht scheut. Eine Rundwanderung bietet der „Königsweg" über die Geißalm und die historisch eingerichtete Königsalm, wo die Kühe der Bauern und die Haflinger der Herzöge weiden, um von dort direkt oder durch die wilde Wolfsschlucht zu einem der Parkplätze zurückzukehren.

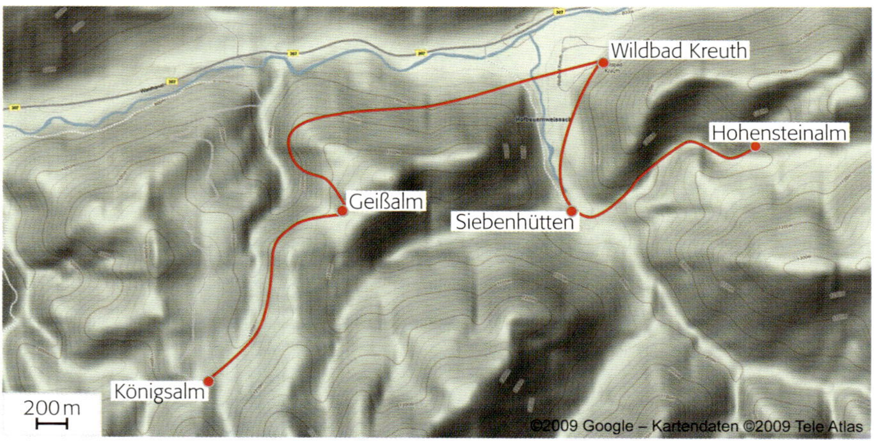

Auskunft: Tourist-Info Kreuth, Tel. 0049/(0)8029/1819

Literatur: Karl Spengler, Die Wittelsbacher am Tegernsee, 1969 • Heinrich Pletzer: Bad Kreuth und seine Molkekuren, 1875 • Heinrich Bauregger: Tegernseer und Schlierseer Berge

37. Goldener Christus im Nebel

Mit Kronprinz Ludwig, dem späteren „Kini", auf den Watzmann

So liebte ihn das sogenannte einfache Volk, so kennt ihn alle Welt aus Fotos und Gemälden: als schneidig uniformierten Kürassier hoch zu Ross oder als Souverän im Schmuck von Orden, Schärpe, Degen und Hermelin, auf sechsspännigem Goldschnörkel-Schlitten durch den Winterwald gleitend, über den Zinnen seiner Ritterburg Neuschwanstein sinnend, vom Ruderboot aus Schwäne betrachtend, in mystischen Hallen und Säulengängen posierend. Immer sehr ernst, sanftmütig, blauäugig, später dann etwas wohlbeleibt bis aufgedunsen.

Mit selbst entworfenen Lodenhosen, Jägerhütl und Alpenstange hatte die aus Preußen stammende, bergbegeisterte Königin Marie ihre Söhne Ludwig und Otto ausgestattet. Auf dieser seltenen Fotografie sieht man die beiden Prinzen vor einer Bergtour, vermutlich in Berchtesgaden, wohin Ludwig als König nie mehr zurückgekehrt ist

Ludwig II. – der Romantiker auf dem Thron, der Märchenkönig, die Kultfigur. Doch wie immer auch das schöne Klischee nach wie vor gepflegt und bedient wird – dieser Wittelsbacher war, bevor er im Alter von 18 Jahren auf den Thron in München gerufen wurde, nichts anderes als ein Bub aus gutem Haus, körperlich fit, neugierig und natürlich, der über alles die heimatlichen Berge liebte. Zwischen Schwangau und Berchtesgaden hat er als Kronprinz – meist zusammen mit Mutter, Bruder und Adjutanten – so manchen Gipfel bestiegen, hat in Hütten übernachtet, Fische und Schmetterlinge gefangen, Blumen gepflückt, manchmal auch gezeichnet und seine Eindrücke in schlichten Worten aufgeschrieben.

Seine frühen Tagebücher befinden sich unter strengem Verschluss im Geheimen Hausarchiv der Wittelsbacher, sie wurden noch nie veröffentlicht. Immerhin haben wir aus Briefen an seinen Großvater Ludwig I. und andere Vertrauenspersonen detaillierte Kenntnis von einigen seiner Bergtouren. Aus diesen Berichten sind ganze Wanderbücher „auf den Spuren des bayerischen Märchenkönigs" hervorgegangen und sogar ein – allerdings ziemlich fiktiver – „König-Ludwig-Wanderweg" (Schloss Berg – Füssen), der mit einem Krönchen markiert ist.

Drei Tage vor seinem zwölften Geburtstag, am 22. August 1857, durfte der Kronprinz zusammen mit seiner Mutter Marie, seinem neunjährigen Bruder Otto, zwei Prinzenerziehern und dem Bergführer Lob von Hohenschwangau aus auf den Säuling steigen. Viereinhalb Stunden brauchte die Gesellschaft bis zum 2.047 m hohen Gipfel („der eine sehr schöne Aussicht bietet; unter anderem sieht man München und die Ortlerspitze," schrieb Ludwig seinem Großvater Ludwig I.). Drei Stunden blieb man

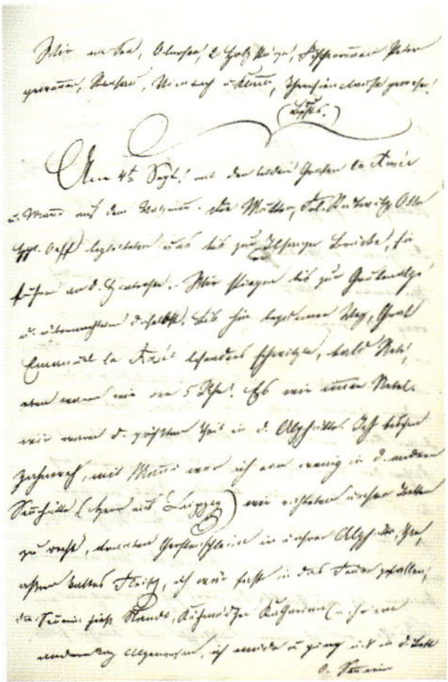

Auszug aus Ludwigs Tagebuch mit der Beschreibung der Watzmann-Tour

oben, um dann ins Tiroler Lechtal abzusteigen, in Pflach wartete die königliche Kutsche. (Siehe auch Kapitel 19.)

Ludwigs Lust blieben die bayerischen Berge. Sein Vater Max II. besaß zwischen dem Schwansee und dem Walchensee nicht weniger als 19 Pirschhäuser und Unterkunftshütten, von denen sein Sohn ein gutes Dutzend regelmäßig besuchte. (Auch in bergnahen Gasthöfen hatte er fixe Absteigen.) Anfangs wanderte er noch zu Fuß hinauf. Nachdem er 1864 den Thron bestiegen hatte, ließ er sich ein zweirädriges Wägelchen für Bergfahrten bauen und mit einem Pferd oder Pony bespannen.

Einige der Berghütten sind inzwischen verfallen, verschwunden, vergessen. Andere werden vom Staatsforst genutzt. Das viel besuchte Haus auf dem Herzogstand hat die Sektion München des Deutschen Alpenvereins gepachtet. Berühmt und beliebt ist das orientalisch ausstaffierte „Königshaus" auf dem 1.866 m hohen Schachen im Wettersteingebirge, das Ludwig II. selbst bauen ließ und ab 1875 alljährlich zur Feier seines Geburts- und Namenstages bewohnte; es ist bis heute nur zu Fuß (oder mit dem Mountainbike) erreichbar.

Besonders angezogen fühlte sich der heranwachsende Kronprinz vom Berchtesgadener Land. (Die Fürstpropstei gehörte erst seit 1809 Bayern.) Alljährlich verbrachte die Familie mindestens einige Sommermonate in der „Königlichen Villa", die Max II. bis 1853 in einen Südhang hineinsetzen ließ. Als König ist Ludwig II. aber nie wieder nach Berchtesgaden gekommen. Über die Abneigung wurde gerätselt: Einmal soll der Prinz auf dem Kirchhof im Mondlicht herumgegeistert sein, ein andermal habe er seinen störrischen Bruder gefesselt und geknebelt, und jedes Mal soll er vom Vater bestraft worden sein.

Vier Tage vor seinem 13. Geburtstag, am 21. August 1858, teilte er seinem Großvater Ludwig I., mit dem er sich besser verstand, in einem Brief mit: „Wir machten auch schon einige hübsche Ausflüge an den Obersee, die Eiskapelle und nach Wimbach ... Außerdem bestiegen wir die Scharitzkehl- und Königsalpe, von welcher man eine sehr schöne Aussicht hat." Seiner Erzieherin Frau von Leonrod schrieb er jedes Jahr aus Berchtesgaden, er hoffe, bald einmal bei schönem Wetter auch den Watzmann ersteigen zu können.

Am 4. September 1860 war es soweit. Aus den Tagebuch-Notizen des 15-Jährigen, die Herzog Franz von Bayern, Chef des Hauses Wittelsbach, für dieses Buch zur Verfügung gestellt hat, ergibt sich folgender Verlauf: Mit der Hofkutsche fuhr die königliche Gesellschaft von der Villa in Richtung Ramsau. An der Ilsanker Brücke (heute Bus-Haltestelle) trennte man sich. Mutter Marie, Bruder Otto und zwei Begleiter ließen sich zum Hintersee bringen, während Ludwig mit den beiden Grafen la Rosée und

„König Watzmann" mit seinen Felskronen

einem weiteren, den Historikern unbekannten Mann (Adjutant oder Bergführer?), den er „Manni" nennt, über die Ramsauer Ache zum Watzmann-Massiv aufstieg.

Auf einem bequemen Weg erreichten die Vier um 17 Uhr die Grubenalm, wo sie übernachteten. Der Kronprinz bekam ein „bisschen Zahnweh". Im dichten Nebel besuchten die jungen Herren noch eine benachbarte Sennhütte. Hier aßen sie Gerstenbrei und kaltes Fleisch, das dem Kronprinzen „fast in das Feuer gefallen" wäre. Abwechselnd schlief man im Bett der Sennerin Nandl, neben den Ziegen. Morgens um 8 Uhr brachen Ludwig und der geheimnisvolle Manni auf – ohne die Grafen.

„Der Weg wurde immer steiniger, bis nur Geröll da war." Ludwig füllte seine Feldflasche an einer Quelle. „So stiegen wir immer fort. Ich der erste auf der Spitze, die Anderen kamen bald auch. Fast oben ein Kreuz mit goldenem Christus. Schöner Felsen!" Da war es 12 Uhr mittags. Brotzeit mit Fleisch, Brot, Obst, Wein und Wasser. Weiterhin Nebel, fast keine Aussicht. Endlich ein Fetzen blauer Himmel und „ein wenig Berge". Um 13.45 Uhr stiegen sie ab. Nach dem Abendessen im Mitterkaser stiegen die vier Bergkameraden bei starkem Regen zur Brücke ab.

Tatsächlich war das Wirtshaus „Watzmann" an der Ilsanker Brücke in der Frühzeit des Alpintourismus ein bevorzugter Treffpunkt der Berchtesgadener Bergführer, weiß Fritz Rasp, Kurdirektor von Ramsau. Heute steigt von dort aus kaum mehr jemand zum zweithöchsten Berg Deutschlands auf. Denn längst ziehen sich kürzere, gut ausgebaute und beschilderte Wege ins Reich von „König Watzmann" (ab Königssee, Oberschönau oder St. Bartholomä). Der Weg Ilsank-Schapbach-Stubenalm, den der Kronprinz offenbar gegangen war, findet sich aber immer noch unter der Nummer 444 auf alten Wanderkarten und im Hüttenführer des Alpenvereins; er hat durchaus seinen Reiz. Die Gehzeit beträgt vier Stunden.

Die (nicht mehr beweidete) Grubenalm liegt etwas abseits des weiteren Anstiegs. Dieser führt durch Lärchenwald, Latschenfelder und Lichtweiden über die Mitterkaseralm und die ebenfalls aufgelassene Falzalm zum Watzmannhaus (1.928 m), das aber erst 1888 erbaut wurde. In weiteren zwei Stunden gelangen erfahrene Bergsteiger auf das Hocheck (2.651 m), das Traumziel des jugendlichen Träumers. Dass er diesen zweithöchsten Gipfel des Watzmann-Massivs tatsächlich erreicht und offenbar für den (60 Meter höheren) Hauptgipfel gehalten hat, lässt sich nunmehr aus den Tagebuch-Notizen klar beweisen.

Das Kreuz mit dem goldenen Christus war kein Traum, es steht heute noch oben. Hubert Nagl von der Bergschule Watzmann sagt, es sei erst in jüngerer Zeit neu vergoldet worden. Fritz Rasp indes erinnert sich an eine (verschwundene) Inschrift, wonach auch der preußische Kronprinz Friedrich Wilhelm am 30. Juli 1872 das Hocheck erklommen habe. Die Watzmann-Tour des späteren Märchenkönigs aber war beiden ortskundigen Gewährsmännern bisher völlig unbekannt. Spurensuchern empfehlen sie alternativ zum nicht gekennzeichneten „Ludwigs-Weg" den Aufstieg über den Alpenvereinsweg ab Wimbachbrücke oder von dort durch die Wimbachklamm, die wildeste, wenn auch nur 800 m lange Schlucht im Berchtesgadener Land.

Auskunft: Tourist Information Ramsau, Tel. 0049/(0)8657/988920 • Bergschule Watzmann, 0049/(0)8657/711

Literatur: Kabinettsakten König Ludwig II. Nr. 764, Geheimes Hausarchiv im Bayerischen Hauptstaatsarchiv • Michael Neumann-Adrian: Das König-Ludwig-Wanderbuch, 2004 • Hans Nöhbauer: Auf den Spuren König Ludwigs II., 1986 • Hans K.E.L. Keller: Der König, 1967 • Reiner A. Müller: König Maximilian II. von Bayern, 1988

38. Bad in der Gumpe

Mit Prinzregent Luitpold auf Pirsch durch die Allgäuer Alpen

Prinzregent Luitpold in seiner Parade- und Foto-Uniform. Lieber trug er sein „Jagergwand"

Für die Leute war er kein Regent, kein Herrscher, keiner von jenen Großkopferten aus der Stadt, die in immer größerer Schar zur Sommerfrische ins Allgäu reisten. Er war einfach nur „der Prinz". Er gab sich schon äußerlich nicht so wie die bayerischen Adeligen um diese Zeit, die sich bei ihren Landpartien in Steirische Tracht zu kleiden pflegten. Vielmehr bevorzugte er – ein Foto von 1855 zeigt es – die Lederhose, grüne Wollstrümpfe, eine graue Lodenjoppe und einen grünen Jägerhut.

Prinzregent Luitpold liebte die Menschen, er war aus anderem Holz geschnitzt als sein Neffe Ludwig II., dem er nach dessen Tod im Starnberger See im Juni 1886 ungekrönt auf den Thron folgen musste. Und er liebte die Berge, die Alpenseen, die Wälder, die Tiere, die dort heimisch waren. Jedes Jahr kam er für drei bis vier Wochen ins Oberallgäu, nach Hindelang und Oberstdorf, wo ihm sein Bruder, König Max II., große Jagdreviere zugewiesen hatte. Er bezahlte nicht nur die Pacht, sondern auch so manche kommunale und kirchliche Einrichtung.

Anfangs wohnte der Prinz bei einfachen Bauern, später ließ er Jagdhäuser und -hütten bauen und Reitwege anlegen. Dabei ging er meistens zu Fuß, nur manchmal ritt er auf einem Haflinger zur Pirsch. Zusammen mit 30 bis 60 Jagdgästen und Helfern. Unter denen waren urwüchsige, verwegene Kerle. Als Leibjäger diente der legendäre „Adlerkönig" Leo Dorn, der sogar dem Kanzler Bismarck Schreibfedern aus dem Gefieder der Greifvögel geliefert haben soll. Zum Jagdaufseher machte er – eine Art Resozialisierung – den vorbestraften Wilderer Thaddäus Blattner, von dem es in einem Bewerbungsbericht der Gemeinde Oberstdorf heißt: „Außer einigen Raufhändeln und Schwängerung dreier Jungfrauen ist nichts Nachteiliges bekannt."

Das Dörfchen Hinterstein im Ostrachtal, heute ein Ortsteil von Bad Hindelang, war der Lieblingsstützpunkt des Prinzen und späteren Prinzregenten. Mindestens 60 Mal sei er hier gewesen, weiß Hugo Anwander von seinem Großvater, der dem hochwohlgeborenen, leutseligen Jagdherrn – wie fast alle Männer seiner Gemeinde – als Träger und Treiber dienten. Weil der Opa, Hermann Josef Besler, zwölf Kinder hatte, bekam er nach dem Tragen mit der Kraxe immer ein paar Mark extra. „Das war eine Art Kindergeld." Am Ende jeder Saison erhielten zwölf Jagdhelfer eine Lederhose geschenkt. Auch bei der Verteilung von Zigarren war der Jagdherr großzügig.

Jopp'n, Büchs'n, Wad'strümpf' – so liebte das Volk seinen „Reserve-König" (3. v. l.)

Oft brachte Luitpold hohe Gäste mit: Minister aus München, ausländische Fürsten oder den ebenso jagdbegeisterten Schriftsteller Ludwig Ganghofer. Auch das zahlte sich aus für die Einheimischen. Mit denen verkehrte er recht ungezwungen, beispielsweise abends auf der Kegelbahn. Berühmt wurde ein älterer, „Häsle" genannter Treiber durch seinen „dezenten" Hinweis beim Morgenappell: „Du, Prinzregent, wie wär's, wenn mir beid' mitanond s'Hosentürle zuemache tätet."

Übrigens hatte Luitpold 18 Jahre lang keine Treibjagden abhalten lassen, um den – nach der Revolution von 1848 durch Tiroler Wilderer dezimierten – Rotwildbestand zu schonen. Erst 1884 erlegte er auf Allgäuer Boden den ersten Hirsch. Es ging ihm nicht ums Schießen, sondern ums Schauen. Selbst im Hochwinter saß er stundenlang an den Schüttplätzen, um das äsende Wild zu beobachten. Ein Hochgenuss war für ihn das „Gamsschauen". Vertreiben ließ er störende Touristen. Und den Bau einer Eisenbahnlinie zwischen Hindelang und Sonthofen wusste er zu verhindern, um das Wild nicht zu schrecken.

Wer örtliche Erinnerungen an den populären Prinzen wachrufen will, sollte vom Friedhof oder vom großen Parkplatz in Hinterstein aus den Pfad links vom Zipfelbach hochsteigen. Der Bach wird bald zum imposanten Wasserfall. Einmal ist ein Fixseil für Wagemutige darüber gespannt, gleich danach ist eine Einstiegsstelle für Wasserfallkletterer markiert. Oben führt ein Steg, der einen herrlichen Blick bietet, über den Wildbach zu einem Höhenweg in Richtung Wildfräuleinstein. Doch so weit muss man gar nicht gehen. Schon der erste Abstieg lohnt: Wieder am Dorfrand angelangt, stößt man – nach insgesamt etwa 40 Minuten Gehzeit – auf ein liebliches Kneippbad mit Schilf, Planken, Blumen und einem angenehmen Restaurant, wo eine Tafel hängt mit historischen Daten, die Nachbar Anwander verfasst hat.

Dies ist die tiefste Stelle des Zipfelbaches, sie ist als „Prinze-Gumpe" bekannt. Nach seinen Jagdausflügen hatte sich der hohe Herr, sogar im kühlen Herbst und noch im hohen Alter, vor der Heimkehr ins Jagdhaus weiter oben in diesem Seelein erfrischt. „Er war nicht nur ein begeisterter Berggeher, sondern auch ein großer Wasserfreund," sagt Anwander, der das noch von seinem Opa weiß. Blau wie eine Zwetschge sei „der Prinz" manchmal aus dem Bergwasser gestiegen. 1910 war der Verweser des Königreichs Bayern zum letzten Mal in Hinterstein, seinem versteckten Paradies; da stand er bereits im 90. Lebensjahr; er starb am 12. Dezember 1912.

Das Hauptjagdgebiet im 14.000 Hektar großen Hintersteiner Revier waren die Wälder am 1.111 m hohen Schrattenberg am Taleingang. Bei der „Messtanne" wurde jedes Jahr im Beisein des Prinzregenten eine Messe gelesen. Ebenso erinnerungsträchtig ist der Weg zum zweieinhalb Gehstunden entfernten Giebelhaus (wohin auch der umweltfreundliche Linienbus fährt), und von dort aus der zweistündige Aufstieg zum Prinz-Luitpold-Haus (1.846 m), für das der Namenspatron den Grund dem damaligen Alpenclub kostenlos überlassen hatte.

Auch in Oberstdorf hat Stammgast Luitpold seine Spuren hinterlassen. Den etwa zwanzig Kilometer langen Weg dorthin legte er, alle Passanten grüßend, von Hindelang aus mit der zweispännigen Kutsche zurück. 1856, noch zur Regierungszeit von Max II., war am Ortsrand ein „Königliches Jagdhaus" eingeweiht worden. Zunächst als unverschindeltes Blockhaus. Zu Zeiten des Prinzregenten und noch seines Sohnes und Nachfolgers, des Königs Ludwig III., war es Ausgangspunkt großer Hofjagden. Eine Wittelsbacher Prinzessin bewohnte das Haus bis 1975. Nach aufwändigen Umbau- und Sanierungsarbeiten, unter Wahrung der Substanz, ist es seit 2000 ein gut geführtes Gourmet-Restaurant.

Gleich um die Ecke steht, seit November 1912, ein ehernes Denkmal auf einem Felsturm: Prinzregent Luitpold in der Pose des Jägers, die Büchse eher zu Boden gerichtet als im Anschlag. Und wer nun noch wissen will, wie „der Prinz" in seinen Allgäuer Jagdresidenzen gewohnt hat, der begebe sich ins Oberstdorfer Heimatmuseum. Dort steht ein Sessel im Stil der „deutschen Renaissance", mit Lederbespannung, kunstvoll geschnitzten Masken und bayerischem Wappen geschmückt.

Auskünfte: Gästeinformation Hindelang, Tel. 0049 / (0) 8324 / 8920 • Tourismus & Sport Oberstdorfhaus, Tel. 0049 / (0) 8322 / 7000

Literatur: Hans Reidelbach: Luitpold, Prinzregent von Bayern, 1901 • Willi Wechs: Ein Leben am Berg, Kempten. 1977 • Thilo Kreier: Kurstadtführer Bad Hindelang, 2004 • Unser Oberstdorf. Blätter zur Heimatgeschichte • Karl Hofmann: Die Geschichte des Marktes Oberstdorf, 1979

39. „Ich näherte mich den Gebirgen“

Mit dem Dichterfürsten Goethe von der Isar bis zum Gardasee

Goethe-Büste im Schlosshof von Malcesine

„Nichts als weg,“ soll der 27 Jahre junge, vom noch jüngeren Herzog Carl August in Weimar für vielerlei Aufgaben frisch angeheuerte Johann Wolfgang Goethe am 3. September 1786 gestöhnt haben, ohne sich richtig zu verabschieden. Mitten in der Nacht bestieg er, nur mit Mantelsack, Dachranzen und Notizblock, die Postkutsche in Carlsbad, um seine erste, die klassische „italiänische Reise“ anzutreten. Er hatte es eilig, sein „Arkadien“ zu erreichen. Am 6. September war er in München, wo er im Naturalienkabinett „schöne Sachen aus Tirol“ bewunderte. Und schon am nächsten Tag quartierte er sich unter einem Decknamen beim Postwirt Josef Petz in Wolfratshausen ein, mit dessen Dienstboten er einige Scherereien gehabt haben soll.

Der weitere Weg führte Jean Philipp Moeller, wie er sich nannte, entlang der Isar, deren „Granitgeschiebe“ ihn begeisterte, in Richtung „Tiroler Berge“. Es sollte nicht seine erste Begegnung mit den Alpen sein. Angeregt von zeitgenössischer Literatur (Rousseau, Haller), hatte der Frankfurter Rechtsanwalt im Jahr zuvor mit drei Freunden den Rigi und den Gotthard in der Zentralschweiz bestiegen. In seinem „Gedankenheftchen“ notierte er dazu: „Die erhabenen, unvergleichlichen Naturszenen werden immer vor meinem Geiste stehen. Es ist mir nie so deutlich geworden, wie in den letzten Tagen, dass ich in der Beschränkung glücklich sein könnte.“

Irgendwo zwischen Isar und Loisach hatte er ein Schlüsselerlebnis: „Nun ging mir eine neue Welt auf. Ich näherte mich den Gebirgen, die sich nach und nach entwickelten.“ Beim Kloster Benediktbeuren, das ihn „überraschte beim ersten Anblick“, stand er schon am Fuße hoher Wände. Und von Kochel am unteren See ging's hinauf zum Walchensee, „noch höher im Gebirge“. Dort hatte es Tags zuvor „gedonnert geblitzt geregnet“, sodass Goethe „den ersten Schnee begrüßen“ konnte. Am Südufer des Sees grüßt heute, etwas versteckt, ein Goethe-Denkmal, und ein kleines Privatmuseum in Urfeld erinnert ein bisschen an den Schnellreisenden.

Nur noch wenige Reminiszenzen an die – nicht mehr genau rekonstruierbare – Alpenroute des Herrn „Moeller“ sind erhalten, obwohl sich die bayerische Stiftung „Aventinum“ seit Jahren sehr bemüht, für ein Projekt „Europäische Goethestraße“ bei allen in Betracht kommenden Gemeinden entsprechendes Quellenmaterial zu sammeln, bis hin zu historischen Fahrplänen. Immerhin weisen Goethes eigene Reiseberichte auf Orte und Vorkommnisse hin, die eine Recherche verdienen würden.

Wolfratshausen an der Loisachmündung im 19. Jahrhundert. Unten: Das Hotel Goldener Adler in Innsbruck, wo Goethe einmal speiste und Quartier nahm, hatte viele hohe Gäste

So hatte unser Anonymus auf der Weiterfahrt nach Mittenwald ein „erstes Abenteuergen“: Er kam ins Gespräch mit einem Harfner und seinem „Töchtergen“ von elf Jahren, das ihn durch Schönheit und Wissbegier faszinierte und später als „Mignon“ in seinen Roman „Wilhelm Meisters Wanderjahre“ einging. Ebenso genoss er bald nach Mittenwald den Übergang „ins Tyrol“. Er fand die Staatsgrenze „mit einem Walle geschlossen“ und die „beschneiten höchsten Gipfel auf einem tieferen Himmelsblau, das waren köstliche, ewig abwechselnde Bilder“.

Den Zirler Berg hinunterkommend, „getraute“ sich der junge Dichter an der Martinswand, wo sich Kaiser Maximilian verstiegen haben soll, „wohl ohne Engel hin und her zu kommen, ob es gleich immer ein frevelhafftes Unternehmen wäre“. Konkrete Erinnerungen an den hohen Gast sind aber erst wieder in Innsbruck dokumentiert. Das Mittagessen nahm er im „Goldenen Adler“ ein, der neben einem Haus in Gent als das älteste Hotel Europas gilt und schon mehrere Kaiser bedient hatte. Im Sohn des Wirtes wollte Goethe eine verschmitzte Figur aus seinem Jugendstück „Die Mitschuldigen“ wiedererkennen, einen „leibhaftigen Söller“.

Schon um 14 Uhr reiste er weiter, magisch zog es ihn in das „Land, wo die Zitronen blühn". Nur stichwortartig konnte er seine Eindrücke notieren: „Innsbruck liegt herrlich in einem breiten, reichen Thale zwischen hohen Felsen und Gebirgen." Seiner Herzensdame Charlotte von Stein vertraute er an, in dieser Gegend möchte er mit ihr einen Monat verleben. Am 5. Juni 1790 kam er noch einmal, wieder allein, jetzt nahm er sogar Quartier im Goldenen Adler, wo die Tochter Marie Theresia zu seinen Ehren einen Empfang gab; abends sah sich die ganze Gesellschaft „Die Verlobung" an.

Das Hotel hat natürlich längst eine „Goethe-Stube". Sie wurde zum Treffpunkt von Dichtern, Malern und Musikern. Einer der kleineren Epigonen hat hier 1881 ein Gedicht über all die bedeutenden Gäste hinterlassen, mit der Verszeile: „Wer geplagt vom Größenwahnsinn aus der Gilde der Poeten, der darf hier den Boden küssen, welchen Goethes Fuß betreten." Unter rotem Gewölbe dunkeln eine schlechte Kopie des Tischbein-Goethe und ein Ölbild, das den Dichter mit dem Wirtssohn zeigt,

Der Weg „von Innspr [Innsbruck] herauf wurde immer schöner". Er kann nur durch die Sillschlucht geführt haben, denn in seinem im Innsbrucker Stadtarchiv aufbewahrten Originalbericht heißt es: „Auf gebahntesten Wegen steigt man eine Schlucht herauf, die das Wasser nach dem Inn hin sendet, eine Schlucht, die den Augen unzählige Abwechslungen bietet." Der Hohlweg war offenbar Vorgänger der heutigen „alten Brennerstraße", die deutsche Kaiser bei 66 Romzügen benutzt hatten. (Hier auch hatte 1809 die dritte Berg-Isel-Schlacht zwischen Andreas Hofers Schützen und den bayerischen Besatzern ihren blutigen Höhepunkt). Die schöne, trotz Großstadtnähe noch wilde Schlucht endet an der Europabrücke, die sich 190 m hoch über die Sill schwingt.

Parallel zur heutigen Bundesstraße, wo jetzt ein Jakobsweg verläuft, muss sich Goethe dem Ort Gries am Brenner genähert und dort im „Weißen Rössl" einquartiert sein, denn hier befand sich eine Pferdewechselstation mit eigener Gaststube für die Kutscher. Der Postillon, dem sich der Reisende aus Weimar anvertraute, hatte vielleicht etwas zu viel Wein konsumiert, denn bei der Fahrt über den Pass und hinunter nach Bozen schlief er auf seinem Bock ein. Was Goethe aber wenig ausmachte, denn „die Pferde liefen den schnellsten Trab bergunter, immer auf dem bekannten Wege fort". Und so kam er bei aufgehendem Mond „sehr geschwind zwischen hohen Felsen, an den reißenden Etsch Fluss hinunter" (Hier irrt Goethe, er befand sich am Eisack. Siehe auch Kapitel 30).

Im verschlafenen Sterzing aber gab man dem nächtlichen Ankömmling zu verstehen, „dass man mich gleich wieder weg wünschte". Dann, bei großer Tageshitze, entzückten ihn die Trauben und Lauben von Bozen, die er ebenso genau beschrieb wie den Markt, doch die „Unruhe, die hinter mir ist", ließ ihn nicht rasten. Gerade noch konnte er sich um den Geldkurs kümmern, konnte wechseln, bezahlen, notieren, schreiben.

Als er am 14. September, nun endlich im Land der Zitronen, das venezianische Grenzstädtchen Malcesine am Gardasee erreichte, begann er außerdem zu zeichnen.

In Torbole schrieb der anonym reisende Goethe seine „Iphigenie auf Tauris" zu Ende

Dies bereitete ihm ein „gefährliches Abenteuer, welches ich mit gutem Humor überstand". Beim Skizzieren des mächtigen Scaliger-Schlosses wurde er als Spion verdächtigt und von Häschern ergriffen. „Da ward mir schwul." Der Bürgermeister ließ den hierorts noch unbekannten Dichter erst laufen, nachdem der den Leuten die „Schönheit der Ruine" und ihres Städtchens nahegebracht hatte. Dessen Lage wäre es wohl wert, „von Fremden besucht zu werden". Goethe also als früher Tourismuswerber.

Diese Rolle wird ihm jedenfalls in Torbole, dem Nachbarort, seit Langem zugeteilt. Es war an der heutigen Piazza Vittorio Veneto, wo er nach den ruhelosen Tag- und Nachtfahrten endlich „ein Plätzgen fand, wo ich bleiben mag". Er genoss das „nachlässige Schlaraffenleben" des Volkes, speiste „köstliche Trotte" (Forellen), Feigen und Birnen, unternahm Schiffsausflüge zu anderen Orten am Lago di Garda, worüber er ausführlich berichtete. Vor allem aber begann er in dem grünen, gern gemalten Zollhäuschen an der Hafenmole, wie eine von Wiener Verehrern angebrachte Steintafel verkündet, an einem unter das Fenster gerückten Tisch die „übelklingenden" Erstfassung seiner „Iphigenie auf Tauris" zu überarbeiten, was „im Angesichte des Sees gut vonstatten gegangen ist".

Wo Goethe damals über die Alpen kutschiert war, fuhr genau 200 Jahre später eine mit fünf polnischen Pferden bespannte Postkutsche, ein eleganter Landauer, im gleichen Stil und Tempo, nämlich zehn Kilometer pro Stunde. Der ehemalige Kapitän zur See Andreas Nemitz aus Kerschlach in Oberbayern hatte die Nostalgie-Reise bis zum Einstellen der Rösser in Kasematten am Gardasee organisiert – und alljährlich für zahlende Gäste wiederholt; im November 2007 fuhr er zum letzten Mal. „Die alten

Römerstraßen sind überbaut oder verschüttet," bedauert Nemitz, „zwischen Brixen und Trient kann unser Gespann kaum mehr ungehindert fahren."

Nun darf freilich angenommen werden, dass der Alpentourist Goethe nicht immer nur mit der Kutsche gefahren war, hatte er doch in einem Brief aus der Schweiz bekannt: „Zu Fuß gehen ist am Ende doch immer das angenehmste ..." Mit Hilfe eines neuen Reiseführers „Der Goethe-Weg über die Alpen" lässt sich der alpine Teil der „Italienischen Reise" tatsächlich auch zu Fuß nachvollziehen.

Im Jahr 2005 hatte Guido Seyerle in Zusammenarbeit mit der Internationalen Goethe-Gesellschaft versucht, den Wegverlauf so authentisch wie noch möglich zu erkunden. Die beschriebene „kulturelle Fernwanderung" beginnt in München und endet nach knapp 700 Kilometern in Verona, sie ist in 28 Tagesetappen eingeteilt. Natürlich fehlt es nicht an ortsbezogenen Zitaten und Hinweisen auf historische Zeugnisse, die allerdings rar sind, solange sich die damals „gastgebenden" Orte und Häuser nicht um intensivere Nachforschung bemühen.

Literatur: Johann Wolfgang Goethe: Italienische Reise, 1988 • Hermann Karl: Goethes Briefe an Frau von Stein, 1894 • Konrad Scheuermann: Goethes Reisetagebuch 1786 • Guido Seyerle: Der Goethe-Weg über die Alpen, 2006 • Herbert Guggenbichler: Die Berge im Weltbild Goethes, Alpenvereinsjahrbuch Berg 1997

40. „Es war scho halt a Strapaz“

Mit Ödön von Horváth vom Kreuzeck zur Höllentalklamm

Ödön von Horváth (1901 – 1938) war ein begeisterter Alpinist. Von seinem Wohnsitz in Murnau aus durchforschte er am liebsten das Wettersteingebirge

Als er noch klein war, hing über seinem Gitterbett ein Gebirgsbild, und seither verspürte er „die Sehnsucht nach den blauen Bergen, ohne jemals einen Hügel erblickt zu haben“. So fabulierte der in Rijeka (Kroatien) geborene Ödön von Horváth 1924 in einem seiner ersten „Sportmärchen“, mit denen er seine schriftstellerische Karriere begonnen hatte. Mit den Eltern über Belgrad und Budapest ins bayerische Hochland gekommen, hat der Diplomatensohn endlich seine Sehnsucht stillen können. „Die Berge liebte er, als wenn sie seine Heimat wären,“ erinnerte sich sein Freund Hans Geiringer an die Zeit in Murnau am Staffelsee.

Horváth war nicht nur der sozialkritische Autor, als den ihn längst auch sein damaliger Wohnort Murnau kennt und feiert, sondern auch ein hervorragender Alpinist, der schon im Kriegssommer 1918 als Oberrealschüler in München dem Deutschen und Österreichischen Alpenverein beigetreten war. Seine im Wettersteingebirge hinterlassenen Spuren sind hinreichend dokumentiert (wobei sich Murnauer Gymnasiasten besondere Mühe machten), sodass sie jedem Bergwanderer als Markierungspunkte und geistige Verpflegung dienen können.

Der Touristentrubel an der Kreuzeckbahn war dem Bergsteiger Horváth noch erspart geblieben, als er im Juli 1920 eine Tour zur Höllentalangerhütte unternahm und von dort eine Ansichtskarte mit „Blick auf die Zugspitze und Riffelspitze“ an die Eltern in einem Murnauer Hotel schickte. Die Drahtseile für die Gondeln waren nämlich erst 1926 auf das 1.651 m hohe Kreuzeck gespannt worden. Doch der Bau von Bergbahnen und die oft dramatischen Begleitumstände – auch die Tiroler Zugspitzbahn wurde 1926 eingeweiht, während die Bayern noch planten – haben den Sportmärchendichter zu seinem ersten Schauspiel angeregt: „Die Bergbahn“ schildert Konflikte zwischen Arbeitern, Ingenieuren und Kapitalgebern.

Auf dem viel begangenen Weg vom Kreuzeck zur Hochalm schwenkt unsere „Horváth-Gedächtnis-Tour“ in einen Steig ein, der – etwas versteckt – zum Hupfleitenjoch weist. Wanderführer rühmen ihn als einen der schönsten im ganzen Alpenraum. Jedenfalls ist er, markiert als KK1, als einer der drei Höhenkurwege, die Garmisch-Partenkirchen in das Netz seiner wissenschaftlich getesteten Klimatherapeutischen Terrainkurwege eingefügt hat: Bei vorgegebener Gehgeschwindigkeit, Steigung und

Die Höllentalangerhütte – Endstation einer Kreuzeckrunde und Ausgangspunkt für Zugspitzbesteigungen

Höhenlage werden zunehmende Anforderungen an den Kurpatienten gestellt. Die großartige Aussicht auf das Olympiadorf und ins Voralpenland, die der Wanderer auf diesem Steig ständig genießt, kommt noch dazu.

Wie Hupfdohlen, die immer die Berggasthäuser umkreisen und Essensreste picken, hocken die Wanderer am Hupfleitenjoch (1.754 m) auf Felsbuckeln, packen den Rucksack aus und schauen in die Schlünde des Höllentals und der Zugspitze. Ein alpiner Steig schlängelt sich steil hinunter. „Gefährliche Schneefelder, Absturzgefahr," warnt ein Schild. Auch sei nunmehr, heißt es, die Zuhilfenahme beider Hände, Schwindelfreiheit und gute Bergausrüstung erforderlich. In einem der Sportmärchen, die im „Simplicissimus" erschienen waren, lässt Horváth verschiedene Ausrüstungsgegenstände darüber beraten, wie sie den leichtsinnigen Bergsteiger bestrafen können („... und sogleich wird der Pickel in seine Gedärme dringen und das Seil ihn mit einer Schlinge erwürgen").

Frisch geweißelt leuchten vom Hang gegenüber die Knappenhäuser (1.526 m) – Markzeichen der alpinen Technikgeschichte. Der Abbau von kriegswichtigem Molybdän war schon 1918 eingestellt worden, die Bewirtschaftung erst vor ein paar Jahren. Von der – ebenfalls von Wanderern voll besetzten – Terrasse aus wird die Aufstiegsspur über das Höllentalkar und den Höllentalferner zur Zugspitze sichtbar. „Fräulein Pollinger", eine der tragisch-trotzigen Frauenfiguren des Frauenlieblings Horváth, kolportiert in einem Stück, „dass die Zugspitze ein sehr hoher Berg sei, mit eisernen Nägeln in der Wand, an dem die Touristen herumklettern und viele Sachsen abstürzen".

Die 1903 erschlossene Höllentalklamm gilt als der „schönste Weg zur Zugspitze". Die Schlucht ist neben der 1912 ausgebauten Partnachklamm eines der attraktivsten Ausflugsziele im Werdenfelserland

Der angehende Erfolgsschriftsteller kletterte am liebsten mit seiner Freundin Lizzy Seyd, für die er auch die Sportmärchen dichtete. Zu seinen Begleitern zählten außerdem sein Bruder Lajos und dessen Freundin Gustl Emhardt, der Autor Wolf-Justin Hartmann und vor allem sein „treuer Tourenkamerad" Geiringer, der über eine der oft gegangenen Touren „zum Kreuzeck nauf u. dann übers Hupfleitenjoch durchs Höllental via Hammersbach zurück" auf einer Postkarte angemerkt hatte: „Es war scho halt a Strapaz, alle Glieder tun mir weh bis auf eines." Siebenstündige Bergwanderungen, etwa über den Hohen Gang und den Seebensee zur Coburger Hütte (Ganghofer-Land), über den Schachen (König-Ludwig-Land) zur Meilerhütte oder die Traversierung Zugspitze-Alpspitze, waren für diese „unzertrennliche Clique" gang und gäbe.

Drehscheibe und Hauptrastplatz war die Höllentalangerhütte (1.387 m), und sie ist es für die Wettersteinwanderer immer noch. Alle Tische drinnen und draußen sind besetzt, weit hinaus ins liebliche Gelände lagern die Bergsteiger. Ein Schwabe erklärt dem aus Holstein stammenden Servierfräulein, dass es nicht „Leberkäse" heiße, sondern Leberkäs, weil kein Käse drin sei. Und bei Geiringers Hinweis, dass Ödön immer elegant gewesen sei, auch am Berg, fällt uns Freund Helmuth Guthmann ein, der bei einem Aufstieg zur Zugpsitze in den 50er Jahren eine Kleiderbürste dabei hatte, mit der er im steinigen Kar seinen feinen Anzug säuberte.

Der Abstieg zur Klamm führt an der von Höhlen durchlöcherten Südostwand des Großen Waxenstein entlang, die Passage heißt auf der Karte „Am bösen Ort". In 1.165 m Höhe wird es eng und das Rauschen des Hammersbaches wird zum Toben. Der Weg durch die – in Deutschland einzigartige – Höllentalklamm erschließe wilde Bergnatur, steht auf einem Warnschild. Er wird zwar vom Alpenverein ständig unterhalten, doch wird jedem Besucher „eigene Vorsicht" empfohlen. Bei Unwetter solle man Schutz suchen in einem Stollen, deren es zwölf gibt auf der 1.026 m langen Wegstrecke.

Von den Berggefahren hat Horváth gewusst, und er hat sie nicht verheimlicht. Authentisch seine Beschreibung, wie ein „geübter Bergsteiger auf einer hohen Alpenzinne herabkletterte und den Leichnam eines ungeübten Bergsteigers fand". Poetisch der Satz: „Die Dunkelheit hielt Hochzeit im stillen Kar. Irgendwo sang ein Salamander Ständchen ... Die Nächte gehören den Abgestürzten." Andererseits konnte der Diplomatensohn „irgendwo in den Alpen stundenlang in einem verräucherten Wirtshaus sitzen und entzückt der Zither und den Schnadahüpferln lauschen", wie sein Spezi Geiringer berichtet. Und trinken konnte er recht gut, „nicht zu viel, aber auch nicht zu wenig". Im Schlossmuseum Murnau ist der Alpinist Horvath dokumentiert.

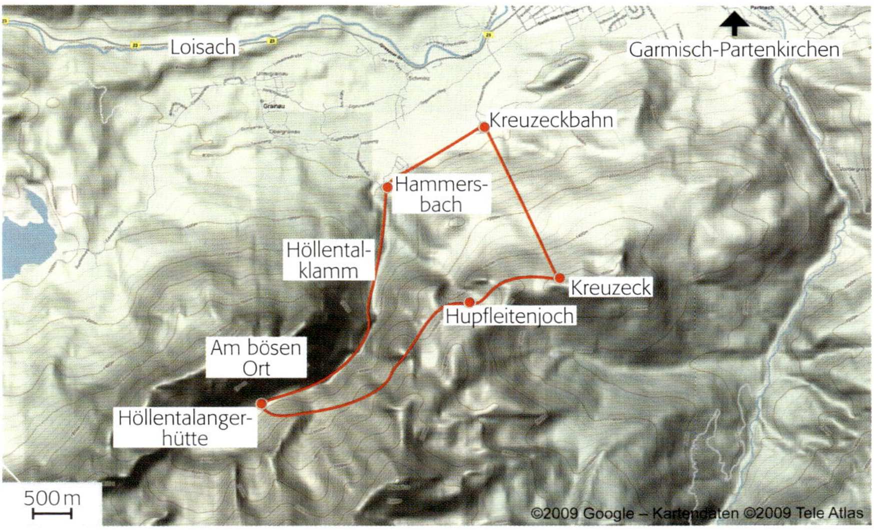

Auskunft: Höllentalangerhütte, Tel. 0049/(0) 8821/8811 • Schlossmuseum Murnau, Tel. 0049/(0) 8841/47 62 07

41. Vom Tatzelwurm zum Zipflwirt

Mit dem Alpen-Poeten Ludwig Steub durch das „bayerische Gebirg“

Am Gasthof Sebi in Niederndorf erinnert ein Relief an den einstigen Stammgast Steub (1812–1888), der auch einen Roman „Die Rose der Sebi“ veröffentlicht hat

„Das bayerische Hochland ist fashionabel geworden“. Ludwig Steub, der dies 1869 schrieb, war für Oberbayern und das benachbarte Tirol das, was Theodor Fontane etwa gleichzeitig für die Mark Brandenburg war: empfindsamer Entdecker und geistreicher Beschreiber von Landschaften und Menschen, somit Wegbereiter einer neuen Völkerwanderung zu den Alpen, aber auch Kritiker eines beginnenden Mode-Tourismus. Der hatte sich damals vor allem dort ausgebreitet, wohin Könige, Künstler oder reich gewordene Kaufleute zu reisen pflegten: am Tegernsee, am Schliersee bis hinauf nach Bayrischzell und ganz besonders – nachdem der Bayernkönig Max II. 1858 mit großem Tross den Wendelstein erklommen hatte – im Inntal zwischen Brannenburg und Kufstein.

„Auf den Spuren Ludwig Steubs“ führen Wegtafeln, die ein Tiroler Verehrer des in Aichach bei Augsburg geborenen Schriftstellers, Notars und leidenschaftlichen Wanderers hundert Jahre nach dessen Tod, 1988, grenzübergreifend aufgestellt hat. Sie weisen zu meist versteckten Winkeln und urigen Wirtshäusern der Wendelsteinregion, die Steub in seinen Büchern beschreibt. Die Route lässt sich gut mit anderen, neu angelegten Wanderwegenetzen verknüpfen. Es sind Wege, die in alte Zeiten führen.

Oberaudorf, Autobahnausfahrt und Schnellzugstation, bietet sich als Ausgangspunkt an. Rund 4.000 Jahre Geschichte erschließt dort zunächst der „Historische Pfad“, der in einem Faltblatt skizziert ist und einmal im Monat geführt wird. Binnen vier Stunden gelangt man vom Kulthügel, einem mutmaßlichen Opferplatz der Bronzezeit, bis zum Grafenloch, das wohl schon in der Steinzeit bewohnt war. Weitere Stationen sind die Ruine Auerburg, die Kaiser Ludwig der Bayer 1329 bauen ließ, und der „Weber an der Wand“, eine an den Fels geklebte Gaststätte, die schon im 19. Jahrhundert von Künstlern und Fürsten, darunter dem russischen Zaren, besucht wurde.

Doch folgen wir nun den Steub-Spuren. Zunächst hinauf zu den Audorfer Almen, von denen der Dichter schwärmte, sie seien „im ganzen bayerischen Gebirg eigentlich das empfehlenswertheste Stück für das große Publicum, weil sie leicht zu begehen und nicht übermäßig lang, dabei lieblich, großartig, mit weiten Fernsichten und mit kleinen Schönheiten an der Hand gar reichlich ausgestattet sind.“ Es kann noch gar nicht so lang her sein, dass Jäger oder Wilderer die Sennerinnen aufsuchten, denn an einer der Hütten fordert ein Schild, vor dem Eintreten die Gewehre zu sichern. Durch das

Alte Ansicht vom „Gasthaus z. Tatzelwurm" mit einem ortsbezogenen Gedicht Victor von Scheffels

noch wenig begangene Nesseltal führt der Weg hinunter ins Tal von Bayrischzell, wo beim abgeschiedenen Zipflwirt musiziert und übernachtet wird.

Anderntags steigt man hoch durch finsteren Wald, um an einer Forst- und einer Jagdhütte vorbei zu den teilweise verlassenen Hütten der Fellalm zu gelangen und auf dem Joch zwischen den Bergköpfen des Traithen eine Weile zu rasten. „Eine Almhütte", hatte schon der Wanderer Steub erfahren müssen, „ist gewöhnlich so gelegen, dass ihr ohne Mühe und Beschwer nicht beizukommen ist". Ihn hatte insbesondere der aufgeweichte „Tret" des Almviehs strapaziert. Danach aber geht es nur noch bergab, über Sudelfeld und Rosengasse hinunter „Zum feurigen Tatzelwurm". Der so beschriebene Berggasthof war ein beliebter Treffpunkt wandernder Künstler, nachdem ihn Steub entdeckt und gepriesen hatte: „Auf dem Schild ist ein fabelhafter Drache, wie derselbe im Gebirge noch zuweilen gesehen werden will". Auch Victor von Scheffel war einer der Stammgäste, an die ein kleines Museum im Haus erinnert.

Am dritten Tag wandert man – wieder nach Steub – durch ein „grünes Thal, das sich reich an Wies' und Wald, an Hütten und Höfen bis zum Innstrom hinauszieht; über diesen herüber aber schauen die wilden Kaiser, mächtig übereinanderwogend. Und damit keine Schönheit der Alpenwelt vermisst werde, ergießt sich ein höchst eleganter Wasserfall in eine schwindelige Tiefe, über welche eine hölzerne Brücke gelegt ist." All das ist noch zu finden oder zu ergründen.

Als dritter bayerischer Ort im Bund der Steub-Stationen bietet sich Kiefersfelden dar. Über diese Grenze war der rechtskundige und reiselustige Münchner Bürger einst mit dem zum Griechenkönig bestimmten Bayernprinzen Otto und Gefolge ausgezogen ins ferne Hellas; eine neue gotische Kapelle erinnert an den Aufbruch, der unglücklich endete. Dieses und ein Dutzend weiterer Gotteshäuschen sind zu einem „Kapellenwanderweg" zusammengefasst und in dem Buch „Kapellengeschichten" beschrieben.

An Steub indes erinnern zwei Besonderheiten „in der Kiefer". Im Ort selbst sind es die Ritterspiele, das älteste deutsche Volkstheater, dessen Tiroler Hausautor Josef Schmalz unser Beobachter aus Bayern als „Bauern-Shakespeare" berühmt gemacht hat. Und dann das Wachtl. Nach langem Dornröschenschlaf im Wald hat das Grenzgasthöfchen junge Wirtsleute bekommen, die den alten Schlendrian hinausgefegt haben, die auch ihren alten Steub kennen und seiner Schilderung durchaus genügen: „Wirthin und Kellnerin sind gesangskundig und verstehen sich auf Almenlieder". Das Wachtl liegt allerdings schon hundert Schritt auf Tiroler Gebiet; über den Kieferer Bach steigt man, an der früheren Grenzbaracke vorbei, auf einer Eisenstiege hinunter zurück ins Dorf.

Gern und oft waren der Weltmann Steub und seine Freunde von den bayerischen auf die tirolerischen Gestade des Inn gewandert. Sie bemängelten damals die Küche im heimischen Königreich, wozu sie heute kaum mehr Grund hätten. Auch hatte sich Steub oft über die Verkehrsverbindungen geärgert: Im Rosenheimer Bahnhof wurde er eingequetscht, und vor Bayrischzell bat er Bauersleute vergeblich um ein Gespann.

Und so sehnte sich der Tirol-Fan Ludwig Steub „nach dieser ersten Serie vaterländischer Reisebegebenheiten wieder ziemlich stark nach dem theuren Land der Glaubenseinheit. Dort findet der harmlose Wanderer nicht allein Litaneien, Rosenkränze und Andachten, sondern statt schlechter Biere gute Weine sowie Freundlichkeit und Aufmerksamkeit des Empfangs und der Pflege". Was so, wie gesagt, nicht mehr ganz stimmt.

Besonders gern hat Steub als Stützpunkt für seine 30 Jahre währenden Wanderungen durch „das Gebirg das zwei Kilometer hinter der Grenze gelegene Wirtshaus zur Sebi im Tiroler Niederndorf aufgesucht, das er sogar in einem Roman („Die Rose der Sebi") verewigt hat. Zum Dank dafür hat der heutige Wirt, der Greiderer Schorsch, den knorrigen Kopf des „großen Dichters" mit Schnauzbart und Schlapphut in zweifacher Fertigung angebracht. Außerdem hat er ihm eine Wanderroute sowie ein Lied gewidmet, das er oft zur Harfe vorträgt: „Träumerisch und märchenhaft hat er Tirol genannt / und geliebt mit ganzer Kraft unser schönes Land."

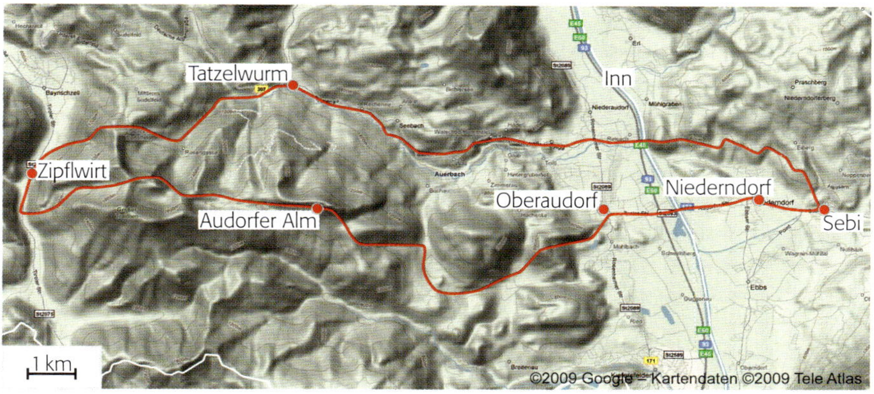

Auskunft: Kurverwaltungen Oberaudorf, Tel. 0049 / (0) 8033 / 30120 • Kiefersfelden, Tel. 0049 / (0) 8033 / 97 65 27 • Niederndorf/Tirol, Tel. 0049 / (0) 5373 / 61377

Literatur: Ludwig Steub: Die Rose der Sebi, 1987 • Wanderungen in bayerische Gebirge, 2001

42. „Schön is' halt da dahoam"

Mit Ludwig Thoma am Tegernsee, wo er lebte, liebte, schrieb, jagte

„Über die Vorberge schauten die Gipfel des Rosssteins und Buchsteins herüber, unter denen die Rauchalm lag, und die gehörte lenggrieser Bauern; wenn man sich da hinüberdachte, kam man an die Isar, und etliche Stunden flussaufwärts lag das Paradies, die Vorder-Riß." In einer solchen Umgebung konnte sich der Dr. Ludwig Thoma natürlich „sauwohl befinden". Hatte es ihn doch, nach Kindheit und Jugend in landschaftlich reizvollen Orten und anwaltschaftlicher Praxis im noch stilleren Dachauer Land, als nun angehenden Schriftsteller in die Großstadt verschlagen, in das um die vorvorige Jahrhundertwende laut Thomas Mann „leuchtende", also boomende München.

Gleich nach seinem Einzug in das „reizende Bauernhäusl" in Finsterwald am Tegernsee im Sommer 1902 hatte der Redakteur des „Simplicissimus" seinem Verleger Albert Langen, der wegen eines majestätsbeleidigenden Gedichts von Frank Wedekind nach Paris flüchten musste, die Entdeckung dieser ländlichen Idylle gemeldet. Sieben Sommerfrischen lang konnte Bayerns bedeutendster Volksschriftsteller hier seine Kräfte sammeln, aber auch Eindrücke, die er in seinen großen Werken verarbeitete.

Hier fand er Zeit und Muße, „an der Lokalbahn zu basteln" und diese seine erste Komödie fertigzustellen. Hier entstanden die lustigen „Lausbubengeschichten" und der sehr ernste Roman „Andreas Vöst", aber auch ein Großteil seiner in vielen Pseudonymen erschienenen Gedichte und Erzählungen. Die von Wilderern und vom Wilden Jager hat der Sixbauer Josef Gerold angeregt. „Faszinierend, wie viele Inspirationen Ludwig Thoma in unserem Dorf bekam, durch Figuren, die hier gelebt haben, durch Menschen, von denen er beim Sixbauer erfuhr," staunte die ebenfalls von München nach Finsterwald geflüchtete Ingeborg Münzing, als sie, die in den 70er Jahren die Welle von Gesundheitsbüchern in Gang gesetzt hatte, für ein lokales Magazin über die vielen Künstler rund um Gmund recherchierte.

Der Spottname „Lago di Bonzo" findet vor allem hier seine Erklärung. Denn lange vor Thoma hatten sich da schon Wittelsbacher-Familien niedergelassen und später so prominente Leute wie der SS-Potentat Heinrich Himmler, ein Magenbitterkönig, ein Frischzellenpapst, ein reicher Scheich, der Bundeskanzler Ludwig Erhard und der Baulöwe Josef Schörghuber; dessen Konzern darf jetzt das Gut Kaltenbrunn, das Thoma in mehreren seiner Bücher erwähnt hat, samt seinem seenahen Biergarten doch zu einem 500-Betten-Hotel aufstocken.

Den Abhang nach Kaltenbrunn hinunter waren der altbayerische Kraftmensch Thoma und einige Künstlerfreunde auf Anleitung des aus Norwegen zugewanderten Olaf Gulbransson mit damals noch Aufsehen erregenden Skiern gerutscht; der Simplicissimus-Zeichner baute an der Hainzenhöhe sogar eine Sprungschanze. Und geradelt sind die Spezln von hier aus bis nach Nordafrika. Nach München indes fuhr der

„So was von lieblicher Gemütlichkeit" – Ludwig Thoma (1867–1921) in typischer Pose vor seinem Berghaus auf der Tuften über Rottach-Egern

Simpl-Redakteur Thoma nur noch für zwei Tage in der Woche, „im finsteren Walde" war sein Zuhause, und er meinte gewiss den Tegernsee mit dem letzten, gern zitierten Satz seiner Erinnerungen: „Um mich ist Heimat …"

Thomas Spuren sind am Nordrand des Tegernsees jedoch nicht mehr zu entdecken; die neue Generation im Sixhof, Tölzer Straße 45, zeigt sich kein bisschen interessiert an dem berühmten Sommerfrischler von einst. Mehr von seinem Leben und Schaffen bekommt der literarische Wanderer am Südufer angeboten. Dorthin gelangt er am einfachsten mit dem Schiff ab Gmund, am schönsten aber ab Kaltenbrunn auf wunderbaren Wanderwegen, wobei unterwegs noch einige andere Namen aus der Literatur auftauchen in diesem „Tal der Poeten" (wie es die Touristiker vor Jahren einmal und nie wieder vollmundig beworben hatten).

Spätestens in St. Quirin, wo sich Thoma gern mit seinem ebenfalls am Tegernsee wohnenden Zeitungsverleger Georg Hirth traf, steige man bei der gotischen Kapelle zum Gmunder Höhenweg auf. Man könnte noch Station machen in der kleinen Stadt Tegernsee, um das Grab von Gulbransson (der auch ein Museum bekommen hat) oder Ludwig Ganghofers „Villa Maria" zu visitieren. Nach drei bis vier Stunden Gehzeit ist „die Tuften" erreicht. Irgendwo links liegt, versteckt und ohne Hinweis, das Ludwig-Thoma-Haus, „nudelsauber … so was von lieber Gemütlichkeit".

Nach der Untermiete Sixhof hatte sich der nunmehr höchst erfolgreiche Schriftsteller die hochherrschaftliche Villa von seinem Dachauer Freund Ignaz Taschner bauen lassen, nach einer Skizze, die er 1907 selbst im Stadelheimer „Loch" (Gefängnis)

„Die Tuften", heute ein von der Stadt München verwaltetes Ludwig-Thoma-Museum

gezeichnet hatte. Hier schrieb er nun, wenn ihm die „Tag für Tag" ausgeübte Jagd und der „Dischkurs" oder Tarock mit so vielen Künstlerfreunden dafür Zeit ließen, die meisten seiner Romane und Stücke (die „Erste Klasse" hat er selbst in diesem Haus inszeniert, bevor sie unten in der „Überfahrt" von Rottach-Egern uraufgeführt wurde).

Auf der Tuften am Fuß des Riederstein, wo auch der humorvolle Schriftsteller Heinrich Spoerl („Die Feuerzangenbowle") wohnte, entstanden zudem die satirischen Briefe des Volksvertreters „Josef Filser", die gefühlvollen Briefe an die hochverehrte Maidi von Liebermann und, mitten im Kriegsjahr 1915, das wunderbare Dialekt-Epos „Heilige Nacht". Nach dem Ersten Weltkrieg aber wurde die Idylle zur Brutstätte von „Biertischgedanken, die hier im Tabakdunst aufsteigen", so kommentiert der Thoma-Biograf Gerd Thumser das „wilde Umsichschlagen nach allen Seiten und Richtungen".

Der Dichter kehrte zurück zu jener Zeit, als er mit scharfer Klinge wider die Obrigkeit gefochten hatte. Doch seine Angriffsziele waren nicht mehr Kaiser und Kirche, sondern die demokratische Führung der jungen Republik, die „preußisch-bolschewistische Regiererei". Seine Waffe war nicht mehr das Florett, sondern der Holzhammer, das Podium nicht mehr der „Simplicissimus", sondern der „Miesbacher Anzeiger", dessen Redakteur Klaus Eck jede Woche mit dem Motorrad neue, oft antisemitische Hetzartikel – 150 waren es insgesamt – auf dem Berghof abholte, bis ihn 1922 das Republikschutzgesetz außer Gefecht setzte.

Blick von Bad Wiessee über den Tegernsee, im Hintergrund der 1.207 m hohe Riederstein, unten die Stadt Tegernsee

Das Haus, das sich während des Zweiten Weltkrieges noch der NS-Literat Hans Zöberlein angeeignet hatte, gehört seit dem Tod von Thomas Lebensgefährtin und Haupterbin Maidi von Liebermann im November 1971 der Stadt München. Diese hat eine Haushälterin eingestellt, die Interessenten nach telefonischer Anmeldung durch die Bauernstube voller Geweihe und das Biedermeierzimmer zum Arbeitszimmer hinauf führt. Dort erblickt man Bücher über Bücher, interessante Bilder, Briefe (etwa an Bismarck), Theaterzettel, Scherenschnitte, Hanteln, einen Strafzettel über fünf Mark wegen nächtlicher Ruhestörung, Tintenfässer und Thomas Markenzeichen: Zwicker und Pfeife. Und vom blumenumrankten Balkon auf dem „schönsten Platz im ganzen Landl Tegernsee", weitet sich wieder der Blick zum See und seinen Kranz von Bergen.

Am liebsten bestieg Ludwig Thoma seinen Hausberg, den Riederstein, und, von Wildbad Kreuth aus, den Schildenstein in den Blaubergen, vielleicht durch die immer noch wilde Wolfsschlucht. Besonders gern ging er zum Forsthaus in der Valepp. Noch kurz vor seinem Tod am 26. August 1921, als man ihn auf der Bahre zur Tuften trug, genoss er bei einem Kognak den Rundblick auf all die Wälder und Gipfel des Voralpenlandes und flüsterte: „Schön is' halt da dahoam." Sein Freund, Jagdgenosse und schriftstellerischer Rivale Ludwig Ganghofer, den er der Pirsch wegen an den Tegernsee gelockt hatte, war ihm im Jahr zuvor vorangegangen. Unten auf dem Friedhof von Egern ruhen die beiden großen Klassiker der bayerischen Volksliteratur nebeneinander in Gräbern mit schönen schmiedeeisernen Kreuzen.

Das Haus über Rottach-Egern hat sich indes zu einem Kulturzentrum des Tegernseer Tals entwickelt. Immer zu Weihnachten wird am Entstehungsort vor eingeladenen Gästen, darunter traditionell der Münchner Oberbürgermeister, die „Heilige Nacht" von einem Schauspieler in schöner Stimmung gelesen. Auch während der Tegernseer Woche, alljährlich am Herbstbeginn, sind Besuchstermine eingeplant. Und der Rottacher Heimatpfleger Otto Lederer führt jede Woche einmal von der Wallbergmooshütte aus in einer knappen Stunde zum Thoma-Haus, wo dann nicht nur vorgelesen wird, sondern auch gesungen und musiziert.

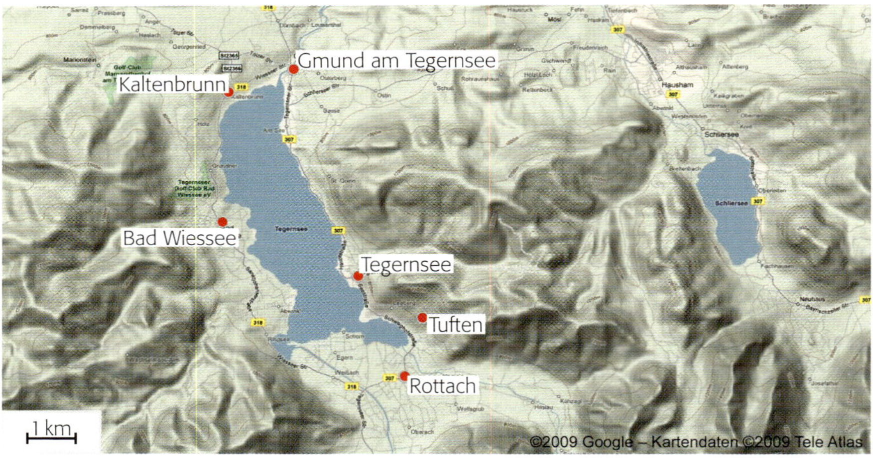

Auskunft: Tourist-Info Rottach-Egern, Tel. 0049/(0) 8022/67 13 41 • Ludwig-Thoma-Haus auf der Tuften, Tel. 0049/(0) 8022/5382

Literatur: Ludwig Thoma: Gesammelte Werke, 1968

43. „Im Paradies war ich gelandet“

Mit dem Jagdschriftsteller Anton von Perfall am winterlichen Spitzingsee

„Der Auerhahn balzt! Lasst die engen Stuben, winterliche Schwermut und Grillen, auf zu frischen Höhen!“ Wohlauf, Bergkameraden, folgen wir dem Jagdschriftsteller Anton von Perfall. Zum Beispiel zum Spitzingsee. Der lockt und lädt zu allen Jahreszeiten ein, wenn auch in frischen Höhen von 1.100 m nicht gerade zum Bade, so doch zum Wandern bis in den Spätherbst hinein, und im Winter, seiner Hochsaison, zum traditionellen Schneespaß in Bayerns ältestem Skigebiet.

Freiherr von Perfall (1853–1912), Jäger und Schriftsteller

Die Veränderung einer Berglandschaft, die binnen einer knappen Stunde von München aus erreichbar ist und daher seit Langem schon touristisch genutzt wird, spiegelt sich am Spitzingsee deutlicher wider als an alpinen Brennpunkten, die weiter von Großstädten entfernt sind. Dennoch ist, je weiter man sich von den stets belebten Ufern entfernt, noch einiges sichtbar oder spürbar von dem, was der Freiherr von Perfall einst in seinen jagdlichen Erzählungen so begeistert beschrieben hat

„Ein schmaler Saumpfad führte aus dem Schlierseetal in die Höhe hinauf.“ Den Pfad gibt es schon lange nicht mehr. Auch der uralte Skilift ab Josefsthal wurde längst demontiert. Es führt eine Straße hinauf, die allerdings immer noch nicht ganz lawinensicher ist, trotz des Tunnelstücks. Ein Mensch wie Perfall, ein feinsinniger Beobachter von Natur, Tierwelt und Menschen, muss sich seinerzeit losgelöst gefühlt haben von der Erdenschwere des Talgrunds, wenn er den nur einen Quadratkilometer großen See nach einstündigem Aufstieg erreicht hatte:„Da kam allmählich der Friede über mich, der Friede des Sees, der Wiesen, des Weidenbaumes.“ Friede über den nicht sehr hohen Gipfeln, den Giebeln der wenigen Alm- und Fischerhütten und jenes Häuschens, dessen Name, rätselhaft klingend, den Titel eines Jagdbuches bildet: „Auf der Wurzhütte“.

Die Schlierseer Chronik berichtet, in der Einsamkeit am Südufer habe sich ein Wurzelgraber und Schnapsbrenner niedergelassen, der den Almbewohnern, Holzknechten und „Vorüberziehenden“ seine Erzeugnisse angeboten habe. „Außerdem wählten die Jäger die Wurzhütte als Stützpunkt.“ Der Freiherr von Perfall war einer von ihnen. Obwohl er zuvor schon von den norwegischen Fjorden bis Ungarn auf der Pirsch war, schwärmte er von diesem versteckten Blockhaus über alle Maßen: „In die Wurzhütte am Spitzingsee wollte ich, und im Paradies war ich gelandet. Tausendfaches Leben quillt aus allen Ritzen.“

Der Spitzingsee in einer alten Aquarellansicht, noch ohne Betonstraße, Hotels und Bergbahnen

Die alte Hütte steht noch genauso da am „schwarzen Bergsee, tannenumsäumt“. Fast schwarz sind ihre Balken geworden, die nach der dichterischen Darstellung nicht ein Schnapsbrenner, sondern ein „weltflüchtiges Liebespaar“ errichtet hatte. Der „blaue Enzian, der ihr den Namen gab“, wird nach wie vor in flüssiger Form kredenzt. Gegessen wird gut bayerisch. Einen Anbau hat das Haus auch bekommen. „Und das Völklein, das es umgibt, trotzt noch immer dem Einfluss der Zeit.“

Das Völklein besteht freilich nicht mehr nur aus Holzern und Jägern, sondern überwiegend aus Wanderern und Skifahrern, für die Perfalls Mitteilung nicht mehr gilt: „Im Winter schläft die Hütte unter dem Schneehimmel, der sie dicht bedeckt.“ Vielmehr stehen im oberen Stock ganzjährig 50 Schlafplätze bereit, das Retortendörfchen Spitzingsee hat insgesamt etwa 500 Betten. „Hinter ihr lag der Urwald, in endlosen Wellen.“ Das nun wirklich nicht mehr. Hinter der Hütte liegt nur ein Schlagbaum über dem mautpflichtigen Sträßchen.

Weiter hinein, hinüber zum ebenso ehrwürdigen Forsthaus Valepp, dürfen nur bevorrechtigte Jäger und Förster mit dem Geländewagen fahren. Und Radler im Sommer. Im Winter dagegen wartet ein Pferdeschlitten am Brücklein vor der Hütte, die schönsten Langlauf- und Tourenrouten ziehen weiter hinein und hinauf ins Almenreich. Und auch dort treffen wir auf die Spuren des dichtenden Waidmannes. Etwa im Gebiet der Brecherspitz (1.683 m) oder der Bodenschneid (1.669 m) oder auf der Freudenreichalm, die „ihren Namen nicht umsonst hatte“.

Als der 22-Jährige zum ersten Mal diese Hütte betrat, „stand sie in dem Ruf ausgesucht sauberer Sennerinnen“. Zu Zeiten der Gamsbrunft vor allem, Mitte November,

Die Wurzhütte heute – immer noch weitgehend aus Holz und immer noch gemütlich

war der Freiherr „tagelang bergauf" gegangen, um dem Wild nachzustellen und ein Stück Kulturgeschichte der Jagd zu schreiben („ich mag noch waidwerken").

Heute tummeln sich Tausende und Abertausende mit allen Arten von „Schneeschuhen" rund um den Spitzingsee, lassen sich von 19 Bahnen bergauf transportieren oder ziehen auch immer noch und sogar immer mehr eigene Spuren im Schnee – wie hier schon vor über hundert Jahren. Oder sie „winterwandern" einfach so dahin, denn der See kann ohne jegliches Gerät auf geräumten Wegen leicht umrundet werden.

Wer Einsamkeit und Natur ohne Beiwerk sucht, pirschend wie ein Jäger, der sollte ein Stück unterhalb der Freudenreichalm, etwas abseits der verträumten Zipflwirt-Loipe, nach dem Wildfütterungsplatz Ausschau halten und weit genug entfernt warten. Dann könnte Literatur zur Realität werden: „Die Fährte führt zu einer braunen Hütte im Waldtal, ein Stadel daneben, aus deren offener Tür sommerliche Düfte wehen; ein Mensch mit schwarzem Bart füllt die rings stehenden Raufen mit rauschendem Heu. Wildfährten kreuz und quere. Irgendwann kommen schließlich die Hirsche und Rehe, raufen sich rund um die Raufen, „ganz im Hintergrund die Geweihträger, die gewichtig bedenklichen …"

Vielleicht findet der Winterwanderer an der Wasserscheide zwischen Schlierseer und Tegernseer Tal auch noch jenen „Taferlbaam" (Baum mit Wegweiser), den unser

Jagddichter als 1.800 Jahre alten Urwaldriesen bewundert und – nach heutigem Geschmack – ein wenig komisch beschrieben hat. Eine Betbank sei davor gestanden, auf welcher eine Braut um „an Buam“ gefleht habe, während der Bräutigam geflüstert habe: „Stasi, Stasi“ – es war wohl der Kosename der angebeteten Beterin. Für den Baron stand der Baum als Symbol der unendlichen Natur: „Armselige und doch so hochmütige Zeit, was hat dein berühmter Zahn denn zermalmt. Den nicht! Wotan sei Dank!“

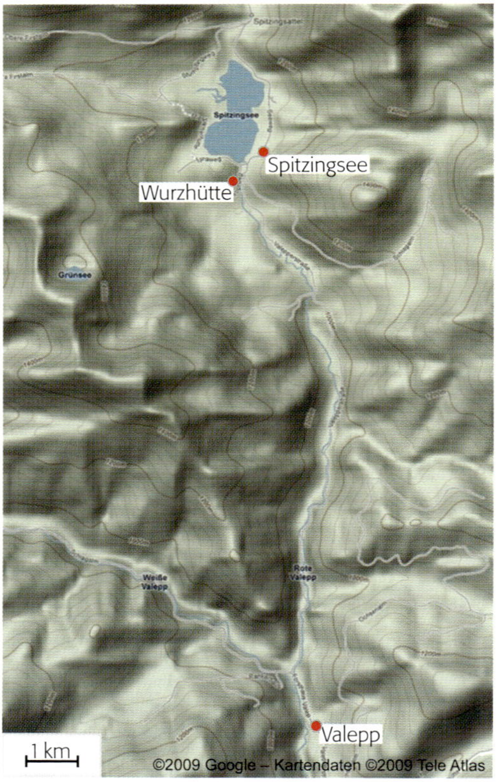

Dass der Zahn der Zeit aber auch die Wurzhütte, die Ruhe und den Frieden rundum nicht verschonen würde, spürte der 59 Jahre alt gewordene Schriftsteller sehr wohl: „Weit und breit ist sie bekannt im ganzen Gebirgsstock, in Tälern und auf den Höhen, seit einigen Jahren leider noch weiter, zu weit für ihren intimen Reiz. Ja, sie ist nahe daran, eine alpine Berühmtheit zu werden« Und er sinnierte, wie lange sie überhaupt noch stehen werde, „die alte, liebe Hütte«, die sich schon verdächtig zur Bergseite hin neige, unter dem Schneedruck. Vielleicht werde, wenn sie nicht mehr stehe, ein modernes Hotel hinkommen oder ein „Sanatorium für Nervenkranke“. Ein supermodernes Hotel steht jetzt tatsächlich in der Nähe, die alte Hütte aber auch noch.

Auskunft: Kuramt Schliersee, Tel. 0049/(0)8026/60650

Literatur: Anton von Perfall: Auf der Wurzhütte und andere jagdliche Erzählungen, 1963

Slowenien

44. In einem anderen Land

Literarische und historische Wanderungen in den Julischen Alpen

Wir klommen in zerklüfteten Revieren,
Behindert rechts und links von Felsgedränge
Den Halt erkämpfend oft auf allen Vieren
Dante Alighieri, Göttliche Komödie

Tief unten gurgelt und gischtet die Tolminka zwischen duster-grünen Felsschächten, die bis zu 180 Meter hoch ragen. Besonders von der Teufelsbrücke aus bietet sich ein atemberaubender Blick in die schaurig-schöne Schlucht. Zehn Minuten höher weist eine Tafel zur Dantejewa Jama. Eine Ausbuchtung, nur ein paar Meter in die Felsmauer hinein. „Und deswegen hat man uns hier hoch geschickt," mault die Jüngste der Wandergruppe. Nicht allen ist es gegeben, die Magie solcher Orte zu erspüren und nachzuempfinden, dass eine Landschaft, ein Berg oder auch nur eine Höhle für einen Dichter wie Dante Alighieri, der als Erster über Berge geschrieben und hierorts 1319 meditiert hat, Quell der Inspiration sein kann.

Unterhalb der Höhle ein steiler Abstieg, der am wilden Fluss entlang über Steige und Stege zurück führt nach Tolmin. In früherer Zeit mag eine solche Unterwelt den Menschen wie der Eingang zur Hölle vorgekommen sein. „Und weiter schreitend auf dem wüsten Wege / Durch Fels- und Trümmerhaufen dieser Klippe / Konnt unser Fuß der Hände nicht entbehren" (Inferno, 16). Unser gut beschuhter Fuß bewegt sich am südlichen Eingang des Triglavski Narodni Park. Es ist Sloweniens größter (83.807 Hektar), fast die gesamten Julischen Alpen umfassender Nationalpark.

Sein Herz ist der Triglav, höchster Berg des Landes und Nationalsymbol, das sogar das Staatswappen dreizackig ziert. Er ist als Wander- und Kletterberg (mit 4.000 Kilometer langen markierten Wegen) beliebt bis weit nach Bayern hinein. Es gibt sogar einen schwierigen „Deutschen Weg" zum 2.864 m hohen Hauptgipfel, den ein Wundarzt mit zwei Bergleuten und zwei Jägern am 26. August 1778 erstmals bestiegen hat.

Dante (1265–1321) auf dem „wüsten Weg durch Fels- und Trümmerhaufen" – wie eine Szene aus seinem „Inferno"

Als Kultberg haben ihn die Dichter besungen. Auch ein Deutscher, der Botaniker und Bergsteiger Rudolf Baumbach aus Meiningen: „Dir, mächt'ger Triglav, gilt mein Lied, mein Grüßen / Drei Häupter hebest Du trotzig in die Höh' / Wie jener Gott, nach dem sie einst Dich hießen / Und jedes trägt ein Diadem von Schnee." Im Nationalparkmuseum in Trenta ist dem Thüringer eine Ausstellung gewidmet.

Ist der Triglav das Herz, so ist die Soča die Hauptschlagader dieses alpinen Schutzgebietes. Auf 60 Kilometern Länge durchrauscht oder begleitet sie den Nationalpark. In den schönsten Farben, die ein Gewässer nur haben kann: von blassblau im Quellgebiet oberhalb eines Alpinums mit 8.000 Pflanzen bis türkisleuchtend und smaragdgrün zwischen Bovec und Tolmin, wo sich die Kanuten und Rafter tummeln. Hier hat der Bootstourismus dem Bergtourismus bereits den Rang abgelaufen, die Zeltplätze mehren sich. Eine fast unbesiedelte und daher unbeschädigte Uferlandschaft, Sandstrände, Kiesbänke, weiße Kalkfelsblöcke, bis zu einem Meter enge Canons, die das Wasser reflektieren, machen die Soča zum „Wildwasser ersten Ranges", wie ein Kanuführer schwärmt. „Der schönste aller Alpenflüsse," meint gar Adis Hrovat, der sie alle kennt. Sein zwölfköpfiges Rafting- und Bergführerteam in Bovec beruft sich im Prospekt auf den Heimatdichter Simon Gregorcic, dessen langes Lied „An die Soča" so anhebt: „Schön bist du, muntres Alpenkind / mit Reiz hat dich Natur umwoben / und deine klaren Tiefen sind / noch rein von finstrer Stürme Toben."

Doch es gab eine Zeit, da hat sich die blaugrüne Soča blutrot gefärbt und in einen Schlund der Hölle verwandelt, und auch zu deren spektakulärsten Schauplätzen führen die Guides. Dichter haben jene Zeit vorausgesehen. „Da blinken Schwerter, Kämpfer sinken / und Bäche Blutes wirst du trinken / genährt von unserm Blut so rot / beschwert von unsrer Feinde Tod", ahnte Gregorcic im Jahr 1879. Seltsam, dass auch der Deutsche Baumbach (er schrieb übrigens auch „Hoch auf dem gelben Wagen") zwei Jahre später sein Triglav-Lied enden ließ mit der Strophe: „Es klimmt ein Mann

Der Triglav (Dreikopf) ist mit seinen 2.864 m der höchste Berg Sloweniens, sowie Mittelpunkt und Namensgeber eines großartigen Nationalparks

an der Wand empor / er steigt von Zinken zu Zinken / er trägt auf dem Rücken ein Feuerrohr / ein Messer in seiner Linken / Nun rette sich, wer sich retten kann / der Fried' ist aus, jetzt hebet an / ein Würgen und ein Morden."

Die geahnte Katastrophe geschah 1917. Damals hieß die Soča noch Isonzo und war die Grenze zwischen Österreich-Ungarn und Italien, das plötzlich vom Freund zum Feind geworden war. Hier tobte der schrecklichste Gebirgskrieg aller Zeiten. Unter unsäglichen Strapazen standen sich Soldaten aus 17 Völkern Europas 29 Monate lang in Gräben, Kavernen, Fels- und Schneehöhlen bis in 2.000 m Höhe gegenüber, schlugen in zwölf Schlachten aufeinander ein. 1,2 Millionen fielen oder wurden verwundet an der 90 Kilometer langen Isonzo-Front.

Das grauenvolle Geschehen dokumentiert ein Museum in Kobarid, das seinerzeit Caporetto auf Italienisch und Karfreit auf Deutsch hieß. Es ist kein Kriegsmuseum, sondern ein Antikriegsmuseum, das 1993 vom Europarat ausgezeichnet wurde als „bestes Museum Europas". Neben Waffenteilen, Plänen, Tagebüchern sind es vor allem einzigartige Fotos, die bisher über eine Million Besucher erschütterten. Sie wurden dem Museum überlassen vom Sohn eines jener 15 deutschen Kriegsberichterstatter, die nach der russischen Revolution mit sieben Divisionen von der Ost- an die Isonzo-

Wilde Wege und Stege queren den Triglav-Nationalpark

Front umgesetzt worden waren. Über einer Vitrine mit bunten Orden aller Länder lassen die Aufnahmen von verstümmelten Soldatengesichtern erschaudern.

In einem der Säle des alten Adelspalastes von Karfreit hängt das Bild eines 25-jährigen Oberleutnants, der am 9. November 1917 – noch so ein deutscher Schicksalstag – mit seinen Leuten den Durchbruch gewagt, die Italiener bis Udine verfolgt und dabei 1.000 Soldaten und 150 Offiziere gefangen hatte. Seither kennt die Militärgeschichte den Begriff „Blitzkrieg". Der Held hieß Erwin Rommel. Das Bild eines Amerikaners, der im Sommer 1918 als Kriegsberichter an die Isonzo-Front gekommen war, hat Museumsdirektor Vojko Hobic ins Treppenhaus gehängt, obwohl der Porträtierte auf der anderen, der italienischen Seite mitmarschiert war, wenn auch nur in einer Rotkreuzkolonne. Dieser Held, der auch verwundet wurde, war 19 Jahre alt und hieß Ernest Hemingway.

Die Soča ist einer der beliebtesten Alpenflüsse für Kanuten und Rafter

Elf Jahre nach dem Krieg verarbeitete der spätere Nobelpreisträger seine Erlebnisse westlich vom Isonzo in seinem Roman „Farewell to Arms“ (Werft die Waffen weg), der unter dem betulichen deutschen Titel „In einem anderen Land“ erschien. Ein slowenischer Ortprospekt verwechselt ihn mit dem Roman „Wem die Stunde schlägt“, der im spanischen Bürgerkrieg spielt, und der Historiker Hobic hat bei seinem Recherchen nicht ermitteln können, dass Hemingway während des Kriegsgeschehens wirklich in Kobarid war. Wenngleich es in seinem Buch heißt: „Caporetto ist ein hübscher kleiner Ort und er mag den hohen Berg, der sich dahinter empor zog.“

Der Kriegsdichter allerdings „hielt nicht viel von einem Gebirgskrieg. Man zwackte einem einen Berg ab und der andere zwackte einem einen anderen Berg ab, aber wenn‘s wirklich ernst wurde, mussten alle von den Bergen herabsteigen“. Rommels Blitzkrieg muss Hemingway auch irgendwie mitbekommen haben: „Es sind Deutsche, die angreifen. Das Wort deutsch war etwas, was einem Angst machte.“

Jahrelang arbeiteten die Museumsleute an einem historischen Lehrpfad auf den Spuren des Isonzo-Krieges. In etwa 50 Kilometer Länge zieht er sich jetzt als „Weg des Friedens“ über die aussichtsreichen Höhen beiderseits der oberen Soča von Log pod Mangarton, wo sich ein österreichisch-ungarischer Friedhof befindet, bis Mengore, wo es ein deutsches Beinhaus gibt. Viele Kavernen, Kanonenstellungen, MG-Stände;

Schützengräben, Baracken aus dem Ersten Weltkrieg wurden ausgegraben und teilweise rekonstruiert. In einem Faltblatt sind neun Freilichtmuseen beschrieben.

Auch der Durchbruch von Erich Rommel ist als Wanderroute gekennzeichnet. Diese führt von Bovec (das damals Flietsch hieß) über den von Hemingway erwähnten Kanin (Aussicht bis Triest) und die Staatsgrenze (die auch durch Skilifte überwunden wird) bis zum Unterkunftshaus der Julischen Division, wo sie an den „Weg des Friedens" anschließt. Ein neues, historisch und landschaftlich hoch interessantes Wandergebiet dort hinten „in einem anderen Land" der Berge, das auch heute noch nicht so bequem zugänglich ist wie andere große Alpentäler.

Der schönste und kürzeste Weg ins Sočatal – dessen Zerstörung durch einen riesigen Stausee hatte in den 70er Jahren die erste grüne Protestbewegung im Ostblock verhindert – geht mit dem Auto durch den Karawankentunnel und Bled bis Bohinjska Bistrica. Von dort verkehrt täglich mehrmals eine preisgünstige Autofähre durch einen 6,3 Kilometer langen Tunnel bis Most na Soci. Die Rückfahrt empfiehlt sich dann über Bovec und den Wintersportplatz Kranjska Gora, wobei allerdings eine Passhöhe von 1.611 m zu überwinden ist. Immerhin würde eine solche Rundtour noch einen Aufenthalt am gänzlich vom Nationalpark umschlossenen Bohinjsko-See ermöglichen.

Ungewöhnlich viel hat dieses zauberhafte Alpenbecken, dessen Name leichter unter dem altösterreichischen Namen Wocheinersee zu merken ist, ruhesuchenden wie aktiven Urlaubern zu bieten: Baden, Segeln, Kanufahren am völlig freien Ufer und auf der heraus springenden Savica, gotische Kapellen voller Fresken, vor allem aber Bergwanderungen und Klettertouren über Täler und Höhen (im Winter Skilaufen). Und wer die Literatur liebt, könnte hier ebenfalls fündig werden: auf Spuren der Krimi-Autorin Agatha Christie, nach der die Bibliothek benannt ist, oder des Dichters und Geistlichen Valentin Stanic, der sowohl den Watzmann in Bayern wie auch den heimischen Triglav von Bohinjska aus erstmals erstiegen hat.

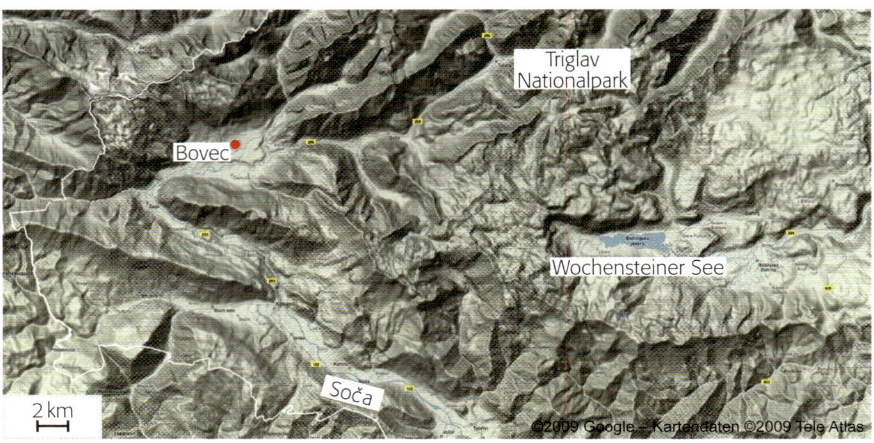

Auskunft: Touristinformationszentrale Bovec, Tel. 00386/(0)538/41919 • Kobariski Muzej, Tel. 00386/(0)538/85427 • Informationszentrum Stiftung „Wege des Friedens im Sočatal" Gregorčičeva ul. 8 SI – 5222 Kobarid, Tel. 00386/(0)538/90167

Literatur: Ernest Hemingway: In einem anderen Land, 2004 • Rudolf Baumbach: Schilderungen aus dem Alpenleben, 1883 • Simon Gregorcic: Poezije, 1982

Zürich
22
9
8
Bern
6
24
12
10
7
11
13
4
Mailand
1
Grenoble
Turin
3
2
5

Die Zahlen auf dieser Alpenkarte beziehen sich auf die einzelnen Kapitel

Anhang

Register

Personenregister

Ortsregister

Bildnachweis

AKG-images . . 36, 39, 46 (Bildarchiv Pisarek/akg-images), 89 (AKG-images/Erich Lessing), 96, 125 (AKG-images/Brigitte Hellgoth)
Alpenverein Sektion Leipzig 142
Archiv Karl Stankiewitz . . . 33, 48, 66, 71, 81, 82, 86/87, 90, 93, 94, 97, 102, 117, 122, 126, 141, 149, 153, 164, 173, 174, 174, 179, 180, 182, 183, 192, 86/87
Café Luitpold 169
Deutscher Alpenverein 68, 92, 140
Fondazione Hermann Hesse Montagnola . . 58, 59, 60, 61
Fondazione Monte Verità . . 51 oben, 51 unten
Fotolia . . 30, 31, 40, 64/65, 78 oben, 131, 133, 161, 167, 189
Dr. Anton Gälli 24, 26
Gemeinde Wagrain 128
Interfoto . . 14, 18, 20, 29, 63, 73, 80, 191, 196
Istockphoto . . .37, 41, 74, 136, 138, 143, 151
Literaturmuseum Altaussee 115
Montafon Tourismus. 105, 107
Romantikhotel im Weissen Rössl 116
Schlossmuseum Murnau 178
Schneebergbahn 77, 78, 85
Shutterstock 22, 25, 27, 52, 118, 197, 200, 202/203
Stadtbibliothek München (Monacensia) . . 50, 55, 187
Thomas Stankiewicz . . . . . 21, 34, 43, 47, 69, 100, 101, 109, 110, 111, 121, 132, 145, 156, 157, 176, 188, 146 unten
Tourismusverband Südtirol . . . . . .146 oben
Waldhotel Arosa. 54, 56
Wendelsteinbahn 160
Wittelsbacher Hausarchiv . . 76, 165, 166, 170
Wurzhütte 193

Dank

Für aktuelle Informationen, Korrekturen und Beschaffung von Bildmaterial danke ich: meiner oft mitwandernden und mitsuchenden Schwägerin Alwine, Rolf Bolt vom Thomas-Mann-Archiv in Zürich, Marion Czerny vom Tourismusverband Waldheimat in Krieglach, Herzog Franz von Bayern, Peter Fuschlberger vom Literaturhaus Salzburg, Georg Grieser in Schwangau, Andreas Gälli in München, Marianne Goertz vom Literaturmuseum in Altaussee, Hartmut Halang von der Alpenvereinssektion Leipzig, Christine Haueis von der Tiroler Zugspitzarena in Ehrwald, Dr. Dirk Heißerer von der Thomas-Mann-Gesellschaft in München, Sonja Holzer vom Tourismusverband Wagrain, den Herren Dr. Immler und Leipnitz vom Bayerischen Hauptstaatsarchiv, Dr. Sandy Kirchlechner von der Kurverwaltung Meran, Tadej Koren von der Stiftung Weg des Friedens in Kobarid (Slowenien), Elisabeth Kornhofer vom Kulturverein Wagrain, Frau Koropp in München, Therese Meusburger vom Hotel Hirschen in Schwarzenberg, Hubert Nagl von der Bergschule Watzmann in Berchtesgaden, Luzi Nett von der Stadtverwaltung Maienfeld, Margot Niedermüller von der Wurzhütte am Spitzingsee, Hans Osterwalder von den Rigi-Bahnen in Weggis, Helmut Peter vom Weissen Rössl in St. Wolfgang, Barbara Placek von der Schneebergbahn in Puchberg, Dr. Manfred Pongratz vom Bürgerservice in Mödling, Fritz Rasp von der Kurverwaltung Ramsau, Dr. Stefan Ritter vom Archiv des Deutschen Alpenvereins, Karin Ruetz vom Pontresina-Tourismus, Frank Schmitter von der Monacensia in München, Christine Seyer vom Museo Hermann Hesse in Montagnola, Andreas Spieß vom Posthotel in Elbingenalp, Claudia Steimle von der Wendelsteinbahn in Brannenburg, Edith Trocker von der Seiseralm in Völs, Bernadette Tsuda vom Fremdenverkehrsbüro in Chamonix, Josef Turin von der Tourismusinformation in Sterzing, Peter Villwock vom Nietzsche-Museum in Silsmaria, Herrn Waldherr in Achenkirch, Sabine Walter vom Montafon-Tourismus in Schruns, Willi Wechs und Hugo Anwander in Hindelang, Heidi Weidner in München.